# 두 명의 애인과 삽니다

홍승은 폴리아모리 에세이

두 명의 애인과 삽니다

2020년 7월 13일 처음 찍음
2020년 8월 10일 두 번 찍음

지은이 홍승은
펴낸곳 도서출판 낮은산 | 펴낸이 정광호 | 편집 강설애 | 제작 정호영
출판 등록 2000년 7월 19일 제10-2015호
주소 04048 서울시 마포구 어울마당로5길 16 반석빌딩 3층
전화 02-335-7365(편집), 02-335-7362(영업) | 팩스 02-335-7380 | 이메일 littlemt2001ch@gmail.com
제작 상지사 P&B



ISBN 979-11-5525-134-8 03330

이 도서의 국립중앙도서관 출판예정도서목록(CIP)은 서지정보유통지원시스템
홈페이지(http://seoji.nl.go.kr)와 국가자료공동목록시스템(http://www.nl.go.kr/kolisnet)에서
이용하실 수 있습니다. (CIP제어번호 : CIP2020022906)

# 두 명의 애인과 삽니다

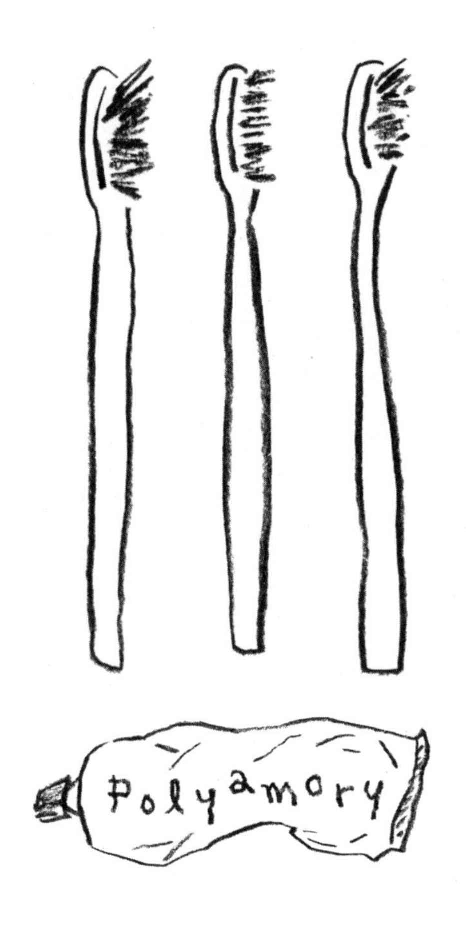


홍승은 폴리아모리 에세이

낮은산

나는 두 명의 애인과 함께 산다. 우리는 폴리아모리(polyamory, 비독점 다자 사랑) 관계를 맺고 있다. 폴리아모리라는 이름표는 우리를 설명하는 중요한 언어이기도 하고, 우리의 입체적인 면을 담기에 비좁은 울타리이기도 하다. 어쩌면 세상의 기준에서 나는 철저하게 불온한 연애와 가족 공동체를 고집하고 있는지도 모른다. 지금의 나와 이 관계가 불온하다고 손가락질받을 일이라면, 나는 불온한 존재 그대로 남아 그들이 정의하는 아름다움을 해체하는 아름다움이고 싶다.

**차례**

---

## 3 서로에게 무해한 방향으로

: 평등한 관계를 위한 고민들



---

프롤로그

# 그 이상한 사랑

## 일상이 낯설어지는 순간

눈을 떠 핸드폰으로 시간을 확인하니 아침 8시. 비몽사몽 살짝 몸을 일으키자 근처에서 자고 있던 멍멍이들이 쏜살같이 달려든다. 꼬리를 흔들며 모닝 뽀뽀를 해 대는 네 마리의 성화에 눈 비빌 새 없이 침대에서 빠져나왔다. 마침 집을 나서려고 신발을 신는 우주와 지민의 소리가 들려서 재빨리 현관으로 나갔다. 현관 앞에 모인 반려인 셋과 반려견 넷의 아침 인사 시간이다.

"잘 다녀와. 어? 나가면서 분리수거해야지!"

"맞다, 챙길게. 근데 다들 오늘 저녁에 일정 있어요? 승은 원고도 마감했는데, 기념으로 맛있는 저녁 먹을까요?"

"좋아요. 그럼 오늘은 퇴근하고 바로 올게요."

두 사람이 각자의 일터로 출발하면, 나는 커피 한잔을 내려서 책상 앞에 앉는다. 노트북 화면 구석에 자리한 노란색 메신저에는 '달걀부리 식구방'이 있다. 우리가 사는 동네 이름을 딴 식구 단톡방이다. 낮 동안 우리는 그 방에서 다양한 정보와 의견을 교환하는데, 오늘은 저녁에 어떤 음식을 먹을지 메뉴 쟁탈전을 벌였다. 저녁이 되면 우리는 식탁에 둘러앉아 하루 동안 쌓인 대화를 맛있게 나누겠지.

세 사람은 무슨 사이예요? 남매? 가족? 친구? 둘 중 누구랑 사귀는 사이예요? 셋이 함께 다니거나 함께 산다고 하면 꼭 듣는 질문이다. 주민등록상 '동거인'이라거나 함께 밥 먹는 '식구'라는 대답으로는 궁금증이 해소되지 않는다는 걸 알기에, 나는 상대에 따라 대답을 변주한다. 함께 활동하는 사이예요. 직장 동료예요. 오랜 친구예요. 우주랑 결혼할 사이고, 지민은 제 동생이에요. 셋이 남매예요. 그렇게 한차례 관계 정리가 끝나야 상대는 우리를 향한 호기심 가득한 시선을 거둔다.

"사실은요, 우주와 지민은 제 애인이에요."

이 한 문장은 긴 해명의 시작을 알리는 말이기도 하다. "저희는 폴리아모리 관계를 맺고 있어요. 그러니까 폴리아모리가 뭐냐면…… 아, 바람이랑은 다르고요. 아니요, 남자 둘을 만나는 건 아니고요. 지민은 젠더퀴어여서 자신을 남성이나 여성으로 규정하지 않아요……." 내겐 자연스러운 지금의 관계는 기존의 언어로는 설명하기 어려워서 설명하려 노력할수록 샤프심처럼 말이 툭툭 끊긴다. 셋이 한 지붕 아래 산 지도 벌써 3년이 되어 가는데, 언어는 매번 도돌이표에 머무는 것만 같다.

나는 우리를 폴리아모리라고 말하지만, 세상은 우리를 이상한(queer) 관계라고 말한다. 인터넷 검색창에 '폴리아모리'를 입력하면 무수한 분노를 마주할 수 있다. 난교, 바람, 악의 세력, 타락의 끝, 소돔과 고모라. 그런 단어들을 마주 보고 있으면 불현듯 나와 내 일상이 낯설게 느껴진다. 다정한 아침 인사와 밤 인사, 하루를 채우는 반짝이는 대화와 고만고만한 갈등, 특별할 것 없는 일상이 낯설어지는 순간이다.

## 이상한(queer) 사랑

> "하, 두 사람을 사랑한다니 그게 말이 되나요? 지금 정치적 실험을 하는 거죠?"
>
> "실험이요? 저는 제 삶을 갖고 실험하지 않아요."

몇 해 전 겨울, 한 강연에서 내가 폴리아모리 관계를 맺고 있다고 말하자 청중석에서 누군가 물었다. 그는 나와 애인들이 어떤 고민과 노력으로 관계를 맺고 있는지 전혀 알려고 하지 않은 채 무턱대고 찌르는 말을 뱉었다. 내 사랑은 이토록 간단하게 가벼워진다. 현실이 아닌 실험으로, 진심이 아닌 농담으로, 정상이 아닌 비정상으로, 책임감이라곤 없는 무책임한 관계로 말이다. 그는 비교적 점잖은 편이었다. 나와 애인들은 무례하고 무심하고 심지어 위협적인 반응을 자주 접하곤 하니까.

그게 가능해요? 폴리아모리가 말이 돼요? 무슨 짐승도 아니고. 너무 이기적이네요. 나는 폴리아모리를 이해할 수 없어요. 언젠가 후회할걸요? 두 사람이 불쌍하지도 않아요? 두 사람이 멍청한가 봐요.

이쯤 되면 나는 궁금해진다. 도대체 어떤 기준으로 우리를 '이상한 관계'라고 평가하는 걸까. 바깥의 소란이 고요한 일상에 부딪힐 때마다 차곡차곡 질문을 쌓았다. 정말 사랑에 정답이 있을까, 왜 이성애 일대일 연애만이 '정상'이라고 믿게 되었을까, 왜 사랑의 종착역은 결혼이어야 하며, 왜 그 사랑은 종종 폭력과 억압과 통제와 같은 얼굴이 될까. 그렇다면 사랑은 뭘까. 왜 사랑은 꼭 연애라는 이름표를 달아야 하며, 왜 우리는 영혼의 반쪽을 찾아야 온전해진다고 믿게 된 걸까. 왜 나를 돌봐 주던 무수한 관계 중에 연인과 가족만이 가장 가치 있는 관계로 인정받을까. 질문을 좇다 보면 결국 다시 묻게 된다. 내가 이상한지, 아니면 세상이 이상한지 말이다. 뒤엉키며 자라는 질문 속에서 길을 잃지 않으려면 질문을 놓지 않는 수밖에 없다.

엉킨 질문을 하나하나 풀어 가며 문장을 빚었다. 2인분의 사랑이 기본값이라고 규정된 세계에서 셋이 사랑하며 함께 사는 일상은 어떤 모양인지, 세 사람 사이에서 일어나는 소란은 어떤 모습인지 썼다. 해명이 아닌 방식으로 내가 사는 세계를 있는 그대로 열어 보이고, 그 자리로 초대하고 싶었다. '폴리아모리'를 말하기 위해서는 견고한 정상 연애와 정상 가족 이데올로기를 경유하지 않을 수 없었다. 정상이라는 환상을 강화하는 규범은 애인들과의 관계뿐만 아니라 곳곳에 스며 있어서, 눈길이 닿는 흐름에 따라 질문을 이어 가다 보니 성소수자와 청소년의 욕망과 권리, 가족구성권, 종 차별 문제까지 언급하게 되었다. '두 애인과 살아도 괜찮다'는 비교적 뾰족하던 처음의 메시지는 점점 '누구와 어떤 형태로 함께해도 괜찮아야 한다'는 메시지로 나아갔다. 이 책은 이상한 연애에 관한 책이 아니라, 이상한 세상에서 보고 겪은 다양한 관계의 풍경이다.

## 이상한 세상에서 함께 사는 일

두 사람과 함께 살면서 가장 반복적으로 했던 말은 잘 자라는 밤 인사였다. 원고를 수정하면서 내가 유독 그 말을 자주 썼다는 사실을 알아차렸다. "잘 자." 나에게 함께 사는 일은 서로의 몸과 마음의 안녕을 돌보는 일이었다. 그 돌봄을 상징하는 시간이 밤과 새벽이다.

생애문화연구소 옥희살롱의 김영옥 대표는 새벽 세 시의 시간성을 이렇게 표현한다. "통증의 들쑤심에 속절없이 지새우는 밤의 새벽 세 시와 쏟아지는 잠을 떨치며 지친 몸으로 아픈 이의 머리맡을 지키는 새벽 세 시, 나이 들어 가며 '전 같지 않은' 몸을 마주하게 되는 새벽 세 시. 새벽 세 시는 이 변화들이 가장 날카롭게 지각되는 시간이다." 나와 당신이 가장 약해지는 시간, 그만큼 누군가와 연결되어 있다는 감각이 절실해지는 시간. 그 시간 동안 진심으로 당신의 밤이 괜찮길 바란다고 안부를 전하던 마음이 우리가 함께 살며 매일 건네던 "잘 자"라는 말에서 묻어 나왔다.

다음으로 자주 등장한 말은 "배우고 있다"였다. 은유 작가는 "사랑은 신앙이 아니라 생활양식"이라고 했다. 사랑과 연애는 낭만적 판타지가 아니라 함께하기 위한 끊임없는 협상과 노동이다. 나는 우주와 지민이라는 고유한 개인과 매번 치열하게 부딪히며 배우게 되고야 마는 일상을 기록했다. 타자와 함께하는 일은 언제든지 배울 자세가 되어 있지 않으면 위태롭거나 권태로워진다. 보다 무해한 함께 살기를 위해, 나는 지금도 배우는 중이고 앞으로도 그럴 것이다.

지나간 일이 아닌 현재진행형인 관계를 쓰다 보니 한 문장 한 문장 신경이 곤두섰다. 미화하고 싶지 않아서, 자극적인 소재로만 미끄러지고 싶지 않아서 감각을 집중하게 되었다. 나뿐 아니라 우주와 지민, 주위 사람의 모습이 담겼기에 퇴고를 하면서도 여러 번 수정을 거쳤다. 특히 내가 만나는 두 사람이 단지 '폴리아모리' 혹은 '홍승은의 애인'이 아니라 입체적으로 존재하길 바랐는데, 충분히 해냈는지 자신이 없다. 다행히 두 사람의 인터뷰를 실을 수 있어서 그 점이 조금 안심이 된다. 할 수 있는 정치적 선택만큼 최선을 다해 썼지만, 어쩔 수 없이 후퇴하고 생략된 이야기들도 있다. 온전히 담을 수 없었던 한계와 내 입장에서 편집된 서사라는 점에서 나는 이 글이 자전적 소설로 읽히길 바란다.

얼마 전, 한 잡지에 기존의 가족 규범에서 비켜난 다양한 생활 공동체의 모습을 담은 인터뷰가 실렸다. 그중에는 나와 애인들의 이야기도 실렸고, 반려 로봇과 사는 사람, 결혼식을 올린 레즈비언 커플, 셰어하우스에서 함께 살아가는 비혼 여성들의 이야기도 실렸다. 여자끼리 살아가는 이야기를 담은 책이 베스트셀러가 되어 많은 사람에게 읽히고, 이혼한 뒤에 자기 자신을 찾았다는 한 여성이 얼굴을 든다. 견고한 '정상' 가족과 연애의 신화 앞에서 변화가 한없이 더딘 것처럼 느껴질 때도, 이미 변화는 나란히 곁에 있다.

누가 볼까 봐 잡았던 손을 슬쩍 놓아야 했던 사람, 친구의 결혼사진을 보고 '우리도 저렇게 축복받을 수 있을까' 문득 슬퍼졌던 사람, 관계를 설명할 언어가 없어서 헤맸던 사람, 단지 조금 다르다는 이유로 꾸역꾸역 비난을 삼켜야 했던 사람, 견고한 가족 중심 제도에 포함되지 않는 자신이 잘못된 건 아닐까 의심했던 사람, 나를 아프게 하는 관계가 사랑이 맞는지 고민하는 사람……. 수많은 '우리'에게 이 책을 건네고 싶다. 폴리아모리 관계를 맺거나 계획하는 사람, 밀려날 것을 알면서도 스스로의 이유로 사랑하고 살아가려는 이상한 사람과 이상한 관계에게 말 걸고 싶다. 관계는 개별적이고 구체적이어서 내 경험은 딱 그만큼의 한계가 있겠지만, 그래도 당신과 비슷한 존재가 '있다'는 사실만으로도 작은 위안이 되면 좋겠다. 이상해도 괜찮다는, 남들에게 이상한 사랑이 나에게는 이상(理想)의 사랑일 수 있음을 믿게 되길 바란다.

> 내가 특정한 젠더여도 여전히 나는 인간의 일부로 여겨질 수 있을까? 내가 그 범위에 들어갈 수 있을 만큼 '인간' 개념이 확장될까? 특정한 방식의 욕망을 표현해도 내가 살아갈 수 있을까? 내가 삶을 영위할 자리가 있을까, 그리고 그 자리는 내가 사회적 존재가 되기 위해 의존하는 다른 사람에게 인정받을 수 있을까?
>
> —주디스 버틀러, 『젠더 허물기』

버틀러의 문장에서 '젠더'를 '사랑'으로 바꿔 읽는다. 내가 특정한 사랑을 해도 여전히 나는 인간의 일부로 여겨질 수 있을까? 특정한 방식의 욕망을 표현해도 내가 살아갈 수 있을까. 내 몫의 이야기만큼 사랑과 관계에 대한 개념이 확장될까?

나는 당신과 함께 질문을 이어 가고 싶다.

1

# 의외로 평범합니다

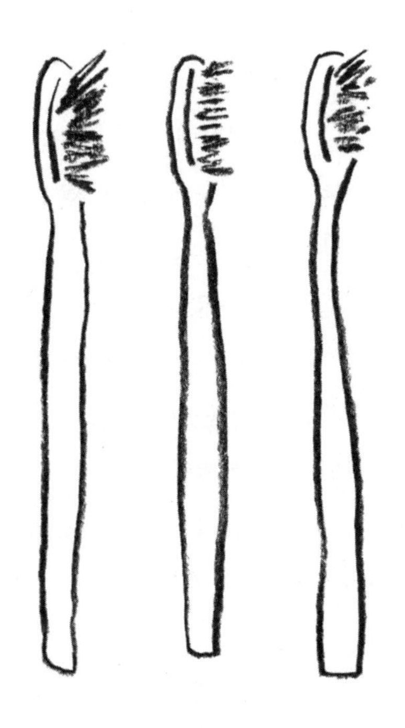

2인분의 세상에서 셋이 사는 일상

# 의외로 평범합니다

누군가를 사랑하는 일이 이렇게 소란스러울 수 있다는 걸 미처 몰랐다. 드라마에서나 가능한 일인 줄 알았다. 누군가 뜬금없이 만나는 사람과 헤어지라고 말하는 상황 말이다. 나와 애인들은 그런 상황을 셀 수 없이 경험하고 있다.

얼마 전에는 지민이 한 통의 편지를 받아 왔다. 한동대에 다닐 때 잠시 알고 지낸 후배를 만났는데, 그가 그렁그렁한 눈빛으로 달려와 지민을 와락 껴안더니 건네준 편지라고 했다. 편지를 읽은 지민은 불쾌한데 묘하게 웃긴다며 편지를 보여 줬다. 빽빽한 손글씨가 두 장 가득 채워진 편지였다.

> 나는 오빠가 잘못된 길에 순교하듯 몸을 던지고 있는 것 같아서 너무 마음이 저리고 아파. 오빠는 내가 사랑하는 친구니까. 넓은 마음을 가진다는 겉보기의 명분 아래, 다른 이

를 동시에 사랑하는 여자분이 아니라 오빠를 존재 자체로 오롯이 사랑해 주는 이와 만나 살면 좋겠어. (오지라퍼지? 알아나도……) 왜냐하면 오빠는 존귀하니까. 그리고 그 여자분도 존귀함을 회복하길 너무 바라니까.

그는 간절했고, 지민을 정말로 사랑한다고 고백하고 있었다. 심지어 나까지 걱정해 주고 있었다. 편지의 마지막 단락에는 자기가 곧 결혼한다는 소식과 함께 이런 문장이 적혀 있었다. '결혼식에는 와 줄 거지?'

초등학교 3학년 때 매일 내 엉덩이를 발로 차는 남자애가 있었다. 그 애는 내 뒷모습을 보면 축구하듯 발로 엉덩이를 '퍽' 찼다. 내가 울상이 될 때마다 그 애는 만족한 표정을 지으며 돌아섰다. 그 애가 나를 좋아한다는 사실을 알게 되었을 때, 기쁘기는커녕 모욕감을 느꼈다. 어느 날 그 애가 어김없이 또 내 엉덩이를 찼고, 참지 못한 나는 꽥 소리를 질렀다. "아 진짜 하지 말라고!!!" 싱겁게도 그 애는 상처받은 얼굴로 이내 돌아섰다. 아무리 나를 좋아했고, 그게 제 나름의 표현 방식이었다고 해도 복도를 걸을 때마다 조마조마했던 마음과 아픈 엉덩이가 위로되지 않았다. 그런 사랑이라면 다시는 사랑 따위 받고 싶지 않았다.

사랑이라는 추상어는 귀에 걸면 귀걸이, 코에 걸면 코걸이라서 너무 쉽게 오염되는 말이다. 차라리 미워해서 그랬다면 모를까, 사랑하기 때문에 상처 주고 통제하고 폭력을 행사하고 존재를 부정하는 건 아무리 생각해도 이상하다. 편지의 주인공도 그랬다. 자신의 방식으로 지민을 사랑한다고 했지만, 나는 편지를 읽는 내내 내 엉덩이를 차던 그 남자애의 모습이 떠올라 어딘가 욱신거렸다.

그가 지민과 나에게 간곡하게 부탁한 말을 곱씹었다. '존엄성을 회복하길 바란다.' 편지 끝에는 선영(가명)이라는 이름이 적혀 있었다. 내 친척 언니와 이름이 같아서 익숙했다.

나는 선영의 모습을 상상했다. 선영이는 오늘 어떤 음식을 먹고, 어떤 노래를 듣고, 누구를 만나고, 어떤 기도를 드렸을까. 선영이가 내 모습을 어떻게 상상할지도 상상했다. 아마 그에게 나는 애인 둘과 매일매일 난교하며 몸을 더럽히는 불결한 오물 같은 모습이려나. 아담에게 무화과를 먹인 이브의 모습을 떠올릴지도 모르겠다. 선영은 지민이 '트랜스젠더 퀴어 논바이너리* 언저리'라고 자신을 정체화해서 '오빠'라는 호칭을 불쾌해한다는 사실이나 여성뿐 아니라 다양한 성별을 사랑한다는 사실을 알지도, 알려고 하지도 않을 테다. 그러니까 '오빠가 다른 여성분을 만나길 바란다'고 무신경하게

* 남성과 여성을 뚜렷하게 구분하는 기준에서 벗어난 사람.

말할 수 있었겠지.

선영이가 '죄악'이라고 말하는 우리의 소란스러운 사랑의 내부는 의외로 고요하다. 언제부턴가 엄마는 전화할 때마다 "우주랑 지민이는 잘 있지?"라며 안부를 묻는다. 같이 있으면 전화를 바꿔 달라고 하고, 둘 모두에게 사랑한다는 말도 빼먹지 않는다. 지민이 학교의 탄압 때문에 공황장애가 생긴 걸 알고서 틈만 나면 지민이 어지러운 건 어떠냐고 걱정한다. 우주의 이직과 건강, 함께 살아가는 강아지들의 안부도 묻는다. 엄마는 폴리아모리가 불가능하다거나 문란한 짓이라고 말하지 않는다. 선영이는 모르겠지만, 엄마는 모태신앙 출신에 독실한 기독교인이다. 엄마는 내가 죄를 짓고 있다고 함부로 말하지 않는 것은 물론, 있는 그대로의 나와 내 삶을 존중한다. 언제 외할머니 집에 다 같이 놀러 오라고 당부할 정도니까.

지민과 함께 우주의 부모님도 여러 번 만났다. 어머니는 처음 보는 지민에게 사진보다 실물이 더 멋지다며 반갑게 인사를 건넸다. 우주 어머니, 우주 동생, 우주, 나, 지민, 내 동생 승희는 동그랗게 둘러앉아 귤을 까먹고 커피를 마시며 살아가는 이야기를 나눴다. 내 첫 책 『당신이 계속 불편하면 좋겠습니다』를 선물해 드릴 때 혹시 페미니즘에 거부감이 들진 않으실까 걱정했는데, 우주의 어머니는 이미 내 책과 승희의 책까지 다 읽었다고 했다. "우리 우주가 승은 씨 같은 사람을 만나서 나도 페미니즘을 알게 되고, 시야가 넓어지는 것 같아요. 덕분에 저도 많이 배우고 있어요." 그 뒤로 우주의 부모님은 명절마다 지민과 나를 초대해서 정성스런 식사를 준비해 주신다. 이번 설에도 지민과 우주, 우주의 부모님과 함께 식사했다. 아버지는 요즘 유화를 배우러 다니시고, 어머니는 고전 독서 모임에 다닌다고 하셨다. 어머니가 말씀하셨다. "세 사람처럼 우리도 계속 배우고 성장하는 관계가 되려고 노력하고 있어요. 세 사람 사는 모습이 정말 보기 좋아요." 내가 두 번째 단행본을 선물하자 우주의 아버지는 내 눈을 보면서 "정말 고생 많았다. 이거 쓰느라 잠도 잘 못 잤지?"라며 따뜻하게 격려해 주셨다.

내 오랜 친구 나래는 내가 처음 폴리아모리를 얘기했을 때, 대번 그게 말이 되냐고 반문했다. 그러나 얼마 안 가 내 관계를 존중한다면서, 자신도 굳이 일대일 관계만을 고집할 필요가 없다는 것을 깨달았다고 했다. 우리가 포항에 살 때, 나래는 보랏빛 꽃을 들고 포항에 놀러 왔다. 우주와 지민은 밤새 나래의 연애 상담을 해 주었다.

자신이 모르는 낯선 삶의 방식은 무조건 이상하고 더럽다고 낙인찍고, 섹스 외의 일상은 상상하지 못하는 사람에게 폴리아모리는 문란한 일탈로 보일 뿐이다. 무지와 게으른 인식은 이토록 간편하게 폭력으로 연결된다. 선영이를 비롯한 많은 이가 대단한 성적 판타지를 갖고 우리 관계를 바라보는 것을 안다. 하지만, 우리의 일상은 그 판타지를 충족하지 못한다. 그 점이 미안하다. 너무도 평범하고 고요한 일상을 보내는 사람들이어서.

궁금하다. 왜 선영이는 내가 자기처럼 밥 먹고 똥 싸고 울고 웃고 사람들과 어울리며 살아가는, 고유한 존재라는 사실을 상상하지 못할까. 선영이는 많이 울었다고 한다. 지민이 걱정돼서. 어쩌면 내 걱정에 눈물지었을지도 모르겠다. 선영이는 알고 있을까? 내 존엄성을 짓밟고 있는 게 다름 아닌 선량한 얼굴을 한 자신이라는 걸, 그리고 선영이의 바람과 상관없이 이미 나는 존엄한 존재라는 걸. 아마 선영이는 절대 모를 거다. 내가 사랑하는 뇌병변 장애 여성 페미니스트 해릴린 루소의 말을 빌리자면, "그렇게 생각하니 내가 더 눈물이 나려고 한다".*

* 어느 날, 해릴린은 강의를 나갔다가 맨 앞자리에 앉은 여학생이 자신을 바라보며 펑펑 우는 모습을 목격한다. 그날 해릴린이 소개한 에세이는 어머니에게 운전을 배우던 일화로, 말 그대로 '웃긴' 이야기였다. 모두가 웃는 강의실에서 홀로 통곡하는 그녀의 존재가 해릴린의 눈에 어떻게 비쳤을까?
"내 인생의 비극들이 장애가 아니라 그저 흔한 실망과 환멸, 상실-애인, 놓친 일자리, 가까운 사람의 죽음 등-과 더 관계가 있다는 것을 어떻게 너에게 이해시킬 수 있을까? 불가능한 일일지도 모르겠다. 나를 그냥 용감한 타자로 생각하렴. 그렇게 생각하니 내가 눈물이 나려 한다." (『나를 대단하다고 하지 마라』, 286쪽)

# 은밀하게 더 자연스럽게

"그 사람 섹스는 잘해?"

마치 밥은 맛있었냐고 묻듯이 갑작스럽게 날아온 질문. 우주의 뜬금없는 질문에 나는 버퍼링 걸린 영상처럼 움찔했다. 처음으로 우주에게 지민의 존재를 알린 건 어느 겨울이었다. 마주 보고 밥을 먹다가 나는 조심스럽게 이야기를 꺼냈다. "우주, 내가 다른 사람을 만나게 되면 어떨 거 같아?" 눈치 빠른 우주는 질문으로 대답을 대신했다. "승은이 누구 생겼구나?" 그때 나는 우주에게 아직 확실한 건 아무것도 없지만 어쩌면 생길 수도 있을 것 같다고, 괜찮겠냐고 묻고는 우주를 사랑하는 마음은 변함없다고 힘주어 덧붙였다. 가만히 내 말을 듣던 우주는 받아들이겠다는 말 외에 다른 말을 하지 않았다. 마치 아무 일도 없던 것처럼 평소 같은 일주일이 지나갔다. 일주일 동안 우주는 내가 만나는 상대에 관해 아무것도 묻지 않았다. 어떤 사람인지, 어떻게 만났는지도. 그런 우주가 처음으로 상대에 관해 물은 건 섹스였다. 그때 나는 글쎄, 라는 정도의 대답 외에 다른 말을 할 수 없었다. 잘한다고 해도 이상하고, 못한다고 해도 영 이상하니까. 모호한 대답이 최선인 것 같았다.

"마지막 섹스는 언제 했어요?"

지민과 두 번째 섹스를 한 밤, 침대에 나란히 누운 상태에서 지민이 물었다. 그때도 모호하게 답했어야 했는데, 그만 솔직한 대답이 나와 버렸다. "어젯밤이요." 내 말에 지민은 애써 웃음 지었지만, 이후 두고두고 그날의 서운함을 표현했다. "그렇게까지 솔직할 필요는 없었잖아요."

섹스, 뭘까? 친구와 연인의 경계는 뭘까. 섹스의 유무? 허락된 섹스와 일탈적 섹스의 차이일까. 나의 오랜 고민 주제다. 친구들과 만나서 이야기 나눌 때면 우리는 사랑과 우정의 경계가 뭔지 질문하곤 했다. 아무리 오래 머리를 맞대도 답은 나오지 않았다. 무엇에 초점을 맞추느냐에 따라 각자의 경험과 맥락이 달랐기 때문이다. 나는 연애 관계가 배타적 섹스 독점권으로 이어진다고 생각하지 않는다. 한때 섹스는 연인과만 가능하다고 생각했지만, 스무 살 이후 그 생각은 깨졌다. 오랫동안 친하게 지낸 친구네 집에서 자던 날 갑작스럽게 섹스를 하게 된 적도 있었고, 두 번 만난 사람과 강한 끌림을 느껴서 섹스를 한 적도 있다. 그와는 섹스 이후 오히려 감정이 식어서 관계를 정리했다. 섹스 없는 연애를 한 적도 있다. 섹스를 기준으로 우정과 사랑을 나누기에 경험은 이미 경계를 초월해 있었다.

나에게 섹스는 얼핏 연애와 상관없는 선택이었지만, 애인에게 또 다른 애인과의 섹스를 공유하는 건 어려운 일이었다. 내가 합의하지 않았어도 이미 사회에서 연인은 몸과 감정의 독점적인 소유가 전제된 관계로 정의되어 있었으니까. '정상연애' 문법에서 친구와 연인은 서로에게 기대되는 무언의 약속과 책임의 무게, 몸과 마음의 독점권에서 뚜렷하게 구분되기 때문이다. 독점적 소유라는 전제는 나와 우주, 지민이 선택한 방식이 아니었기에 초반에 우리는 새로운 약속을 만들어 가는 데 많은 에너지를 썼다.

아주 일상적인 부분부터 그랬다. 두 사람이 아직 서로 얼굴을 본 적 없던 시기부터 나는 우주, 지민과 약속을 조율해 나갔다. 우주는 춘천에, 지민은 포항에 있었기에 일주일에 월화수는 포항에, 목금토일은 춘천에서 머물기. 함께하기로 약속한 요일과 시간은 꼭 지키기. 생일이나 크리스마스, 새해

첫날 같은 기념일은 번갈아 가며 보내기. 한 사람을 만날 때 다른 한 사람과의 연락은 최대한 줄이기. 힘들 때는 서로 솔직하게 힘들다고 말하기. 계약서를 쓰며 정한 규칙은 아니었지만, 서로의 상처를 줄이고 지치지 않도록 우리는 매번 새로운 약속을 만들고 갱신했다.

그중에는 섹스에 관한 약속도 있었다. 첫째, 어떤 상황에서도 콘돔 사용하기. 임신에 대한 위험뿐 아니라 혹시 모를 성병을 예방하기 위해서도 콘돔은 필수니까. 둘째, 몸에 키스 마크 남기지 않기. 굳이 상대의 흔적을 몸에 남겨서 질투를 유발할 필요는 없으니까. 셋째, 섹스에 대해 묻지 않기. 서로의 프라이버시를 위해 굳이 상대와의 섹스를 말하거나 묻지 않는 태도가 필요했다. 네 번째는 내가 상대에게 요구한 것이었다. 정관수술하기. 두 사람 모두 비혼, 비출산을 지향했기에 혹시 모를 임신에 대비하기 위해서 정관수술을 해 주면 좋겠다고 말했다.

우주와 지민이 따로 살 때는 정해진 규칙대로 시간을 분배하면서 나름대로 자유로운 섹스 라이프를 즐겼다. 그러나 함께 살게 되면서 사정은 달라졌다. 처음 함께 살 때 가장 조심스러웠던 부분은 스킨십과 관련된 부분이었다. 집에서 나란히 소파에 앉아 영화를 볼 때 손을 잡거나 어깨에 기대는 일이 조심스러워졌고, 무릎을 베개 삼아 눕는 일도 어려웠다.

이사하고 석 달 정도 우리는 성적 욕망이 없는 사람처럼 굴었다. 가끔 한 사람이 집을 비울 때 몰래 스킨십을 했지만, 안 하다 보니 욕망이 줄어든 건지 전처럼 뜨거워지진 않았다. 나는 외출할 때도 속옷을 입지 않는 편이고, 집에서는 홀랑 벗고 돌아다니는 게 익숙하다. 하지만 집에서 티 하나만 걸치고 있으면 안 될 것 같은 생각에 잘 때만 몰래 옷을 훌훌 벗어던지곤 했다. 가끔 슬쩍 티만 걸치고 돌아다녀 봤으나 두 사람에게 '옷을 입으면 좋겠다'는 요청이 날아왔다. 아직은 내 노출된 몸을 누군가와 함께 보는 일이 익숙하지 않았던 탓이다.

셋이 소파에 나란히 앉아 TV를 보던 어느 날, 그날따라 몸이 노곤했다. 은근슬쩍 머리는 우주 허벅지에, 발은 지민 허벅지에 올리고 벌러덩 누워 버렸다. 두 사람은 아무렇지 않게 텔레비전을 봤다. 그 뒤로 다양한 시도가 이어졌다. 길을 걷다가 양팔로 두 사람의 팔짱을 끼고, 나란히 손을 잡고, 집에서도 하나둘 옷을 벗어 던졌다. 그때부터 점점 두 사람은 내 벗은 모습을 동시에 보거나 함께 몸이 맞댄 상태에 대한 거부감이 줄어들었다. 질투가 아예 없어진 건 아니어서 수위 조절은 필요했지만 말이다. 두 사람 역시 꽁꽁 싸매고 있던 불편한 옷들을 점점 벗어 던지기 시작했다. 지민은 사각 팬티 같은 핫팬츠 트레이닝복을 입고 집 안을 거닐고, 우주는 젖꼭지가 훤히 보이는 얇은 민소매를 입고 소파에 누워 있기도 한다.

두 사람 모두 퇴근하고 거실에 둘러앉아 술을 마시던 밤이었다. 지민이 셋의 카톡방에 BDSM 성향 테스트를 올렸다. 각자의 성적 성향을 엿볼 수 있는 테스트였다. 우리는 10분 정도 진지하게 설문에 응답한 뒤에 서로의 성향을 공유하는 시간을 가졌다. 테스트는 꽤나 정밀하게 각자의 성향을 분석해 줬다. 우주는 자상한 카리스마로 상대를 이끄는 '케어 기버care giver' 유형이었고, 지민은 자상하게 이끌리길 바라는 '리틀little' 유형이었다. 나는 선호가 가장 뚜렷하게 드러난 편이었는데, '리틀'과 '케어 기버'와는 거리가 먼 수치심을 즐기는 스타일로 나왔다. 두 사람은 역시 홍승은은 변태일 줄 알았다며 깔깔대며 웃었다.

그날 이후, 우리는 서로의 성적 판타지 같은 것들을 편안하게 공유하는 사이가 되었다. 이전 연애에서는 섹스와 몸에 대해 이렇게까지 깊게 고민하고 대화할 필요를 못 느꼈다. 시간 조율과 연락 같은 사소한 부분도 마찬가지였다. '자, 이제 사귑니다. 땅!' 소리가 울리고 나면 모든 일상을 상대에게 맞춰야 했고, 섹스도 익숙한 성역할에서 크게 벗어나지 않았다. 가끔 아쉽다. 전 애인과는 왜 진작 하나하나 조율하지 않았을까. 그랬다면 콘돔을 몰래 빼거나 함부로 몸을 침범하던 경험들이 상처로 남진 않았을 텐데.

세상 사람들이 '문란하다'고 손가락질하는 관계를 맺는 지금, 나는 더 안전하게 욕망하고 소통하는 섹스를 하게 되었다. 기존 연애 공식 따위가 들어설 자리가 없는 지금의 상황은 방황이 되었고, 방황은 소통으로 연결됐다. 혼란은 대화를 만들고, 그 대화는 우리를 어디로든 이끌 수 있다.

# N개의 사랑

초등학교 5학년 때, 나는 딸기를 반에서 두 번째로 좋아했다. 첫 번째로 좋아했던 애는 반장 초코였다. 학교 끝나고 집으로 돌아갈 때마다 나와 친구들은 오늘은 누가 가장 좋은지 순위를 매기곤 했다. 친구와 내가 좋아하는 아이가 겹치더라도 문제는 없었다. 상대를 좋아하는 감정이 그 애를 갖고 싶다거나 사귀고 싶다는 욕망으로 연결되지 않았기 때문이다.

"나는 1위가 초코야. 2위는 딸기. 3위는 바닐라?"

"어? 나는 딸기가 1위인데!"

"우아! 너는 왜 딸기가 좋아? 딸기 이번 주에 인기 많다."

우리의 대화는 주로 누가 1위고 2위인지, 언제 어떤 순간에 순위가 바뀌었는지, 그 순위에서 밀려나고 새롭게 등장하는 애는 누구인지에 초점이 맞춰져 있었다.

어느 쉬는 시간, 반에서 까불이로 불리던 애가 불쑥 나에게 다가오더니 말했다.

"야, 홍승은! 딸기가 너 2위래."

놀리듯 말하는 까불이의 얼굴을 피해 고개를 돌리면서 나는 외쳤다.

"뭐래!"

티를 안 내려고 했지만 하루 종일 마음이 구름처럼 둥둥 떠다녔다. 참지 못하고 감정을 표현하고 싶어진 열두 살의 나는 하교 시간에 딸기에게 다가가 속삭이듯 말했다.

"딸기야, 사실 나도 너 2위야."

내 말을 들은 딸기는 미소를 지었다. 실내화 가방을 발로 빵빵 차면서 집으로 돌아가는 길, 얼굴에 시원한 봄바람이 스쳤다. 내가 살던 209동 아파트 언덕에는 벚나무가 울창하게 자라 있었다. 바람에 날리는 꽃잎이 햇빛을 받아 빛났다. 나는 나이가 들어도 지금 이 순간을 잊지 못하리라 예감했다. 그로부터 20년도 더 흐른 지금, 나는 열두 살의 내 예감이 틀리지 않았다는 걸 증명하듯 생생하게 그날을 떠올리고 있다.

언제부터였을까. 너를 좋아한다는 말이 너를 소유하겠다는 말과 동어가 되었던 건. 드라마와 영화를 비롯한 미디어와 관습과 제도를 통해 사회가 나에게 불어넣은 입김은 힘이 셌다. 몸과 머리가 자라던 중학교 3학년, 나는 나보다 한 살 많은 문어를 만나 연애라는 관계를 처음 맺었다. 그때부터 내 오랜 연애의 역사가 시작되었다.

'오늘부터 1일'이라고 굳게 맹세했던 약속은 젖은 휴지처럼 연약하게 뭉개지곤 했다. 만남과 이별을 왕복하는 시간이 반복되었다. 그 시간 속에는 열두 살에 동네 언덕에서 보았던 벚꽃 같은 순간도 있었지만, 그때는 차마 몰랐던 악취 같은 순간도 있었다. 떨어진 꽃잎이 썩어서 풍기는 냄새에 질식할 것 같은 순간이었다.

"나 너 좋아해."

한때는 산뜻했던 말이 이제는 수많은 의미를 담은 무거운 언어가 되어 있었다. 나는 너를 좋아해. 너도 날 좋아하지? 그러니까 넌 나만 바라봐. 나 좋아한다면서 왜 같이 안 자? 네가 조선시대 안방마님이야? 다른 사람 쳐다보지 마. 그 친구는 안 만나면 좋겠어. 너 설마 그 사람한테 관심 있어? 우리 엄마가 내가 너 만나는 거 싫대. 너희 집 이혼했잖아. 어떻게 사랑이 변하니?

수많은 말 중에 "너 어떻게 브래지어를 안 할 수가 있어?"도 있었다. 20대 초반에 만난 현은 내가 노브라로 다니는 게 불편하다고 했다. "나는 속옷을 입으면 소화도 안 되고 땀띠도 나고 답답해서 힘들어." 아무리 반복해서 말해도 현은 내가 다른 남성에게 성적인 존재로 보일까 봐 불안하다며 브래지어를 하라고 재촉했다. 현과 만난 2년 동안 나는 꾸역꾸역 브래지어를 챙겨 입었다. 속옷 하나도 이러니, 일상은 말할 것도 없이 통제되었다. "엠티 가지 마." "걔는 남자잖아, 왜 만나?" "화장 연하게 하면 좋겠어. 너무 진해." "예전에 스킨십은 어디까지 해 봤어?" 그때까지도 나는 현의 행동이 선을 넘은 거라고 생각하지 않았다. 나 역시 현과 다르지 않은 모습으로 사랑을 표현했으니까. 우리는 서로의 시시콜콜한 일상을 감시하고 감시당하는 교도관이자 죄수이길 자처했다. 연애는 '원래' 그렇다고 배웠다. 질투는 사랑의 증거라고도 배웠다. 이성애 일대일 연애에서 사랑받는 여성의 역할은 비교적 간단했다. 착한 딸일 때의 내 모습을 되풀이하면 되는 거였다.

언제부턴가 내게 요구되는 성역할과 서로를 속박하는 연애의 관습이 불편했다. 결혼이 종착역으로 설정되어 있는 기본 전제도 일찌감치 비혼을 꿈꿨던 나와는 맞지 않았다. 소유하고 구속하는 사랑의 방식은 반복적으로 상처를 남겼고, 그 과정에서 데이트 폭력을 당하기도 했다. 나에게 연애는 달콤하고 위험한 독 사과였다.

다른 방식의 사랑은 불가능할까? 서로를 통제하지 않고, 존중하는 사랑은 불가능한 걸까? 단지 좋은 상대를 만나면 된다고 여기기에 사회에서 이야기하는 사랑의 모습은 낭만과 폭력이 위태롭게 공존하고 있다. 연애에도 전복적인 사유와 공부가 필요하다는 사실을 알게 된 건 여러 연애를 거치며 너덜너덜해진 서른 즈음이었다. 내가 이성애자라는 걸 확신하지 않고, 세상의 매뉴얼만이 전부가 아니라는 사실을 알게 된 것도 그 무렵이었다. 나는 확실하다고 믿었던 경계를 넘어 불확실한 세계를 선택하기로 했다.

그중 하나가 폴리아모리였다. 흔히 폴리아모리는 '다자연애'라고만 알려져 있지만, 나에게 폴리아모리는 '비독점'과 '합의'를 위한 노력과 같은 말로 다가왔다. 상대방의 모든 것을 소유할 수 없다는 사실을 인정하고, 서로의 고유성을 존중하고, 설사 다른 사람을 사랑하게 되더라도 숨기지 않고 솔직하게 소통하고, 소유만이 사랑의 방식이 아님을 인정하는 관계. 나는 예비 가족이 되기 위한 스텝이 아닌 고유한 스텝을 밟고 싶었다. '폴리아모리' 자체에 초점을 맞추었다기보다 나만의 사랑을 살아가고 싶었다는 말이 정확하겠다.

어떻게 폴리아모리스트가 되었냐고 누군가 물으면, 콕 집어 특정 순간을 설명하기 어렵다. 애인이 있었지만 다른 사람에게 끌림을 느꼈던 매 순간이었을까. 2014년 겨울, 내가 우주를 만나 폴리아모리에 대해 이야기를 나누던 순간부터였을까. 아니면 2016년 겨울, 내가 지민에게 보냈던 메시지부터였을까.

지민에게 호감이 생기던 무렵, 나는 곧바로 내 관계 지향을 밝혔다. 나와 만날지 안 만날지 그에게 선택권을 줘야 하니까. "저는 지금 3년 넘게 만나는 애인이 있고, 동거하는 중이에요. 비혼이고 비출산을 지향하고요. 저와 애인은 폴리아모리 관계를 지향해요. 미리 말씀드리는 게 맞는 것 같아서 말씀드려요." 답장이 안 올지도 모른다고 생각했는데, 채 20분도 안 돼서 지민에게 답장이 왔다.

"제가 폴리아모리가 뭔지 몰라서 지금 검색을 해 봤어요. 상대를 존중하는 비독점적인 관계. 무척 생소하고 저도 잘은 모르지만, 옳은 방향이라는 생각이 들어요. 앞으로 공부하면서 만나 가도 될까요?"

그렇게 나는 두 명의 애인과 만나게 되었다. 애인들과 나는 우리가 기존에 겪어 온 정상 연애의 기준에 질문하면서 옳다고 느끼는 방향으로 걸어 보기로 했다. 물론, 이상은 곧바로 현실의 감각으로 연결되지 않아서 두 사람은 내밀한 사랑의 언어, 섹스할 때의 몸짓, 힘들 때 위로하는 표정, 사랑을 표현하는 눈빛이 자신만의 소유가 아님을 직면할 때 뒤틀림을 느낀다고 했다. 나 역시 흔들렸다. 어떤 날에는 한 사람을 향한 사랑이 크게 느껴져서 다른 한 사람과 헤어져야 하는 건가 생각했고, 어떤 날에는 한 사람에게 안정된 소속감을 느끼고 싶어서 두 사람을 만나는 일이 괴로웠다. 두 사람이 내게 어려움을 호소할 때면 중재자 역할을 하며 우왕좌왕하기도 했다. 사랑은 무한해도 시간은 유한했기에 일상을 조율하는 것이 매번 막막했다.

폴리아모리는 내 안의 불안과 나약한 마음을 직면하게 해주었다. 독점 관계에서 상대를 내 것으로 인식하고 통제하던 습관은 형태를 바꾼다고 자연스럽게 바뀌지 않았다. 모든 것이 불확실한 세상에서 이 관계만은 확실한 내 것으로 남길 바라는 욕구가 적나라하게 드러났다. 아무리 깊이 사랑해도 우리는 언제나 서로의 얇은 벽을 넘지 못하는 타자라는 사실을 받아들이지 않으면 관계는 지속하기 힘들었다. 결국 나는 혼자이고 우리는 잠시 함께 걸어가는 것뿐이라는 사실을 받아들여야 했다. 내 마음대로 상대를 통제하려는 욕구를 눌러야 했다. 아이러니하게도 일정 부분의 체념과 인정으로 나는 조금 더 상대를 존중하며 사랑하는 법을 배우고 있다.

폴리아모리 관계를 맺는다고 하면, 사람들은 묻는다. 그게 가능해? 인간은 본능적으로 딱 한 사람만 사랑할 수 있어. 나는 그 말이 '태초에 남자가 있었다, 남자의 갈비뼈로 여자를 창조했다, 둘은 하나가 되었다'는 식의 말을 절대적 진리로 받아들이고 이성애를 찬양하는 태도와 다르지 않다고 생각한다. N명의 사람만큼 N개의 사랑 방식이 존재하는 게 더 '자연스러운 것' 아닐까. 앞서 어려웠던 점을 열거하긴 했지만, 내가 모노가미(monogamy, 전통적인 독점적 사랑) 관계를 맺을 때보다 더 힘들었냐 하면 그렇지도 않았다. 일대일 관계일 때도 타인과 함께하는 일은 갈등과 긴장의 연속이었다. 예전에는 자신이 느끼는 질투와 통제 욕구가 당연하다고 믿고 상대의 행동을 교정하려고 들었지만, 지금은 상대의 고유함을 존중하려고 노력하니 갈등이 크게 번질 일도 줄어들었다.

두 사람과 관계 맺은 지 벌써 5년이 되어 간다. "딸기야, 나는 널 2위로 좋아해." 열두 살의 내 말이 떠오른다. 미래에 대한 아무 약속이 없어도, 서로를 통제하지 않아도, 서로가 서로를 좋아한다는 마음만으로 세상을 다 가진 것처럼 기뻤던 그 봄날의 기억처럼 나는 너와 함께하고 싶어. 어떤 형태이든 그것을 지속하기 위해 서로 의지를 가질 수 있다면, 각자의 방식으로 사랑할 수 있다.

# 한 지붕 아래 세 개의 잠

함께 글 쓰는 친구 은희가 처음 달걀부리 집에 놀러 온 날. 집 안 곳곳을 소개하는데, 은희가 불쑥 물었다.

"왜 승은 방은 없어요?"

"제 방은 거실이에요. 저는 딱히 방이 필요 없어서요."

"왜요?"

"낮에는 주로 밖에 있고, 잘 때는 두 사람 방에서 번갈아 가면서 자요. 제가 혼자서는 잘 못 자서…… 차라리 제 방 대신 공동 공간을 하나 더 만들기로 했어요."

"그래도 방이 없으면 불편하지 않아요?"

괜찮다고 아무렇지 않게 대답은 했지만, 투명하게 나를 바라보는 은희의 눈빛 앞에서 은밀한 무언가를 들킨 듯 얼굴이 붉어졌다. 은희와 헤어지고도 그 질문은 나를 집요하게 파고들었다. 왜 나는 방이 필요하지 않다고 생각했을까.

초등학생 때 세 평 남짓의 '승은 방'이 주어진 적이 있었다. 동생 승희와 나는 낮이면 함께 공부하고 밤이면 함께 잠들어서 나중에는 각자의 방이 공부방과 자는 방으로 바뀌었다. 어린 시절에는 엄마, 승희와 함께 거실에서 텔레비전을 보다 잠들었고, 청소년기에는 승희와 싱글 침대에서 엉켜 잤다. 20대에 독립하고 자취하면서도 줄곧 승희와 함께이거나 애인과 함께 생활했다. 형편상 선택지가 원룸밖에 없었기 때문에 동거인 추가는 '개인 공간 없음'으로 이어질 수밖에 없었다. 덕분에 나는 누군가의 숨결이나 코 고는 소리, 묵직한 다리 무게, 팔베개, 비좁은 침대에서의 아슬아슬한 밤과 살금살금 소리 죽이는 아침에 익숙했다.

초반에 두 사람과 만날 때도 그랬다. 우주와 만나고 얼마 안 돼서 동거를 시작했다. 같이 있고 싶은 마음 반, 월세와 생활비를 아끼기 위한 선택 반이었다. 지민과 연애를 시작하면서는 혼자 자취하는 지민의 집에 드나들며 두 집 살림을 하게 되었다. 연애 초반 1년 동안은 일주일에 3, 4일씩 우주와 지민 집을 번갈아 가며 지냈다. 그때도 내 방은 없었는데, 둘 다 원룸 월세로 살고 있어서 따로 분리할 공간도 없었다.

두 사람을 만나고 2년 뒤, 마침내 셋이 함께 살게 되면서 우리는 한 지붕 아래 각자의 공간을 갖게 되었다. 사실 '각자의 공간'은 우주와 지민에게 한정되었지만 말이다. 셋의 수입을 합쳐 최대한 넓은 공간을 구했기에 화장실 세 개에 방 세 개, 게다가 복층으로 나뉜 환경이었지만, 가져 본 사람이 욕망도 할 수 있는 법. 늘 그래왔듯 나는 굳이 내 방의 필요를 느끼지 못했다. 두 사람이 한 공간에서 지내면서 불편한 건 없는지 살피다 보니 정작 나를 돌볼 시간과 공간을 챙길 여유가 없었다. 이사하고 넉 달 동안은 우주 방에서 하루, 지민 방에서 하루씩 돌아가면서 잠을 잤다. 어떤 날은 오늘이 지민과 자는 날인지 우주와 자는 날인지 헷갈릴 정도로 내 공간에 대해 무뎠다.

돌이켜보니, 언제부턴가 나는 밤에 편안하게 잠들지 못하고 있었다. 잠을 설치는 정도가 아니라 아침 해가 뜨도록 정신이 말똥말똥했다. 편안하게 잠든 옆 사람과 달리 혼자 깨어 있는 시간이 길어지니까 상대의 코 고는 소리, 뒤척임, 잠꼬대에도 신경이 예민해졌다. 며칠째 각성된 몸과 정신은 만성 두통을 불렀고, 몸 이곳저곳 안 쑤신 곳이 없었다. 겨우 잠들려고 할 때 우주가 코를 골아서 잠이 깨면 죄 없는 우주의 얼굴을 손으로 툭 쳐서 깨우기도 하고, 내 배에 올라온 지민의 다리를 매정하게 차 버리기도 했다. 그 무렵부터 두 사람은 나와 자는 날이면 미리 미안하다고 사과하곤 최대한 몸을 침대 끝쪽에 붙여서 잠들었다.

셋이 함께 집에서 쉴 때도 내 방이 없는 불편함을 느끼고는 있었다. 두 사람은 피곤할 때 각자의 방에서 쉬고 나올 수 있었지만, 나는 거실을 방처럼 사용해야 했다. 소파에 전기장판도 깔고 나름 편안하게 꾸몄어도 거실은 거실이었다. 그 무렵부터 막연하게 필요를 느껴 왔다. 언제든 들어가 쉴 수 있고, 작업에 집중할 수 있고, 편안하게 잘 수 있는 공간에 대한.

은희가 돌아간 다음 날, 나는 두 사람에게 2층을 내 방으로 쓰겠다고 말했다. 둘은 흔쾌히 좋다고 했지만, 막상 방으로 꾸미고도 내가 혼자 잘 못 지내지 않겠느냐며 염려했다. 밤마다 정신적으로 약해져서 혼자를 못 견디는 나를 봐 왔기 때문이다. 나도 내가 걱정됐다. 이러다가 방 만들기를 포기하면 안 되는데. 내 선택을 돌이킬 수 없도록 생각해 낸 방법은 다름 아닌 소비였다. 인터넷 쇼핑몰에서 저렴하고 인기 좋은 순으로 장바구니를 채웠다. 공동의 필요가 아닌 오로지 내 필요에 집중한 쇼핑은 오랜만이었다. 어둠 속에서 못 자는 나를 위해 은은한 장 스탠드를 샀고, 잠들기 전 책을 읽을 수 있도록 조도를 조절할 수 있는 탁상용 스탠드도 샀다. 공간이 넓지 않아 침대는 포기하고, 혼자 자기에 적합한 슈퍼 싱글 사이즈의 매트리스를 구입했다. 아기 살결마냥 부드러운 하얀 이불과 흰색 조립식 수납장도 구입했다. 좋아하는 사람에게 선물 받은 피카소 그림과 편지도 책상과 벽면에 붙이고, 매트리스 옆에는 황토색과 크림색이 뒤섞인 페르시안 스타일의 부드러운 러그를 깔았다.

몇 가지를 추가했을 뿐인데, 휑하던 공용 서재가 나만의 공간으로 변신했다. 물건을 내 편의 위주로 배치하니까 저절로 방에 애정도 생겼다. 매트리스가 온 날부터 나는 '승은 방'을 애용하게 되었다. 내 방에서 반려견 참새, 달이와 함께 이불 덮고 잠든 첫날, 거짓말처럼 오랜만에 푹 잤다. 눈치 보지 않아도 되는 독립적인 공간, 내 취향의 음악과 책들이 주위에 가득한 곳에서의 밤. 다음 날 아침 상쾌하게 일어나 책상 앞에 앉아 신문 기사를 읽고 모처럼 글도 썼다.

처음에 두 사람은 더는 함께 못 잔다는 사실에 아쉬워했는데, 며칠도 안 되어 이편이 낫다는 사실을 인정했다. 나를 신경쓰느라 편히 못 잤을 두 사람도 혼자만의 밤이 훨씬 편했을 터였다. 이제 한 지붕 아래 세 사람, 세 개의 방, 세 개의 잠이 가능해졌다.

불과 얼마 전까지만 해도 나는 '각방 쓰기'에 대한 편견이 있었다. 권태기의 상징이거나 별거의 전 단계로. 미디어에서 보던 각방의 이미지 탓이다. 각방을 쓰던 부부가 시부모님의 깜짝 등장에 허겁지겁 따로 잔 흔적을 숨긴다. 시부모님은 "왜 베개가 거실에 나와 있니?"라며 의심의 눈초리를 보내고, 놀란 부부는 자신들의 애정 전선에는 문제가 없다는 사실을 증명하려고 허둥거린다. 사랑하는 사람끼리는 아무리

싸워도 한 이불을 덮고 자야 한다는 해묵은 조언은 아직까지 진실이랍시고 지천에 널려 있다. 중학생 때였나. 친구네 부모님이 각방을 쓴다는 사실을 알게 된 나는 '어머, 저 집은 애정 없이 의리로 사는구나'라고 생각하기도 했었다. 서로의 성향, 가치관, 취향까지 모든 게 다른 개개인이 어떻게 수면 스타일만은 찰떡같이 맞을 수 있다고 믿었을까. 서로가 조금 더 편안한 방향으로 거리를 조절하면 되는 거였는데 말이다.

방 정리를 마친 날, 나는 은희에게 메시지를 보냈다.

- 은희, 전에 왜 내 방은 없냐고 물었잖아요. 그 말 듣고 계속 생각하게 되더라고요. 그래서 내 방을 만들었어요! 은희가 던져 준 질문이 제 생각과 생활을 확 바꿨네요. 고마워요.

- 와, 잘됐어요! 승은 혼자 방이 없다고 하니 좀 씁쓸하기도 하고 제가 누군가에게 무신경했던 옛날 생각도 났어요. 저도 예전에 아빠랑 둘이 살 때 방이 두 개였는데, 중간에 언니가 들어와서 아빠가 당신 방을 내주고 거실을 사용하게 된 적이 있어요. 나중에 돌아보니까 왜 아빠를 신경 안 썼을까 후회가 되더라고요.

이후에 각자 떨어져서 아빠도 혼자 살게 되었어요. 그때 아빠는 방이 세 개인 집에 살았는데, 제가 들어가겠다고 하자 방이 없다며 따로 집을 구하라는 거예요. 방이 없다는 게 이해가 안 돼서 계속 추궁했는데, 제대로 말을 안 하더라고요. 근데 얼마 지나서 아빠 집에 가 보니까 각방을 침실, 취미 방, 옷 방으로 깔끔하게 꾸며 놓았더라고요. "아빠의 드림 룸"이라고 놀리기도 했는데, 그때 약간 충격받았던 것 같아요. 아빠도 이렇게 꾸며 놓은 방이 갖고 싶었구나……. 저는 다른 사람 방 구경하는 거 좋아해요. 꼭 초대해 주세요. 자기만의 방들이 초대!

은희 아버지의 '드림 룸' 이야기를 듣고, 나도 아빠의 드림 룸이 떠올랐다. 몇 년 만에 아빠 집에 갔던 날, 나는 베란다에 자리한 식물들을 보고 깜짝 놀라서 집을 잘못 찾아왔나 순간 의심했다. 베란다에는 상추, 깻잎, 고추가 쑥쑥 자라고 있었다. 승희와 내 공부방이었던 공간에는 각종 헬스 기구가 가득했다. 거실에는 벽을 가득 채울 만큼 커다란 텔레비전과 먹다 남은 와인 한 병이 놓여 있었다. 엄마와 승희와 내가 떠나고 홀로 남겨진 아빠의 공간을 떠올리면 쓸쓸한 냄새가 나곤 했는데, 아빠도 은희 아버지처럼 자기만의 드림 룸을 꾸미고 있었다. 아, 누구나 자기만의 공간이 필요하구나. 아무리 사랑하는 사이여도 언제든 개인이 되어 쉴 수 있는 작은 공간 하나, 그거 하나는 꼭 필요한 거구나 싶다.

엄마의 모습도 떠올랐다. 네 가족이 함께 살던 시절, 엄마에게는 자기만의 방이 없었다. 안방은 부부 침실이었으나 아빠의 서재이기도 했다. 엄마는 아빠에게 방해되지 않도록 거실 소파에서 텔레비전 소리를 줄여 가며 저녁 시간을 보내곤 했다. 자기만의 공간을 갖는 일은 무척 반짝반짝하지만, 외면할 수 없는 어떤 현실은 마냥 반짝이지 않는다. 두 사람이 살 경우 투룸 이상의 공간을 마련할 수 있어야 각방이 가능하고, 서로의 공간이 필요하다는 사실을 존중하는 평등한 관계가 기반해야 하고, '한 침대에서 자야만 사랑'이라는 말을 믿지 않을 가뿐함이 필요하니까.

오늘 밤에도 나는 우주와 지민에게 굿나잇 인사를 건넨다.
오늘 하루도 정말 고생했어. 우리 잘 자고 내일 만나요.
메아리치듯 인사가 돌아왔다.
잘 자. 내일 만나.

# 제발 사랑해 주세요

물고기와 병아리가 동거하는 집 침실에는 햇살이 쏟아지는 큼직한 창이 있다. 창 아래 싱글 침대 두 개가 나란히 놓여 있고, 맞은편 벽에는 두 사람의 모습이 담긴 사진이 빨래처럼 가지런히 걸려 있다. 강변을 뒤로하고 손을 맞잡은 사진, 오토바이 앞에서 어깨에 머리를 기댄 사진, 요리하는 사진. 사진을 하나하나 살펴보는데, 곁에 다가온 병아리가 말했다.

"정말 슬픈 게, 이 사진들은 매번 이사를 다녀요. 부모님이 집에 오는 날에는 당장 떼야 하거든요. 부모님은 우리를 친구 사이로 알고 있으니까요. 떼고 붙이고. 무한반복이에요."

두 사람은 레즈비언 커플이다.

지민의 부모님이 갑작스럽게 셋이 사는 집에 방문하던 날, 헐레벌떡 내 신발과 사진을 치우던 날이 떠올라 병아리와 나는 함께 울적해졌다. 왜 우리는 사진 하나 마음대로 걸지 못하는 건지. 차별은 사소한 부분에서 사람을 울컥하게 만든다.

춘천에서 오랜 동료들과 모인 밤. 물고기와 병아리 커플, 월세를 아끼려고 친구와 동거를 시작한 기린, 어머니와 두 동생과 함께 사는 가재, 두 명의 애인과 함께 사는 나까지. 모두가 '동거인'이었지만, 누구도 같은 모양으로 살고 있지 않았다. 오두막 같은 숙소에서 야식을 먹으며 본격적으로 이야기 보따리를 풀었다. 가장 뜨거운 대화 주제는 동거 생활이었다. 함께 사는 일에 대한 공통의 좋은 점은 혼자 먹을 때보다 밥맛이 좋다는 점, 심심할 일이 조금 줄어든 점, 밤에 든든하다는 점 등이 있었지만, 밤이 깊어질수록 우리는 함께 살며 불편한 점을 토로하게 되었다. 화두는 단연 가사노동이었다.

병아리가 먼저 입을 열었다.

"저는 결혼이나 동거는 정! 말! 사랑하는 사람이랑 해야 한다고 생각해요. 그렇지 않고는 열불이 나서 아마 백 번은 헤어질 것 같아요. 물고기와 저는 둘 다 여성이라 집에서 눈칫밥 먹던 역사 때문인지 가사노동에 대한 기본적인 감각은 있는 편인데, 그래도 서로의 차이가 불편하게 느껴질 때가 있거든요. 물고기는 정리 정돈을 중요하게 생각해서 물건이 흐트러져 있는 꼴은 못 보는 편이고, 저는 정리보다 청소를 중요하게 생각해요. 방 곳곳에 먼지가 있는 꼴을 못 보는 거죠. 그런 온도 차가 서로 보완되면 좋은데, 가끔은 정말 스트레스를 받아요. 혼자 청소를 도맡는 것만 같아서……."

기린이 질세라 말을 받았다.

"저도 여성인 친구랑 살고 있잖아요. 그 친구는 출퇴근을 하고 저는 프리랜서인데…… 그럼 제가 집에 있는 시간이 길잖아요? 자연스레 제가 집을 관리하게 돼요. 문제는 제 룸메이트가 무척 무딘 사람이라는 거죠. 먹은 걸 바로 치우는 일도 없고, 변기에 물티슈 같은 걸 막 버리고, 화장실도 깨끗하게 쓰지 않아요. 저 이제 한 달 됐는데도 너무 스트레스받아서 혼자 살던 생활이 그리워요……."

동생 둘, 엄마와 함께 사는 가재도 하소연을 보탰다.

"제 동생들은 아직도 엄마한테 밥해 달라고 해요. 게다가 둘째 동생이 이제 고3이 됐는데, 그런 거 있잖아요. 고3의 특권 같은 거. 그걸 누리고 싶어 하는데……. 근데 최근 걔가 페미니즘을 접하면서 가사노동을 스스로 해야 한다는 걸 배운 거죠. 그러니까 분열이 오는 거예요. 엄마가 밥은 해 줬으면 좋겠는데, 자기가 배운 거로는 엄마한테 다 떠넘기면 안 되겠고. 그러다 보니 짜증이 더 늘었어요."

그리고 이제 내 차례! 나는 한때 우주와 지민이 무척이나 가사노동을 잘하는 사람이라고 믿었기에 불만이 없을 줄 알았다. 우주와 지민이 맡는 가사노동은 주로 요리였는데, 자라면서 아빠가 부엌에 있는 모습을 본 일이 손에 꼽을 정도로 드물던 나는 애인들이 부엌에 있는 모습을 보는 것만으로 감탄을 연발하곤 했다. 한동안 나는 애인들에 비해 내가 가사노동을 덜 한다고 생각해 왔다. 그런데 이날, 가사노동 불균형에 대해 누구보다 울분을 토한 건 나였다.

가사노동에 있어 억울한 감정이 생기기 시작한 건 동거하고 1년이 지나면서부터였다. 누적된 노동에 서서히 지쳐 갈 때쯤이랄까. 일단 집을 구할 때를 떠올려 보면 내 직책은 '인테리어 팀장'이었다. 집의 전체적인 인테리어 구상과 가구 구입, 배치를 도맡았기 때문이다. 소소한 물건과 생필품(조명, 이불, 커튼, 쿠션, 샴푸 등)을 구입하는 취미가 있는 나는 삼 인분의 물건을 구입해서 집을 세팅하곤 했다. 이런 부분이야 내가 좋아하는 일이니까 괜찮았는데, 나도 모르는 새 반복되는 가사노동의 굴레는 점점 나를 괜찮지 않게 만들었다.

가사노동 불균형의 핵심은 내 눈에는 보이지만 상대 눈에는 보이지 않는 것의 차이. 혹은 나는 말하지만 상대는 말하지 않는 것의 차이다. 한번은 다 같이 대청소를 하기로 했다. 나는 자기 방과 화장실은 각자 청소하고, 공용 공간은 함께 청소하자고 제안했다. 한 시간 뒤, 우주와 지민은 맡은 부분을 깨끗하게 청소했다고 말했다. 하지만 두 사람의 화장실 세면대와 변기, 거울에는 먼지가 그대로 앉아 있었고, 벽과 바닥 곳곳에는 물곰팡이가 버젓이 끼어 있었다. 게다가 방 구석

구석에 쌓인 먼지와 창틀의 먼지, 쓰레기는 뭐지? 나는 다시 한번 청소했냐고 물었고, 두 사람은 당당하게 그렇다고 답했다. 왜 나는 보이는데, 두 사람은 안 보이나요……?

바로 이런 부분의 차이다. 두 사람은 요리를 잘하지만, 요리하면서 바로바로 정리하진 않는다. 가스레인지 바닥뿐 아니라 타일에 튄 고춧가루와 기름을 닦는 건 내 몫, 설거지한 그릇을 가지런하게 정렬하는 건 내 몫, 수저통의 물때를 닦아내는 건 내 몫, 냉장고 안을 닦고 냉장고 겉에 묻은 얼룩을 지우는 것은 내 몫이다. 쓰레기통을 비우고, 창틀을 닦고, 각종 가구에 앉은 먼지를 닦고, 신발장 바닥을 한 번씩 닦아 주는 것도 내 몫. 커튼과 쿠션과 이불을 세탁하는 것도 내 몫, 에어컨 필터를 닦자고 말하는 것도 내 몫이다. 게다가 우리 집에는 반려견 네 마리가 있다. 개들은 주기적으로 섬세한 관리가 필요하다. 발톱 깎기, 털 깎기, 귀와 이빨 관리, 목욕, 하루 두 번 이상 산책, 예방 접종, 물과 사료와 패드 관리는 기본이다.

우주는 출퇴근하는 직장인, 지민은 독서실로 출퇴근하는 고시생, 나는 글 쓰는 프리랜서. 집에 머무는 시간이 긴 나는 앞에서 언급한 것 이상의 가사노동을 맡고 있었다. 그런데 나는 무슨 근거로 두 사람이 특별하게 가정적인 사람이라고 생각했던 걸까. (물론 요리하는 일은 고되고, 두 사람도 나 모르게 많은 부분을 책임지고 있을 것이다. 그 부분은 여전히 고맙다.)

어느 때보다 열띤 대화가 이어졌다. 우리는 밤새 공감하면서 분노하고 웃었다.

춘천에서의 밤 이후 일주일이 지났을까. 결국 '그 일'이 터졌다. 두 사람이 퇴근한 저녁 시간은 각자 쉬거나 야식을 먹으며 그날 있었던 이야기를 나눈다. 함께 술 한잔 걸치면서 말없이 텔레비전을 보다가 슬슬 해산하려는데, 갑자기 내 안에 쌓여 있던 서러움이 터져 나왔다.

"그래, 다 들어가 버려라! 두 사람한테 집은 대체 뭐야? 나는 뭐고!"

나는 울음을 터뜨렸고, 두 사람은 놀란 눈으로 나를 쳐다봤다. 나는 그간 느낀 감정을 털어놓았다. 왜 두 사람은 한 번도 먼저 청소하자거나 멍멍이 산책 가자거나 털을 깎자고 말하지 않느냐고. 그걸 나 혼자 챙기고 말하는 것도 힘든 일이라고. 두 사람이 퇴근하고 피곤해 보이면 함께 집안일하자고 말하는 것도 눈치 보인다고. 나도 글 쓰는 노동을 하는데 정기적인 수입도 없고 출퇴근 시간이 없으니까 마치 내가 집을 다 관리해야 할 것만 같은 압박을 느낀다고. 집은 내 일터이자 함께 가꾸는 생활공간인데, 두 사람에게 집은 그저 쉬기만 하는 공간인 것 같다고. 저녁 먹고 각자 방으로 쏙 들어가고 다음 날 우르르 나가고 나면 나는 집에 혼자 남아 청소하고 멍멍이들 돌보며 지낸다고. 마치 옛날에 엄마 아빠가 살던 모습이랑 다를 게 없는 것 같아서 답답하다고. 두 사람은 내 얘기를 듣다가 자기들이 너무 게으르고 무심했다며 사과했다.

그 뒤로 둘은 "멍멍이 데리고 산책 나갈까?" "우리 대청소 할까?"라고 먼저 묻고, 요리할 때 주변을 바로바로 정리하고, 나름 신경 써서 집 안 구석구석을 청소하려고 노력한다. 아직 내 눈에는 보이고 두 사람에게 보이지 않는 것들이 많지만, 이제는 나 혼자 억울함을 쌓아 두지 않고 그때그때 말하면서 서로의 간극을 줄이고 있다. 나도 두 사람이 요리할 때 함께 채소를 손질하고, 조수 역할을 맡는 등 부지런을 떤다.

타인과 함께 사는 일은 서로의 생활 습관, 집이라는 장소에 대한 인식과 시선의 차이를 알아차리면서 화들짝 놀라는 일이 아닐까. 놀란 뒤 필요한 건 서로에게 맞춰 가려는 의지와 노력이다. 병아리의 말처럼, 함께 살기 위해서는 서로를 정! 말! 사랑해야 한다. 사랑이 추상적인 감정이 아니라 노동이라면, 정말 사랑한다는 말은 정말 열심히 노동하겠다는 의지와 같은 말이다. 관계를 유지하는 데 필요한 감정노동, 가사노동, 돌봄노동 등의 다양한 노동을 어느 한쪽만 감수해선 안 된다. 사랑한다는 백 마디 말보다 한 번의 노동이 서로를 살아 있게 하니까. 제발 함께 사랑(노동)해 주세요.

## 나는 불이로소이다

나는 우리 집의 불이다. 사주상으로도 나는 작지만 뜨겁고 예리한 촛불이다. 불같이 꺼지지 않는 열정, 불처럼 치명적인 아름다움…… 이런 근거를 대고 싶지만, 사실 내가 불인 가장 큰 이유는 활활 타오르기 때문이다. 나의 불기운은 싸울 때 진가를 발휘한다. 상대를 태우고 태워 재를 만들어 버리고서야 사그라드는 불길. 애인들은 친절한 교회 언니 같은 내 대외적인 인상에 속았다며 한탄하곤 한다.

지민과 우주는 금과 물이다. 싸울 때의 성향을 보면 사주가 묘하게 잘 맞는다. 지민은 칼처럼 얇고 날카로운 신금이어서 상대의 허점이나 현상의 이면을 날카롭게 분석하고 찌르는 편이다. 그래서 토론을 잘하고(토론대회 입상도 여러 번 했다), 어디 가서 말싸움에서 진 적이 별로 없다.(나를 만나기 전까지는.) 우주는 아주 깊은 물이어서 평소엔 물처럼 부드럽고 포용력 있다가 돌변하면 심해처럼 한없이 차가워진다. 학창 시절부터 별명이 논리의 왕이었다는 그 역시, 승부사 기질이 강해서 어떤 싸움에서도 진 적이 별로 없다. (나를 만나기 전까지는.)

"셋이 살면 싸움은 안 나요?"

우리 식구는 자주 이런 질문을 받는다. 나를 두고 두 사람(우주와 지민)이 싸우거나 신경전 벌이는 모습을 기대하거나 염려하는 걸 텐데, 정작 우리 집의 싸움꾼은 주로 나다. 다툼은 나-지민, 나-우주의 구도로 벌어진다.

연애 초기에는 두 사람 각각과 격렬한 다툼이 일어나곤 했다. 서로에게 용납하지 못하는 부분을 두고 치열하게 이야기하다 보면 곧잘 대화가 다툼으로 번졌다. 당시에는 중요했으나 지금은 사소해진 탓인지 싸움의 이유가 무엇이었는지는 기억이 잘 나지 않는다. 구도만 떠오르는데, 주로 나는 시비를 거는 쪽이었고 상대는 방어하는 쪽이었다. 특히 나와 연애할 상대에게는 몇 가지 관문이 있었다. 그중 하나가 원가족 관계에서 얼마나 독립했는지에 관한 것이다. 나는 상대가 원가족의 품에서 벗어나지 못한 것 같으면 "독립적인 인격체와 연애하고 싶어!"라고 통보했다. 일찌감치 가족에서 독립한 나의 경험과 정상 가족에 대한 반감이 만들어 낸 관문이었다. 싸울 때 소리를 지르진 않는지, 문제 제기를 통해 상대가 얼마나 변화할 수 있는 사람인지 알아보는 것도 내 싸움의 목적이었다.

논리의 왕 우주와 나는 주로 정치적 입장 차이로 다퉜다. 잠시 해묵은 이야기를 꺼내자면, 나는 20대 초반에 만난 선배의 영향으로 NL 운동권이 되었고, 우주는 그와 대척점에 있던 PD 계열이었다. 지금 와서 떠올리면 실소가 날 정도로 사소한 그 일로 우리는 격렬하게 다퉜고, 나에게 답답함을 느낀 우주는 급기야 NL 담론의 잘못된 점을 조목조목 지적하는 소논문을 만들어서 나에게 안겨 주었다. 지기 싫었던 나는 "아 몰랑. 나를 사랑하면 내 말을 들어! 안 그러면 당신과 사귈 수 없어!"라는 식으로 나갔다. 나와의 만남을 이어 가고 싶었던 우주는 내 고집에 항복했다.

하지만 우주가 누구던가. 누구에게도 진 적 없던 자존심 대왕이 내 앞에서 틀린 걸 틀렸다고 지적하지 못하고 불만을 표출할 수 없는 상황은 견디기 힘들었을 거다. 그날도 나는 우주의 잘못된 점을 지적하고 있었다. 묵묵히 내 말을 듣던 우주가 갑자기 또르르 눈물을 흘렸다. 놀란 내가 "왜 울어요? 무슨 일 있어요?"라고 묻자, 우주는 미소를 띤 채 눈물을 흘리는 기묘한 얼굴로 말했다. "저보고 말하지 말라고 했잖아요. 그래서 안 하고 있는 거예요." 말이 끝나기가 무섭게 또 눈물이 또르르……. 솟아오르는 억울함과 분노를 애써 누르느라 눈물이 나 버린 거였다. 그 모습에 나는 웃음이 빵 터지고 말았다.

초반의 3개월 정도를 격렬하게 보내고 나서는 서로 건드리면 안 되는 부분을 터득하고, 조금씩 양보하면서 다툴 일이 급속도로 줄었다. 평소에 포용력 있고 무딘 편인 우주는 내 예민함을 물처럼 쑥 흡수하고 빙그레 웃어 넘기기 일쑤여서 내 불이 화르르 솟을 일이 없다.

지민과는 연애 초반에 다툴 일이 없다가 서서히 다툴 일이 늘어났다. 포항과 춘천을 오가는 장거리 연애에서 생기는 오해와 갈등은 자잘하게 이어졌다. 나처럼 예민한 지민은 불편한 감정이 표정에서 다 드러나는 사람이다. 지민과 나는 관계에 필요한 감정노동을 자신이 더 많이 하고 있다고 생각했다. 그 점에서 한 번씩 큰 싸움이 벌어졌다.

한번은 나와 다툰 뒤에 지민이 A4 두 장 분량의 글을 준비한 적이 있다. 나를 앞에 앉히고 지민이 말했다. "자, 이제 내가 일곱 가지의 불편한 점을 말하고, 우리 관계를 위해 몇 가지를 제안할 거예요. 그러니까 지루하더라도 잠시 기다려줘요. 알았죠?" 나는 얼떨결에 고개를 끄덕였고, 지민은 종이를 보면서 조곤조곤 이야기를 이어 나갔다. "첫째…… 둘째……" 네 번째쯤 내가 하품을 하자, 지민이 눈치를 살피더니 말했다. "듣느라 힘들죠? 그럼 잠시 쉬었다가 해요, 우리."

그 뒤로도 지민은 싸울 때마다 장문의 글을 준비해서 자신의 감정과 상황을 나에게 들려줬고, 나는 지민에게 '첫째, 둘째, 셋째'라는 별명을 붙여 주었다.

셋이 있을 때 싸움은 어떤 모습이었나. 몇몇 전투 장면이 기억에 남는다. 집에서 함께 독서 모임을 하고 뒤풀이를 하던 날이었다. 우주와 폴리아모리의 개념에 대해 이야기하다가 서로 의견 차이가 생겼는데, 술을 마신 우주가 그날따라 날카로운 말을 뱉었다. (우주는 술에 취하면 본연의 전사 기질이 나온다.) 그때부터 물과 불의 대결이 시작되었고, 우리는 쉴 새 없이 서로를 찌르는 말을 주고받았다. 싸움이 시작될 무렵에 지민은 거실에서 강아지들과 놀고 있었는데, 어느새 잠이 들어 있었다. 30분 만에 우주와의 싸움이 끝나고 테이블을 치우려고 일어나자, 갑자기 지민이 벌떡 일어나서 조용히 그릇을 치웠다. 알고 보니 지민은 우리가 싸우는 동안 어찌 해야 할지 몰라 자는 척을 한 거였다. 꼼짝 못 한 채 숨소리까지 신경 쓰면서 30분을 버텼다고 했다. 그때부터 지민은 우주와 나 사이에 조금이라도 싸움의 불씨가 보이면 "제발 싸우지 마아……"라고 간청한다.

지민과 내가 다툴 때면, 우주는 적극적으로 두 사람을 갈라놓으려고 노력한다. 우주가 걱정하는 건 내가 아닌 지민이다. 내가 지민과 간신히 떨어지면, 우주는 슬쩍 나에게 다가와서 속삭인다. "삼살 해……." 우주의 말에는 나에게 받은 지난날의 상처가 투영되어 있었다. 덕분에 지민과 우주는 '나'라는 존재에게 받은 상처(다툼뿐 아니라 폴리아모리 관계에서 비롯된 질투와 고통)를 매개로 끈끈한 동료애를 느끼는 사이이자, 적극적으로 서로를 옹호하는 관계가 되었다. 내가 불길이 확 치솟아서 화가 날 때면 두 사람은 서로를 대신 항변하느라 바쁘다. "그러니까 지민의 진심은 그게 아닌데" "그러니까 우주의 진심은 그게 아닐 거고"라는 말을 덧붙이면서.

지민과 다툰 날, 우주에게 물은 적이 있다.

"우주는 내가 지민과 싸우면 좋지 않아? 왜 지민 편을 들어 주는 거야?"

"관계 초기에는 좋았지. 거봐, 다 필요 없고 내가 최고지? 곧 헤어질 거지? 이런 기대가 없었던 건 아니야. 근데 이제 우리는 식구잖아. 승은이 불행하면 나도 불행해지고 지민이 불행하면 그것도 나한테 영향을 끼쳐. 그리고 승은이 화나면 얼마나 무서운지 나만큼 잘 아는 사람이 없으니까 지민이 걱정돼……. 그러니까 상처 주지 마."

우주와 지민의 관계는 폴리아모리에서 주로 상상되는 메타무어* 관계와 상반된 모습을 보인다. 한 사람을 사이에 둔

* 애인의 애인.

두 사람은 흔히 서로를 질투하고, 경쟁하고, 시기하고, 음해하는 모습으로 그려지곤 하니까. 가끔 우리는 처첩 제도에서 처와 첩들이 사이좋게 서방을 욕하는 모습을 상상하고, 그 모습과 지금 우리 상황을 대입해 보기도 한다. 메타무어는 무조건 질투와 경쟁의 대상일 거라는 기존 문법에 격렬하게 반대하면서.

세 사람이 사는 일은 두 사람이 싸울 때 말리는 한 사람이 생기는 일. 덕분에 화르르 타오르는 불길이 한풀 꺾이는 일. 공공의 적(나)으로 인해 새로운 동료애가 탄생하는 일이기도 하다.

# 쓰기의 역사

쓰자. 말자. 쓰자. 말자.

달걀부리 마을로 이사하기 전, 우리는 중대한 결정 앞에서 의견이 갈렸다. 쓰자파와 말자파로. 안건은 텔레비전이었다. 인테리어를 구상하면서 나는 거실에 65인치 텔레비전을 두어 쾌적한 환경에서 영화를 보겠다는 야심 찬 계획을 세웠다. 지민은 인터넷이 발달했고 집에 프로젝터도 있는데 굳이 텔레비전이 필요하겠냐고 반박했고, 우주는 기왕이면 75인치 이상을 사서 집을 영화관처럼 만들자며 나보다 한술 더 떴다. 두 사람의 의견이 극단적으로 갈려서 비교적 중간으로 보이는 내 의견이 관철되었다. 며칠 뒤 거실에는 65인치 텔레비전이 놓였다. 중소기업 제품인데, 2년째 우리는 텔레비전 앞에 앉아 도란도란 밤을 보내고 있다.

자본주의 사회에 속한 우리의 일상은 무언가를 사는 일과 뗄 수 없다. 주거부터 매끼 식사, 생필품도 대부분 소비로 유지되고, 심지어 강연이나 책, 누군가를 만나는 일까지 돈이 안 들어가는 곳이 없다. 서로의 소비 패턴의 차이를 파악하고 조율하는 일은 함께 살기에 꼭 필요한 과정이다. 만약 소비의 품을 크기로 잴 수 있다면 우리 집은 우주 ≥ 승은 ≫ 지민 순으로 나열할 수 있다. 이 품의 크기는 각자의 상황, 소비 종목에 따라 달라지므로 고정불변한 건 아니다. 지금 상황에서 평균적인 소비 패턴을 비교하면 그렇다는 건데, 거슬러 올라가면 각자의 맥락에서 '쓰기의 역사'가 있다.

"아휴, 돈 없다. 돈 없어." 나는 어릴 때부터 돈 없다는 말을 공부하라는 말보다 더 자주 들어 왔다. 아빠의 한탄은 집에서 묵묵히 돌아가는 냉장고 소리처럼 매일 내 귀를 찔렀다. 식탁에 둘러앉아 밥을 먹다가, 일주일에 한 번 용돈을 주면서, 컴퓨터 게임을 하는 내 뒤에 대고, 혹은 저녁에 온 가족이 둘러앉아 TV를 보다가 불쑥불쑥 돈 없다는 말이 튀어나왔다. 아빠는 군무원이어서 고정 수입이 있었지만, 24평 아파트와 자동차를 마련하느라 진 빚을 큰 짐으로 여겼다. 1만 원의 마이너스도 용납하지 못했던 아빠는 어떻게든 허리띠를 졸라매려고 노력했고, 그 여파는 나머지 가족에게도 전해졌다. 엄마는 전업주부였는데, 한 번도 경제권을 가진

적 없이 아빠에게 식비를 꼬박꼬박 받아 썼다.

"우리 집 가훈이 뭐라고?" 아빠가 물으면 승희와 나는 동시에 대답했다. "먹다 죽은 귀신이 때깔도 좋다!" 저녁마다 푸짐한 상을 앞에 두고 아빠와 엄마는 농담처럼 가훈을 외쳤다. 다른 부분에 돈 쓰는 건 그토록 인색한 아빠가 유일하게 아끼지 않았던 종목이 바로 식비였다. 엄마는 음식 솜씨가 좋았고, 아빠는 엄마와 장을 보러 갈 때만큼은 '아낌없이 주는 나무'가 되었다. 상다리가 휘도록 매끼 음식이 풍요로웠으나 나는 상다리를 덜 휘어서라도 옷도 사고 싶고, 책도 사고 싶고, 다른 친구들이 다 가진 메이커 운동화도 하나 갖고 싶었다. 하지만 아빠에게 돈 얘기를 꺼내는 순간 돌아올 한숨과 질타를 알고 있었기에 꾹 참아야 했다.

엄마도 그랬다. 엄마는 집에서 쉬는 날 없이 매일 가사노동을 반복했지만, 자신만의 여윳돈이 주어진 적은 없었다. 그러다가 이따금 '사고'를 쳤다. 오래돼서 무너지기 직전의 소파나 낡은 이불이며 커튼 등을 아빠의 신용카드로 몰래 결제하는 식으로 말이다. 아빠 입장에서는 분명한 사고였고, 엄마 입장에서는 유일한 스트레스 해소이자 자신의 일터와 가정을 가꾸는 일이었다. 그것만으로 스트레스가 풀리지 않는 날이면 엄마는 승희와 나를 데리고 쇼핑을 나갔다. "승은아 승희야. 아침에 아빠 카드 몰래 빼 왔어. 카드 갖고 있을 때 마음껏 쓰자. 우리가 언제 뭐라도 썼니?" 엄마가 이 말을 하면 그날은 춘천의 지하상가를 쭉 돌면서 사고 싶었던 옷과 신발을 샀다. 아빠가 알아차리고는 카드를 정지시킬 위험이 있었기에 세 모녀는 최대한 한 상점에서 한 번에 소비를 몰아서 해버렸다. 물론, 그날 저녁은 부모님이 싸우는 모습을 지켜봐야 했지만 말이다. 그럴 때마다 나는 돈이 지긋지긋하다고 생각했고, 아빠와 다르게 돈에 초연한 인간이 되리라 다짐했다.

엄마가 고단한 노동과 외로운 일상을 소비로 풀었듯, 나 역시 스트레스받을 때면 인터넷 쇼핑몰에 들어가 장바구니를 채워야 그나마 숨이 쉬어진다. 게다가 내 노동은 정기적으로 월급이 들어오는 형태가 아니기에 나는 더 계획적인 소비에서 먼 사람이 되었다.

우주의 소비 모토는 '일단 지르면 미래의 내가 다 책임진다'로 요약된다. 우주는 유년기에 동네에서 손에 꼽을 정도로 유복한 환경에서 자랐다. 행정고시에 합격한 우주의 아버지는 미래가 촉망되는 청년이었고, 어머니 역시 유능한 직장인이었다. 결혼하고 얼마 후 어머니는 직장을 그만두었고, 아버지는 사업 전선에 뛰어들었다. 아버지가 경영하던 가구 회사는 몸집이 점점 커져서 우주는 부족함이라곤 전혀 느껴 본 적 없이 자랐다고 한다. 당시 우주 어머니의 취미는 오래된 골동품을 수집해서 진열장에 차곡차곡 모아 두는 일이었다. 우주가 고등학생 때, 아버지 회사에 부도가 났다. IMF가 터진 무렵이었다. 네 가족의 추억이 담긴 집 안의 모든 가구에 빨간 딱지가 붙었다. 당시를 회상할 때면 우주는 어머니의 백색 액센트를 떠올린다. 어머니는 당신의 첫 차였던 액센트를 각별히 아꼈는데, 그 차마저 경매로 넘어가자 결국 무너지셨다고 한다.

그 뒤로 우주의 집에도 '돈 없다'는 소리가 흐르기 시작했다. 드넓었던 집은 한순간 1.5룸 월세로 바뀌었고, 그때부터 우주는 아버지와, 동생은 어머니와 한 침대를 써야 했다. 좁은 공간에 네 가족이 복작대니 다툴 일도 늘었다. 어머니는 아버지가 한마디 상의 없이 모든 부도의 책임을 떠안은 상황에 분노했고, 아버지는 침묵으로 일관했다. 도돌이표처럼 다툼은 반복됐다. 그때부터 우주는 독립을 꿈꿨다. 청소년기에 방을 갖지 못했던 경험 때문인지 우주는 자기만의 공간을 중요하게 생각하는 사람이 되었다.

처음 우주가 독립할 때, 어머니는 우주 손을 끌고 제법 비싼 가구 회사를 찾아갔다. 그때 어머니는 이렇게 말했다. "자취한다고 싼 걸로 사지 마. 집도 기왕이면 넓고 쾌적한 곳으로 잡아. 몇 푼 아낀다고 크게 달라지지 않아. 가구도 좋은 걸 들여놓으면 그 상태를 유지하기 위해서 더 열심히 살게 되더라. 그러니까 뭐든지 좋은 걸로 해." 우주는 어머니의 말씀을 가슴에 새겼다. 적금이고 나발이고 다 필요 없다! 어차피 돈은 있다가도 없는 것. 없다가도 있는 것. 아끼면 똥 되는 것. 그러니까 쓸 수 있을 때 마구 쓰자! 우주의 단골 대사다.

지민의 역사는 오묘하게 다르다. 현재 부모님의 경제적 상황을 보면 지민은 우리 셋 중에 가장 부유하다. 아버지는 성공한 사업가, 어머니는 오랜 세월 교사로 일하고 있다. 형은 대기업에 다니고 있는데, 결혼하고 미국으로 이주해서 최근 15억짜리 집을 샀다고 한다. 지민의 친척들도 대부분 부유한데, 부유한 가족이 그렇듯 1년에 한 번 명절과 상관없는 가족 행사가 열린다. 이런 환경에서 지민이 가장 자주 들은 말은 애석하게도 나와 같다. “돈 없다. 돈 없어.” 지민이 초등학생 때 미국으로 유학을 간 형은 그곳에서 중·고등학교부터 대학까지 쭉 다녔다. 그 덕에 부모님은 형의 생활비와 학비를 감당하느라 허덕였다. 돈 때문에 다투고 한숨짓는 부모님의 모습을 가까이에서 지켜본 지민은 선뜻 부모님에게 손을 내밀지 못하는 아이가 되었다. 형이 당당하게 부모님에게 요구해서 샀던 명품 가방이나 직접 산 유명 메이커의 코트를 몇 년 뒤 물려받았다. 가끔 부모님이 옷을 사 주겠다고 하면 지민은 눈치를 살피면서 최대한 저렴한 브랜드를 선택했다.

지민의 부모님은 돈 씀씀이가 꼼꼼하다. 한번은 지민이 부모님 집에 다녀오더니 신기한 장면을 봤다며 알려 줬다. “아빠가 거실에 노트북을 펼쳐 놓고 나간 거야. 무슨 화면인가 슬쩍 보니까 엑셀이었어. 엑셀 프로그램에 각 가족 구성원의 지출과 수입, 계획들이 색색이 다 다르게 표시되어 있는 거야. 그거 보고 내가 아빠를 닮았구나 싶어서 신기했어. 한편으로는 아빠를 닮아서 돈에 인색한 사람이 된 것 같아 싫기도 하고."

이렇게 다른 환경에서 자란 세 사람이 훗날 한집에서 살게 되었다. 텔레비전을 앞에 두고 작은 의견 차는 있었지만, 생활에서 소비로 크게 부딪힌 일은 없었다. 유일한 직장인이자 쓰기 대왕 우주는 공동 생활비 이외의 비용으로 지민과 나에게 황홀한 세계 각국의 요리를 선사하곤 한다. 한번은 보너스를 받았다며 지민과 나에게 현금 20만 원씩을 보내 주었다. "용돈이야. 앞으로 더 벌면 더 줄게. 사고 싶은 거 사." 지민과 나는 우주의 자신만만한 미소와 쿨한 대사에 감동했다. 지민은 처음에는 우주와 나의 소비 패턴을 선뜻 이해하지 못하다가 서서히 우리를 닮아 가서 '쓸 땐 잘 쓰자'는 마음으로 바뀌었다. 지금은 노무사 시험을 준비하는 중이라 정기적인 수입이 없어서 한도 내에서 아끼지만, 앞으로 직업을 갖게 된다면 어떤 모습일지 자못 궁금하다.

사실 우주의 통 큰 모습은 장점만큼 치명적인 단점도 있었으니…… 스스로 진 빚을 감당하지 못한다는 것이다. 우주와 내가 둘이 살 때, 우주는 종종 주변에 손을 벌렸다. 나갈 돈과 들어올 돈을 따져 계획적인 소비를 하지 않은 결과였다. 그 점이 나를 불안하게 하는 요소였는데, 지민과 살면서 우주는 안정적인 소비 패턴을 유지하고 있다. 지민이 회계를 맡게 되었기 때문이다. 우리 집 깐깐한 회계부장은 매주 가족회의 때마다 생활비, 의료비, 식비 등의 가계 현황을 보고한다. 각자 형편대로 매달 모으는 돈을 잘 융통하는 데에는 지민의 역할이 크다. 우주와 내가 정신줄 놓고 돈 쓸 때, 지민은 월세와 공과금을 챙기고 생활의 기반이 되는 각종 생필품을 정기적으로 주문하고 포인트를 적립한다. 가끔 지민이 노트북 앞에서 집중할 때 슬쩍 화면을 보면 엑셀 프로그램에 꼼꼼하게 정리된 가계부가 펼쳐져 있다. 그 모습은 우주가 통 크게 돈을 쓸 때의 황홀감과는 또 다른 든든함으로 다가온다.

그럼 나는 무엇에 기여하나. 강연료 같은 목돈이 들어올 때면 바꾸고 싶었던 침구를 주문하거나 냄비나 각종 소품을 구입한다. 엄마와 똑 닮은 모습으로. 프리랜서 노동자인 나에게 집은 일터이기도 하니까 이런 소비가 즐겁다.

소비에 관해, 각자의 역사만큼 격렬한 충돌이 있을 줄 알았는데 막상 쓰고 보니 대단한 사건은 없었다. 어린 시절까지 거슬러 올라가며 소비 성향의 차이를 이해하려는 노력, 돈 쓰는 데 과감한 우주와 뿌리처럼 생활을 잡아 주는 지민의 균형. 각자 형편대로 돈을 모아 공동의 생활 기반을 유지하고 가계를 공유하는 방식. 이 모든 것이 우리의 '쓰기'를 괜찮게 해 준 것 아닐까 싶다.

얼마 전, 우리 셋에게 공동의 꿈이 생겼다. 몇 년 뒤에 전세로 이사하기. 방 하나 더 딸린 집을 구해서 언제든 사람들이 쉼터처럼 드나들 수 있는 공간 마련하기. 더 훗날에는 마당이 있는 집을 구해서 갈 곳 없는 동물을 돌보고 싶다. 아직은 로또 당첨만큼 머나먼 일로 느껴지지만, 함께 돈을 모으기로 도모하는 일이 마음을 모으는 일과 같다는 걸 알기에, 지금은 꿈만으로도 마음이 배부르다.

# 서로의 품이 되는 일

우리가 사는 달걀부리 마을은 비교적 신생 마을이다. 3년 이상 된 건물도 거의 없고, 집 근처 편의점도 밤 12시가 지나면 이용객이 드물어서 문을 닫는다. 북적북적한 술집도 없어서 새벽에 술 취한 누군가의 고성에 시달릴 일도 없다. 평생 소도시에서 살아온 나는 중심지의 활기찬 에너지보다 외곽의 고즈넉한 분위기가 익숙하고 편안하다.

달걀부리 마을로 이사할 때는 기대보다 걱정이 많았다. 작은 단위일수록 서로의 살림살이를 다 알게 되고 그만큼 참견이나 뒷말도 많아질 거라는 선입견 때문이었다. 물론 달걀부리 마을이 아주 작은 단위의 촌락은 아니지만, 상점도 딱 몇 개 있는 이곳에서 우리 셋의 관계가 어떻게 비칠지 걱정되었다. 걱정은 부동산에서 집을 구할 때부터 시작됐다. 한창 집을 알아보고 이사를 준비하던 시기에 나는 이런 기록을 남겼다.

토요일부터 사흘 동안 애인들과 방을 보러 다녔다. 높은 집값이 무서워 서울은 둘러볼 엄두가 나지 않았고, 포항 바다가 그리울 것 같아 최대한 자연과 가까운 경기도 위주로 찾아다녔다. 며칠간 서른 곳 이상의 집을 봤고, 나중에는 체력이 바닥나서 애인들에게 질질 끌려다녔다. 공동 거실과 각자의 방이 있으면 좋겠다는 우리의 바람은 비싼 가격 앞에서 번번이 꺾였고, 그럴 때마다 울적해졌다.

방을 구하는 일만큼 힘들었던 건 우리의 관계를 설명하는 일이었다. 셋이 애인 관계라고 말하면 어떤 반응이 돌아올지 뻔했기에 미리 입을 맞췄다. 생김새가 닮은 편인 나와 지민은 남매로, 우주와 나는 부부로 소개하기로.

첫 번째 중개업자는 매달 월세 낼 돈으로 차라리 대출받아서 3억짜리 집을 매입하라고 끈질기게 설득했다. 중개업자의 말은 간단했지만, 우리 처지로는 천만 원도 대출받기 어려웠다. 중개업자는 답답했는지 지민에게 "우리 아들 여자 친구가 아들보고 집 장만해야 결혼할 거라고 했대요. 동생은 돈 부지런히 모아요"라며 청하지도 않은 조언을 했다. 그러고선 "동생은 여자 친구 있어요?"라고 물었는데, 지민과 나는 당황해서 대답하지 못했다. 다행히 우주가 재빠르게 "비밀이지롱요"라고 답해서 위기를 넘겼다.

두 번째 중개업자는 우리 관계를 묻지 않고 알아서 답을 내렸다. 나와 지민이 닮았으니 남매고, 우주와 나는 '그런' 사이일 거라는 추측이었다. 중개업자는 남매끼리 우애가 좋아 보인다고 칭찬하더니 혹시 예수를 믿느냐고 물었다. 중개업자가 기독교인으로 보였기에 우주는 전략적으로 지민이 한동대생이라고 밝혔다. 그러자 그분은 기쁜 표정으로 "어머, 한동대에 다니세요? 한동대 들어가기 힘든데. 좋은 학교 갔네요. 잘했다, 잘했어"라며 지민의 어깨를 토닥였다. 결국 그 중개업자가 보여 준 방을 계약하기로 했는데, 기독교 대학인 '한동대' 학생이라는 점과 우애 좋은 가족이라는 이유로 보증금과 입주 시기를 대폭 조정할 수 있었다.

성인 남녀 셋 이상이 함께 살면 무조건 가족이거나 가족을 낀 관계라고 생각하고, 기독교 신자는 손쉽게 선한 이미지를 입는다. 지민은 교회에 다닌다고 말하지 않았지만, 기독교 대학인 한동대생이라는 이유만으로 선량한 이미지를 얻을 수 있었다. 지민이 학교에서 폴리아모리라는 이유로 무기정학당한 사실을 알게 된다면 대우가 어떻게 달라질까? 가정만으로도 아찔하다. 아이러니하게도 고정관념을 이용해서 우리는 위기를 넘겼고, 좋은 조건으로 집을 계약할 수 있었다. 집 앞뒤에 공원과 하천, 산이 있고, 1, 2층 모두 공동 거실이 있고, 방마다 화장실이 딸려 있어서 개인 생활이 보장되는, 테라스와 옥상에서 별을 보며 맥주 한잔 즐길 수 있는, 그런 공간이다.

둘이 기본값인 사회에서 셋이 사는 건 매번 오해받고, 성가신 거짓말을 반복해야 하는 일이다. 거짓말하거나 해명하지 않으면서 살고 싶다.

집을 구하러 다닐 때 실감했던 것 같다. 셋이 사는 일은 사소한 거짓말을 밥 먹듯 해야 하는 일이라는 걸. '(규범과) 다른 연애' 금지령이 내려진 한국이라는 거대한 학교에 뚝 떨어진 것 같은 느낌이었다.

하지만 고립된 느낌은 잠시였다. 얼마 지나지 않아 우리 관계를 품어 주는 이웃을 만났으니까. 내 걱정이 괜한 것이었음을 알려 주듯, 인연은 잔잔한 파도처럼 밀려왔다.

동네에는 미용실이 세 곳 있는데, 그중에 1인 예약제로 운영하는 진(가명) 미용실이 걸어서 4분 거리에 있다. 지민이 먼저 진 미용실을 이용하고서 우주와 나에게 소개해 줬다. 한동안 두 사람은 각자 예약을 잡고 커트를 하러 다녔다. 이사하고 석 달쯤 지났을 때, 나는 오랜만에 파마를 하고 싶어져서 같은 미용실을 예약했다. 1인 예약제로 운영되는 공간인 만큼 내부는 아담하고 의자도 단 두 개뿐이다. 곳곳에 놓인 초록 식물과 회색 톤의 인테리어가 조화로웠다. 미용실 문을 열고 들어서자 사장님인 진이 반갑게 반겨 주었다. 머리를 돌돌

말면서 이런저런 대화를 나누는데, 진이 물었다. "다른 손님 중에도 손가락에 타투를 하신 분들이 있는데, 혹시 아는 사이세요?" 아, 올 것이 왔구나. 나는 침을 꼴깍 삼키고 답했다. "맞아요. 저희가 이사한 지 얼마 안 됐거든요. 두 사람 추천으로 왔어요." 진은 혹시 두 사람과는 어떤 사이냐고 물었다. 나는 함께 활동하는 사이라고 둘러댔다. (틀린 말은 아니었다.)

파마하는 동안 나는 진에 관해 많은 이야기를 듣게 되었다. 진은 원래 도시의 큰 미용실에서 직원으로 일하다가 결혼하고 이 마을로 이사하면서 미용실을 차리게 됐다고 했다. 1인 미용실을 운영하며 힘든 점과 좋은 점을 진지하게 나누다 보니 자연스레 고민 상담 시간이 되었다. 진이 물었다. "혹시 어떤 일을 하세요?" 나는 주로 페미니즘과 관련된 수필을 쓴다고 답했다. 혹시라도 페미니즘에 편견이 있을까 봐 눈치를 살폈는데, 진은 페미니즘은 잘 모르지만 알고 싶다면서 나에게 책이 있으면 구입할 수 있냐고 물었다. 마침 집에 여분의 책이 있어서 얼른 미용실로 가져왔는데, 진은 종이봉투에 책값을 담아서 정중하게 건넸다.

"고마워요. 저는 모르는 게 많아서 더 배우고 싶어요."

진의 말을 들으며 어느 순간 스르르 경계심이 녹았다. 나를 믿고 마음을 열어 준 진에게 내 이야기를 거짓 없이 털어놓고 싶었다. "사실 타투한 두 사람 있잖아요? 제 동료가 맞긴 한데, 제 애인들이기도 해요." 폴리아모리에 대한 이해를 돕기 위해 진에게 이런저런 이야기를 풀었다. 내가 말하는 동안 진은 고개를 끄덕이며 경청했다. 그 뒤로 진과 나는 서로의 SNS를 팔로우하며 근황을 공유하는 사이가 되었다. 마침 서로의 집도 가까워서 강아지들과 산책하다가 마주치기도 하고, 부모님과 다 함께 외식하러 가던 날에도 마주쳐서 인사를 나누는, 말 그대로 이웃사촌이 되었다.

지민이 파마하던 날, 갑자기 소나기가 내려서 우주와 함께 우산을 챙겨서 미용실에 찾아간 적이 있다. 우주와 나는 지민의 머리가 다 될 때까지 기다리면서 수다를 떨었다. 며칠 뒤 내가 염색하러 미용실에 갔을 때, 진이 슬쩍 말했다.

"그런데, 우주 님과 지민 님 성격이 달라서 같이 살면 재밌을 것 같아요. 지난번에 지민 님 파마하러 왔을 때, 우주 님하고 승은 님이 맛있는 거 먹고 왔다고 하니까 지민 님 표정이 딱 삐친 거 같았거든요. 근데 우주 님은 지민 님 삐친 거 신경도 안 쓰고. 우주 님은 머리를 할 때 요구 사항을 정확하게 말하는 편인데, 지민 님은 수줍음이 많으신지 물어볼 때마다 어깨를 움츠리면서 웃기만 해요."

달걀부리 마을에서 산 지 2년쯤 되자 우리에게는 여러 단골집이 생겼다. 굳이 '폴리아모리'라는 걸 밝히지 않아도 셋이 함께 다니는 걸 편안하게 맞아 주는 이웃들. 집 앞 편의점 사장님은 셋이 갈 때마다 지민의 미모만 칭찬한다. 길 건너편 튀김집 사장님은 처음에는 우주와 지민 중에 누구와 신혼이냐고 묻다가 이제는 알아서 생각을 정리하신 것 같다. 셋이 함께 다니는 신경정신과도 있는데, 주기적으로 상담을 받은 지 1년이 되었을 때 나는 선생님에게 우리 관계를 털어놓았다. 선생님은 '폴리아모리'를 처음 들어 본다며 꼭 공부해 보겠다고 했다.

셋이 팔짱을 끼고 다니거나 파트너가 바뀐 채 손을 잡고 다녀도 괜찮은 장소. 굳이 '폴리아모리'라고 해명할 필요가 없는 장소. 품을 내어주는 장소가 확대되면서 섬처럼 고립된 것 같았던 동네가 다르게 보인다. 돌이켜보면 학창 시절에도 그랬다. 학교에 연애 금지령이 내려졌을 때 서로의 연애를 모르는 척해 주던 친구들이 있었고, 아빠와 살 때는 엄격한 통금 시간을 어긴 나를 위해 함께 집에 들어가 주던 승희가 있었다. 사랑은 개인적인 감정일지 몰라도, 그 사랑을 지속하기 위해서는 타자와 사회의 품이 필요하다는 걸 실감한다.

김현경은 『사람, 장소, 환대』에서 우리를 사람으로 만들어 주는 것은 추상적인 관념이 아니라 우리가 매일매일 다른 사람들로부터 받는 대접이라고 말한다. "사람이라는 것은 사람으로 인정된다는 것, 다른 말로 하면 사회적 성원권을 인정받는다는 것이다. 물리적으로 말해서 사회는 하나의 장소이기 때문에, 사람의 개념 또한 장소 의존적이다."

해석하려는 사람이 없으면 해석당하지 않는다. 판단하려는 사람이 없으면 판단되지 않는다. 폴리아모리라는 말을 몰라도 그냥 셋이 사는구나 정도로 이해하는 것, 판단하지 않고 있는 그대로를 봐 주는 것. 이 정도면 되지 않을까.

나도 적당히 무관심하고 다정한 품을 가진 이웃이 되고 싶다. 지레 위축된 존재와 관계를 아무 말 없이 감싸 주는 그런 품이 되고 싶다.

# 1주년 기념 책장 정리

나는 밤잠을 설치며 머리를 싸매고 있었다. 내일이 이사하는 날인데, 셋이 한 지붕 아래서 잘 살 수 있을까. 걱정 반 기대 반으로 다가올 내일을 기다렸다. 그 밤으로부터 딱 1년이 지난 아침, 나는 침대에서 빠져나와 우주와 지민의 방문을 두드려 두 사람을 깨웠다. 타임머신을 타고 날아온 것처럼 벌써 동거 1주년이 되었다. 애인들과 나는 기념일을 안 챙기는데, 셋이 동거를 시작한 날짜 '0506'은 각별하게 여긴다. 한때는 현관 비밀번호였고, 지금도 와이파이 비밀번호이다. 왜인지 숫자 조합을 떠올릴 때 먼저 생각나는 번호가 되어 버렸다.

소파에 둘러앉아 1주년을 기념해서 뭘 할까 의논하다가 나는 전부터 꼭 해 보고 싶었던 일을 말했다.

"가족사진 어때? 다들 있는 가족사진 우리도 찍는 거야. 작게라도 뽑아서 간직하자!"

호기로운 나와 달리 두 사람은 망설이는 기색이 역력했다. 요즘 인생 최고 몸무게를 달성해서 지금 상태로 사진을 남기고 싶진 않다는 이유였다. 찍고 나서 보정하면 된다고 설득했으나 요지부동. 결국 가족사진은 두 사람이 조금 살을 빼면 찍기로 했다. 내가 꽥꽥 우겼으면 성사될 수 있었지만, 실은 나도 사진은 아껴 두고 싶었다. 청소년기부터 부모님의 갈등이 고조되면서 가족과 함께 사진 찍을 일이 없었다. 아빠 집 거실 장에 채워진 내 사진은 유치원 무렵에서 멈춰 있다. 머리를 한껏 올려 묶고 개나리색 한복 저고리를 입은 내가 두 팔을 벌려 웅변하는 사진, 하얀 깃털이 달린 의상을 입고 무대 위에서 눈을 감고 발레하는 사진. 이게 전부다.

외식을 할까, 촛불 켜 놓고 지난 1년을 돌아볼까, 이런저런 계획을 세웠으나 엉뚱하게 우리는 1주년에 책장 정리를 했다. 손이 안 가는 몇몇 책을 중고로 팔아서 용돈이나 챙길 심산으로 슬렁슬렁 시작한 책장 정리가 우주와 지민이 합세하면서 본격적인 대청소가 되었다. 나는 1년 동안 눈길도 주지 않았던 책을 하나하나 추렸다. 추억 때문에 꾸역꾸역 보관하던 책도 미련 없이 정리했다. 지민은 한동안 공부하던 각종 문제집을 후련하게 뽑았다. 원래 책이라면 출구 없는 입구 정책을 고수하던 우주도 웬일로 안 읽는 책을 순순히 정리하기 시작했다. 나는 그 모습이 놀라워서 "오오오오~"라고 놀렸고, 우주는 살짝 미간을 찌푸리며 "나 지금 진지해. 아주 진지하게 골라낼 거야"라고 말했다.

정리하려고 빼 둔 책은 방 한쪽에 동산처럼 쌓여 가는데, 책장에는 여전히 책이 많았다. 특히 우주의 전공이었던 '교육학' 관련 책장이 거의 비지 않은 걸 확인. 나는 의아해서 물었다.

"우주, 다른 책들은 그렇게 정리하고서 왜 교육학 책은 정리 안 해?"

"나 이제 회사 다니잖아. 내 20대는 온통 교육학이었어. 다 버려도 이것만은 버릴 수 없어, 보내지 않을 거야. 이건 내 정체성의 일부나 다름없다고……."

우주는 금방이라도 울 것 같은 오묘한 표정을 지으며 말했다. 책은 한 사람이 걸어온 역사이기도 하고, 정체성의 이정표가 되기도 한다. 교육학 책이 잔뜩 꽂힌 책장 앞에서 우주는 가만히 사색에 잠겼다. 아마 좋은 선생님이 되길 꿈꿨던 20대를 추억하고 있는지도 모르겠다. 그는 책을 정리하는 내내 혼잣말을 멈추지 않았다. '아~ 나의 책이 가는구나~ 나의 한 시절이 가는구나~'

선물할 책, 버릴 책, 중고로 판매할 책을 분류해서 노끈으로 꽁꽁 묶었다. 누구에게 선물하거나 팔기 애매해서 차라리 내놓는 게 나을 책 위주로 골랐는데도 서른 묶음이 나왔다. 한 묶음에 스무 권 정도였으니 거의 600권을 정리한 셈이다. 버릴 책들은 낑낑대며 현관 앞 재활용 구역에 차곡차곡 쌓았다. 입고 있던 티셔츠는 어느새 땀으로 흠뻑 젖었고, 허리와 손가락 뼈 마디가 지끈거렸다. 초저녁에 시작한 작업은 밤 12시가 훌쩍 넘어서야 끝났다. 우리는 수고했다고 서로를 격려하고 각자 씻고 나와서 거실에 둘러앉았다. 와인과 간단한 요기로 허기를 채우며 예능 프로그램을 봤다. 싱거우면서도 다정한 1주년 밤이 지나갔다.

1년 전에도 우리는 책장을 정리하고 있었다. 이삿짐을 나르며 서로의 손때 묻은 물건과 첫 만남을 가졌다. '어, 이거 나한테도 있는 책인데' '어? 이거 읽어 보고 싶었던 책인데' '오, 이런 책을 읽다니!' 반가워서 놀라고, 의외라고 놀리기도 하면서 서로의 취향을 엿보았다. 1년 전과 다른 점이라면 지금은 책장이 너와 나로 분류되지 않고 '우리'로 뭉뚱그려진 점이다. 내 책장에는 퀴어 페미니즘, 동물권, 장애학, 문학 같은 요즘의 관심사가 가득하고, 지민의 책장에는 트랜스 퀴어 관련 서적과 법학 책이 가득하다. 우주는 교육학, 장애학, 마이너리티, 철학 관련 책이 대부분이다. 서로의 교집합이 점점 커지면서 셋의 책장을 명확하게 나누기 어려워지고 있다.

합쳐진 책장처럼, 책의 언어와 이야기를 공유하면서 우리는 '우리'가 되어 왔다. 문득 책이 가득한 이 공간이 함께한 지난 1년을 보여 주는 거울처럼 느껴져서 가족사진 대신 책장 사진을 찍었다. 인화한 사진을 다이어리에 붙이고, 그 아래에 글을 적었다.

1주년을 맞아 우리는 책장을 비웠다. 앞으로 채워 갈 이야기를 위해서. 다음 5월 6일에는 꼭 함께 사진을 찍고 싶다. 어색한 구도의 가족사진 하나쯤은 우리도 차별 없이 가질 수 있을 테니까. 우리, 2주년에는 꼭 사진 찍으러 스튜디오 가자! 그리고 밤에는 1년 사이 새롭게 채워진 책장을 함께 산책하자.

# 어둠 속에서 춤을 출래

그날 아침 집을 나서려는 나에게 아빠는 백여덟 번째 당부를 했다.

"승은아, 네가 어떻게 살아도 괜찮은데 제발 폴리아모리인지 뭔지 하는 글은 쓰지 마라. 나중에 정말 어떻게 되려고 그러니? 남들이 뭐라고 하겠어."

대답하지 않으면 끝내 나를 놓아줄 것 같지 않아서, 오랜만에 보는 아빠와 다투기 싫어서 마지못해 알았다고 답하고 서둘러 집을 나섰다.

몇 시간 뒤, 나는 카메라 앞에서 섹스와 오르가슴, 폴리아모리에 관해 이야기하고 있었다. 프랑스 다큐영화 〈휴먼〉의 후속작 〈우먼〉 촬영이 있는 날. 촬영은 종로의 한 호텔 꼭대기 층에서 진행됐다. 방에는 한국 촬영 감독과 프랑스 감독, 연출자가 대기 중이었다. 암막 커튼을 친 어두운 공간에 의자

하나가 놓여 있었다. 의자에 앉으니 눈부신 조명과 카메라가 오로지 내 얼굴에 집중됐다. 연극배우가 된 기분이었다. 어린 시절 기억으로 가볍게 시작된 인터뷰는 점차 폴리아모리와 임신중단수술, 오르가슴과 섹스 판타지에 대한 이야기로 나아갔다. 처음에는 어색해서 쭈뼛댔는데, 몽롱한 분위기에 취해서 어느새 카메라가 돌아가고 있다는 사실도 잊은 채 거침없이 떠들었다.

"섹스 판타지는 뭔가요?"

"음, 쓰리썸? 언젠가 여러 명과 해 보고 싶어요."

"당신에게 오르가슴이란?"

"'나'를 잊고 온전히 육체에 집중하는 시간이요." (이때 나는 눈꺼풀까지 파르르 떨었다.)

두 시간의 촬영이 끝나고 서로 수고했다고 인사하는데, 프랑스 감독 프랑이 자신도 폴리아모리 관계를 맺고 있다며 말을 건넸다. 물론 나는 불어를 못 하기 때문에 중간에서 한국 촬영 감독이 통역해 주었다. 프랑은 자신은 오픈 메리지 관계이며, 아들이 있는데 남편과 합의 하에 각자 애인을 만난다고 말했다. 프랑은 한국에서 폴리아모리를 만나니 반갑다고 웃으며 손을 내밀었다. 언어는 달랐지만 깊은 연대감을 느낀 프랑과 나는 진하게 손을 맞잡았다. 생전 관심 없던 불어를 배우고 싶다는 생각이 들 정도로 촬영과 식사 자리는 유쾌했다.

빛이 차단된 어두운 방. 작은 불빛 하나만 나를 향해 있던 그 공간에서 나는 자유로웠다. 아빠의 눈살이 끼어들 틈도, 어떻게 그렇게 더러운 걸 욕망하고 감히 입 밖에 낼 수 있느냐고 비난할 목소리도 없었다. 암흑 속에서 나는 꽁꽁 싸매고 있던 옷을 한 겹씩 벗어던지고 무대를 활보하는 연극배우였다.

인터뷰가 끝나고 집으로 돌아가는 길, 거리 가득 햇살이 쏟아졌다. 집에 들어서자 아빠는 우리 자랑스러운 장녀가 다큐 촬영도 한다며 나를 한껏 추켜세웠다. 나는 웃으며 아주 즐거운 촬영이었다고 말했고, 아빠는 어떤 촬영인지는 관심 없이 그저 딸이 무언가 일을 한다는 사실에 기뻐했다. 그런 아빠를 보며 조금 찔렸는데, 나는 부디 아빠가 영화를 볼 일이 없길 바랐다. 딸이 스크린 앞에서 온갖 금기를 쏟아내는 모습을 본다면 '글 쓰지 마'에 더해 '말하지 마'를 추가할 것 같아서.

아빠에게는 비밀이지만, 폴리아모리 관계가 알려지면서 각종 매체에서 인터뷰나 출연 요청이 왔고 그때마다 나는 가능하면 피하지 않고 수락하는 편이었다. 너무 특별하게(이상하게) 취급되는 내 일상과 사랑을 특별하지 않은 것으로 만들고 싶었기 때문이다. 조금 더 익숙해진다면, 한 번이라도 본다면 깜짝 놀라서 무턱대고 손가락질하는 반응이 줄어들까 싶어서. 하지만 아쉽게도 몇 번의 시도는 무산으로 돌아갔다.

이유는 내가 너무 평범하거나 반대로 너무 평범하지 않았기 때문이었다.

한 방송국에서 '우리 결혼했어요'와 비슷한 컨셉으로 소수적 관계를 맺는 사람들의 일상을 찍고 싶다는 연락을 받았다. 그때 나와 애인들은 포항에 살고 있었는데, 작가님과 담당 피디가 비행기를 타고 포항까지 올 정도로 열정적이었다. 먼 길을 날아온 두 사람을 집으로 초대해서 방송의 취지를 오랜 시간 묻고 들었다. 동성애 커플, 폴리아모리 커플 등 다양한 커플의 일상을 찍어서 '이런 관계가 있다'는 걸 자연스레 알리고 싶다는 취지였다. 취지에는 공감했으나 막상 방송에서 일상이 드러난다면 어떤 후폭풍이 닥칠지 우려돼서 망설였다. 우리는 혹시 거절하게 되더라도 한국에도 꽤 많은 폴리아모리가 있으니 꼭 다뤄 주면 좋겠다고 부탁했다. 그러자 담당 피디가 말했다.

"안 그래도 폴리아모리 커뮤니티에도 나가 봤어요. 그런데 저는 뭔가…… 너무 소수자 같지 않은 사람들을 찍고 싶었어요."

피디는 우리가 다른 성소수자에 비해 평범해 보이는 남녀 커플이기 때문에 꼭 우리가 출연해 줬으면 좋겠다고 답했다. 우리의 옷차림과 머리 색을 비롯한 생김새, 직업 등이 포함된 말인 듯 했다. 순간 어색해진 우리 표정을 눈치챘는지 피디는 대중의 눈높이에서 폴리아모리가 잘 전달됐으면 하기 때문이라고 서둘러 덧붙였다. 무슨 뜻인지 알았지만 찜찜함은 가시지 않았다.

평범한 폴리아모리. 건전한 폴리아모리라는 말은 이유식 불닭처럼 이질적이다. 대중에게 폴리아모리가 공격받는 포인트가 주로 '난교'이기 때문에 지레 "아니요, 저희는 난교는 안 하고요. 평범한 사람들이에요!"라고 답하게 될 때가 있는데, 그럴 때마다 마음속으로는 이런 생각이 올라온다. 아니 설사 난교면 어떻고 문란하면 어쩔 건데! 난교한다고 하늘이 무너지나?

결국 방송 출연은 거절했다. 편집권을 가지지 못할 거라는 불안감과 '평범한 폴리아모리'라는 이름표를 감당할 자신이 없었다. 이후 방송이 어떻게 됐는지 알지 못하지만, 종종 궁금하면서도 마음 한편에 죄책감이 들었다. 우리가 출연을 결심했다면 조금이라도 다양한 관계를 보일 기회가 마련되지 않았을까, 내 기준이 너무 까다로웠던 걸까.

그 일이 있고 얼마 후, 또 다른 매체에서는 평범하지 않다는 이유로 출연이 목전에서 엎어진 적이 있다. 비혼, 비연애, 동거하는 사람들 특집의 영상 제작이었는데, 한참 촬영팀과 의견을 주고받던 중에 폴리아모리는 대중에게 받아들여지기 어렵기 때문에 위험부담을 안을 수 없다는 이유로 영상을 지원하는 국가 기관에서 제동을 걸었다. 이번에는 평범하지 않아서 거절당한 것이다. 심지어 우리는 셋 다 비혼주의자이고, 연애의 정상성을 해체하는 비연애주의자이고, 동거하는 사람들인데! 그때 나는 비연애, 비혼 담론에서 혼자 사는 1인 가구나 피가 섞이지 않는 공동체는 그나마 환영받지만, 로맨스와 성애가 결합된 '다른' 형태는 아직 언급조차 어렵다는 사실을 깨달았다.

답답한 마음에 폴리아모리 커뮤니티에서 인연을 맺은 폴리 씨를 만났다. 폴리 씨와 이런저런 고민을 나누다가 세 사람이 한 공간에서 살아가며 느끼는 어려움(노출이나 애정 표현)에 대해 털어놓았다. 가만히 내 말을 듣던 폴리 씨가 말했다.

"제 경험인데요, 세 분이 쓰리썸을 해 보면 어때요? 그럼 관계가 훨씬 편안해지더라고요."

"(웃음) 저도 상상해 본 적 있는데⋯⋯ 아마 두 사람이 서로를 원하지 않을 거여서 저희 셋은 안 될 것 같아요."

"아쉽네요. 그럼 정말 좋을 텐데⋯⋯."

폴리 씨는 진심으로 아쉬워했다. 폴리 씨와의 대화는 내 옷을 훌훌 벗겼다. 이곳저곳을 유영하는 마음으로 모든 가능성을 열어젖혔다. 아, 이 대화는 평범할까 평범하지 않을까? 더러울까 더럽지 않을까?

나는 자주 어두운 밤과 환한 낮의 경계를 걷는다. 굳이 해명하거나 부끄러워하지 않아도 되는 어둠의 시간과 무화과 잎을 둘러야만 간신히 존중받을 수 있는 낮의 시간. 나는 어둠을 두려워하는 사람이지만, 때로 어둠은 나를 자유롭게 한다. 그 어둠이 잠시 동안 주어지는 무대가 아니라 매일 살아가는 무대이면 좋겠다.

평범한 폴리아모리와 평범하지 않은 폴리아모리. 그중에 당신은 어느 쪽이냐고 누가 묻는다면, 나는 쓰리썸을 꿈꾸지만 아직 하지 못해서 어쩔 수 없이 평범하다고 불리는 평범하지 않은 폴리아모리라고 소개하겠다. 내가 쓴 문장이 어렵게 느껴진다면, 딱 그만큼이 내가 느끼는 혼돈이라는 걸 이해해주길 바라는 마음으로.

2

# 내 사랑이 불편한가요

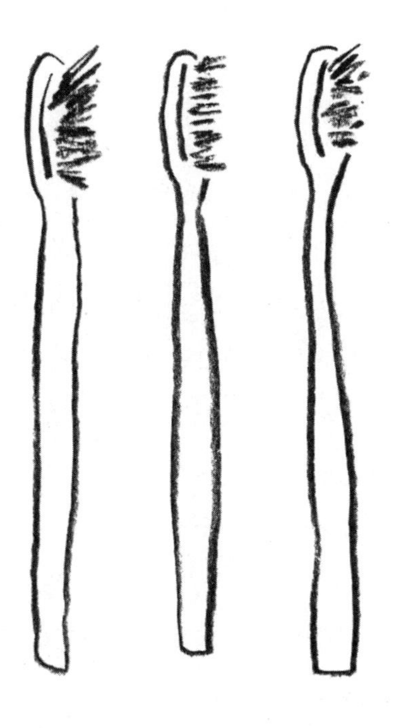

사랑에 정답이 있다는 거짓말

# 사랑이 뭘까

"사랑이 뭘까요?"

인터뷰에서 이런 질문을 받을 줄 몰랐다. 지현은 내 또래의 페미니스트. 미디어 협동조합에서 활동하며 꾸준히 글을 쓰는 사람이다. 그는 인터뷰 서두에 대번 내게 사랑이 뭐라고 생각하느냐 물었다. 나를 바라보는 진지한 눈빛 앞에서 멋진 답을 건네고 싶었지만, 결국 잘 모르겠다고 얼버무렸다. 잠시 생각에 잠겨 있던 지현이 말했다.

"제가 생각하기에 사랑은 불안을 견디려는 의지인 것 같아요. 제가 작년부터 고양이를 키우는데요, 고양이를 바라보는 제 마음이 사랑과 비슷하다고 느껴요. 고양이를 집에 혼자 두는 시간에 대한 미안함, 온전히 소통할 수 없다는 거리감, 먼저 나를 떠날지 모른다는 두려움 같은 것들을 견디고 함께하는 시간에 집중하는 일이요. 서로를 믿기로 선택하고 의지를 갖는 일, 불안을 견디는 일이 사랑 아닐까요. 사랑할 때, 상대와 나는 서로에게 하나의 증상이 되잖아요. 서로에게 깊이 관여하고 영향을 미치는. 그런 면에서 사랑은 서로 소통하며 만들어 가는 협상인 것도 같고요."

내가 인터뷰어가 되어 그를 인터뷰하고 싶을 정도로 한마디 한마디가 콕콕 박혔다. 인터뷰가 끝날 때쯤, 지현이 말했다. "제가 인터뷰하러 와서 너무 제 얘기만 한 것 같아요. 그동안 SNS나 책으로 승은 씨 글을 많이 봐 와서 그런지 원래 알던 사람처럼 느껴져서……. 맥주를 마셔서 그런가? 술이 깨면 어떤 기분이 들지 모르겠지만요." 지현은 호탕하게 웃더니, 슬금슬금 셀카봉을 꺼냈다. 우리는 함께 사진을 찍고 카페 옆 골목에서 담배를 피웠다. 헤어지기 전, 지현이 거주하는 종로 쪽에서 꼭 다시 보자는 약속도 잊지 않았다.

책을 매개로 인연을 맺는 일은 매번 낯설고 설레는 경험이다. 내 내밀한 이야기를 이미 아는 상대가 나에게 자신의 내밀한 이야기를 꺼내면, 나는 그의 세계에 파도처럼 쓸려 간다. 낯선 이의 삶에 푹 빠지는 경험이 언제나 유쾌한 것만은 아니지만, 그날 나는 그의 세계에 닿을 수 있어 다행이라고 생각했다. 이 만남은 우연이 아닐 거라고 여러 번 되뇔 정도로.

요즘도 나는 습관처럼 그날의 인터뷰를 떠올린다. 담배 연기를 하늘로 시원하게 훅 내뱉는 지현의 동그란 입 모양과 시원스런 미소를 보고 싶어서. 그리고 지현이 나에게 던진 질문이 자꾸 생각나서이다.

그러게. 사랑이 뭘까.

초등학교 3학년 때 같은 반 반장에게 전화로 좋아한다고 고백한 무렵부터 서른이 넘은 지금까지 내게 사랑은 뗄 수 없는 화두였다. 디즈니 만화, 연애소설, 로맨틱코미디 영화를 즐겨 보며 낭만적인 연애를 꿈꿨다. 20대를 돌아보면 연애하지 않았던 시기가 채 1년이 넘지 않을 정도로 내 연애는 줄곧 현재진행형이었다. 상대를 좋아하고, 서로의 마음을 확인하고, 관계가 무르익을 무렵이면 나와 상대는 통과의례처럼 서로에게 일기장을 건네듯 지난 시간을 공유했다. 어린 시절 별명, 가족의 비밀, 학창 시절의 굴욕적인 경험, 시기별 좋아했던 음악 등등 시시콜콜한 기억을 끄집어 서로에게 들려줬다. 어느 날부터는 일기를 함께 기록했고, 함께할 미래를 그렸다. 그러다가 점차 대화가 사라지고 오해가 덧붙어 다툼이 반복됐다. 그 뒤엔 건조한 이별이 있었다.

사랑이 뭔지 모른다니? 내가 가장 잘 안다고 믿었던 경험과 백지처럼 텅 빈 사랑의 정의. 낯선 간극이 어리둥절했다. 그러고 보면 나는 꾸준히 글을 써 왔지만, 내 인생에서 큰 부분을 차지했던 사랑에 관한 글은 잘 쓰지 않았다. 그 이유를 사랑과 이별에 관한 글과 노래가 세상에 너무 많아 지루해져 버렸기 때문이라고도 생각했고, 기억할 만한 순간이 없어서, 내 연애가 지질해서, 라고도 생각했다. 왜 나는 사랑에 관해 안 쓰는 거지. 못 쓰는 건가? 모임 하며 만난 사람, 가족, 친구, 하다못해 길에서 마주친 행인에 관해서도 술술 써지는데, 한 시절 나와 가장 내밀하게 겹쳐졌던 존재에 관해 쓸 거리를 찾지 못하다니.

어쩌면 나는 연애라는 역할극에 젖어서 상대를 고유하게 바라보는 법을 잊어버린 게 아닐까. 나에게 연애는 타자를 만나는 일이 아니라 '남자친구'의 역할을 채우는 일이었는지도 모른다. 애인의 성격과 사회적 위치, 만난 시기에 따라 관계의 양상은 조금씩 달라졌지만, 내가 그에게 기대하고 그가 나에게 기대하는 바는 비슷했다. 관계의 고유성을 찾지 못하니 고유한 글이 나오지 않는 건 당연했다. 지루하고 뻔하고 시시하게 느껴지는 것도. 소설가 배수아의 말처럼, 나 역시 "연애에 관한 화제, 연애에 관한 노래, 연애에 관한 소설, 이런 것들을 항상 재미없다고 느껴 왔었다".

여름이 되자 쓰레기봉투 주위에 초파리가 날아다닌다. 그 모습을 보자 문득 지난여름의 기억이 떠올랐다. 부모님이 이혼하고 엄마가 집을 나갔을 때, 베란다에 방치된 음식물 쓰레기 더미에 구더기가 끓었다. 꾸물거리는 구더기 떼를 보고 열다섯 나는 그 자리에서 풀썩 주저앉았다. 20대 초반 곁에 있던 애인에게 그때의 기억을 들려주었던 어느 오후, 그는 나를 안고 한참 동안 울었다. 그가 흘린 뜨거운 눈물 덕분에 구더기나 엄마가 없던 집에 대한 기억이 덜 아프게 남았다. 나는 몸살이 났을 때 찬 수건으로 몸 곳곳을 닦는 습관이 있는데, 그것도 내 몸에 남은 사랑의 흔적 때문이다. 몸살에 걸려 열이 펄펄 끓던 나를 벗겨 밤새 찬 수건으로 몸을 닦아 주던 사람도 애인이라는 이름으로 곁에 있던 존재였다.

기억이 물꼬를 트자 어리숙한 나와 어리숙한 타인이 만나 결코 닿을 수 없는 서로의 지난 시간을 헤아리려 애쓰고 아픔을 어루만지던 순간들이 떠올랐다. 연애라는 타성에 젖어 상대의 존재를 쉽게 지웠지만, 흔적은 지워지지 않고 남았다. 지난 연애를 차근차근 돌아보면 역할극에 가려진 타자를 만날 수 있을까. 타인과 함께 서툰 감정으로 상처를 주고받고, 스스로 타인의 고통에 닿아 불행해지기로 선택하고, 서로를 견디려고 노력한 그 시간 속에서 사랑의 단서를 발견할 수 있을까. 나에게 사랑을 물었던 지현은 사랑을 '불안을 견디는 의지'라고 말했다. 다시 만난다면 나는 어떤 답을 할 수 있을까. 여전히 나는 답할 수 없을 것 같지만, 내 몸에 남은 사랑의 흔적들을 꺼내 볼 수는 있을 것 같다. 더듬더듬, 주름처럼 남은 기억을 펼치면서.

# 그러니까 남자가 필요하다는 미신

내 20대는 원룸에서 원룸으로 옮겨 다닌 시기로 요약된다. 비교적 월세가 저렴했던 춘천의 한 대학가 원룸촌에 살면서 겪은 에피소드는 장르로 치면 공포스릴러에 가깝다. 스물셋 여름이었다. 수업을 마치고 집에 돌아와 옷을 갈아입으려고 티셔츠를 벗는데, 느낌이 이상했다. 고개를 돌려 무심코 창문을 보다가 창문 너머에서 나를 바라보는 눈과 마주쳤다. 분명 창문 건너편 오래된 빌라 건물은 몇 년 전부터 사람이 살지 않는 곳인데, 그럴 리 있나? 처음에는 나를 의심했다. 잘못 봤겠지. 아니었다. 다시 봐도 사람 눈이었다. 창밖으로 고개를 가로로 꺾어 내밀고는 틀림없이 나를 쳐다보는 눈. 공포영화에서 본 것같이 순식간에 그 눈이 내게 줌 인 되었다. 눈이 마주친 몇 초 동안 그는 피하지 않고 나를 뚫어지게 쳐다봤다. 나는 비명도 지르지 못하고 주저앉았다.

당시 연애하던 한은 내 연락을 받고 겁도 없이 그 건물로 달려갔다. 그의 말에 따르면 건물은 이제 막 공사를 앞둔 것처럼 벽이 조금씩 허물어져 있었고, 전기가 들어오지 않는 건 물론 사람의 흔적도 찾아볼 수 없었다고 했다. 사람이 살지 않는 건물이 맞았다. 하지만 내가 말한 그 지점에서 한은 버린 지 얼마 안 된 것 같은 삼각김밥 포장지와 빈 컵라면, 캔맥주를 발견했다. 그 사람이 언제부터 그곳을 드나들며 나와 내 주변을 훔쳐봤을지 가늠이 안 됐고, 혹시 눈이 마주쳐서 나를 해코지하러 오진 않을까 두려웠다. 곧바로 이사를 준비했다.

내 경험은 여성이라면 누구든 콕 찌르면 하나쯤은 나올 만큼 흔한 일이다. 친구들과 둘러앉아 무서운 이야기를 나눌 때면, 귀신 이야기보다 각자가 경험한 원룸 스릴러가 더 오싹했다. 버스에서 마주친 남자가 원룸 현관문 앞까지 쫓아와서 황급하게 문을 잠그고 다음 날까지 집 밖에 못 나왔다는 이야기, 새벽에 귀가할 때 짙게 선탠한 자동차가 쫓아와서 골목을 돌고 돌아 겨우 집에 갔다는 이야기, 자는 중에 스토커가 문을 따고 들어왔다는 이야기. 대학 온라인 커뮤니티에는 새벽마다 종종 이런 게시물이 올라왔다. '지금 새벽 3시인데, 누가 현관문을 슬쩍 건드려요. 어제도 그랬어요.' '옆방에서 여자 비명이 들리는데 어떻게 해야 하나요?'

현실이 이렇다 보니 '혼자 사는 여자의 생활 수칙'이 고전처럼 전해 내려온다. 배달이 올 때면 누군가와 함께 있는 것처럼 연기하기, 현관에 남성 신발 한 켤레(군화면 더 좋다) 비치하기, 베란다에 남자 옷(군복이면 더 좋다) 걸어 놓기, 집에 들어갈 때 이어폰을 한쪽 귀에만 끼기, 현관 잠금장치는 적어도 2중 이상으로 설치하기와 같은 것들이다. 지인들의 경험과 조심하라는 조언이 확산되고, 끊이지 않는 관련 사건들을 뉴스로 접하면서 안전에 대한 확신이 사라지면 공포는 걷잡을 수 없이 커진다. 부풀어 오른 공포는 하나의 메시지로 향한다. "그러니까 여자 혼자 살면 위험해. 지켜 줄 남자가 필요해." 영화 〈도어락〉은 원룸에서 여성이 겪는 공포를 다룬 생활밀착형 스릴러다. 영화 시사회에서 한 출연 배우가 "영화를 관람하고 나면 혼자는 안 되겠다는 생각이 들 것"이라며 농담처럼 "본격 결혼 장려 영화"라고 소개한 것도 같은 맥락에서 나온 말이다.

이 논리에 따르면 세상에는 두 가지 타입의 남성만이 존재한다. 낯선 나쁜 놈과 친밀한 착한 놈. 이렇듯 간단한 이분법은 친밀한 나쁜 놈의 존재를 지운다. KBS 보도 자료에 따르면, 2018년 발생한 살인 사건 피해자 다섯 명 중 한 명이 아내 폭력으로 살해되었다. 전체 301건 가운데 아내 살해 55건, 애인 살해 26건. 그 수를 합치면 전체 살해 피해자 3.7명 중한 명이 남편과 애인에 의해 살해된 셈이다. 그나마도 전 남편, 전 동거인, 전 애인의 경우는 유형별 집계가 되지 않아 정확한 규모는 확인되지 않는다. 지켜 줄 남자가 필요하다는 미신은 현실을 전혀 반영하지 않은 채 폭력을 방관하는 말이다. 곰곰이 따져 보자. 정말 이성애 사랑과 '정상 가족'은 안전을 보장할까? 어린 시절, 집이 안전한 공간이기만 했던 사람이 얼마나 될까? 왜 세상에는 '안전 이별'이라는 말이 생겼을까? 폭력은 친밀감과 상관없다. 오히려 가장 가까운 사람이 가장 잔인한 폭력을 행할 수 있다.

'여성이 위험하다'는 메시지는 한 방향으로 흐르지 않는다. 소위 '묻지 마 범죄'에서 여성이 표적이 되는 이유는 혼자 다니거나 혼자 살아서가 아니라 여성에 대한 굴절된 편견과 차별, 폭력 때문이다. 이에 대한 방안은 제도와 문화, 성에 대한 인식을 어떻게 변화시킬 것인가로 연결되어야 한다. 아내 폭력, 아동 폭력, 데이트 폭력처럼 친밀한 사이에서 이뤄지는 폭력에 대해서도 적극적인 개입이 필요하다. 최근 행정안전부는 '주민등록법 시행규칙' 개정안을 발표했다. 이 개정안에는 가정 폭력 피해자가 제한 대상자를 명시해 등·초본을 열람할 수 없게 하는 내용이 포함되었다. 가해자가 피해자의 주소지를 추적할 수 없게 하기 위한 장치다. 여전히 사각지대에 놓인 데이트 폭력과 여타 성폭력을 처벌할 수 있는 법도 확대

되어야 한다. 대학가 원룸촌에서 기승하는 여성 대상 범죄는 청년들의 열악한 주거권 문제와도 연결된다. 중요한 건 피해자가 조심할 일이 아니라는 점이다. 때리는 사람, 죽이는 사람, 몰래 보는 사람이 없으면 맞거나 죽거나 찍히는 사람도 없다. '현실 스릴러'에 공감하는 대중 공포는 눈 가리기 미신이 아닌, 사회적 개입을 요구한다.

타인과 눈이 마주친 그 집에서 이사하고 얼마 지나지 않아 나는 또 다시 이사를 갔다. 이번에는 나를 지켜 주겠다고 굳게 약속한 한 때문이었다. 다른 남자로부터 나를 보호하려고 위험마저 불사하던 정의로운 애인은 데이트 폭력을 휘두른 가해자이기도 했다. 나와 다툰 새벽이면 복도가 떠나가라 소리치며 현관문을 쾅쾅 두드렸고, 헤어지자는 말에 불쑥 집에 찾아와 난동을 부렸다. 도어락으로 안전하게 잠긴 집 안에서 나는 그에게 밀쳐지고, 그가 던진 책에 맞았다. 그와 마침내 '안전 이별'한 다음, 나는 남자가 나를 안전에서 지켜 준다는 미신을 더는 믿지 않게 되었다. 집 안에서도 밖에서도 여자들이 살아가는 현실은 퍽퍽하게만 느껴졌다.

두 명의 애인과 산다고 하면, 종종 남자가 둘이라 든든하겠다는 부러움 섞인 말을 듣는다. 두 사람이 당연히 남성일 거라는 편견에서 나온 말부터 체한 듯 마음에 걸린다. 다른 한편으로는 남자들의 질투가 더 무서운데, 그러다가 맞아 죽진 않겠냐는 염려도 든는다. 나는 지금 내 환경이 특별히 더 든든하거나 위험한 조건이길 바라지 않는다. 혼자 살아도, 동성끼리 살아도, 이성과 살아도, 가족과 살아도, 실수로 문을 잠그지 않아도, 늦은 밤 귀가하거나 이어폰 두 쪽을 다 꽂고 밤길을 걸어도, 누구나 맞거나 죽임당하지 않을 권리가 있으니까.

언젠가 나는 썼다. '현관에 T-팬티를 걸어 놔도 불법 촬영, 강간, 살해당하지 않는 세상에 살고 싶다.' 우리는 아직 그 세상에 닿지 못했다.

# 피임도 허락받아야 하나요?

나는 아이를 낳을 생각이 없다. 애인들도 마찬가지다. 결혼보다 동거가, 아이보다 반려동물과 함께 사는 삶이 더 잘 맞는다고 느낀다. 어떻게 피임할 것인가. 이 질문은 관계 초기부터 우리의 화두였다. 언제부턴가 콘돔도 불안했고, 경구피임약은 질염, 피부염 등의 부작용이 있었기에 다른 방식을 찾아야 했다. 마침내 찾은 피임 방법은 정관수술이었다. 정관수술은 여성의 난관피임수술에 비해 과정이 간단하고 영구적이며 부작용이 덜하다. 몇 달 전부터 수술에 대해 알아보고 언제 받으면 좋을지 이야기 나누던 중, 지민이 먼저 수술을 하겠다고 나섰다.

"나 내일 정관수술을 받을까 해. 어차피 앞으로 결혼할 마음도 없고, 아이를 가질 생각도 없으니까."

다음 날 지민과 함께 한 비뇨기과를 찾았다. 막상 수술을 받으려니 지민은 떨린다고 했다. 단지 아이를 낳을 가능성이 사라져서가 아니라 자신의 몸이 전과 달라진다는 점에서 상실감이 느껴진다고. 병원 앞에서 지민을 다독이고, 긴장하며 병원 문을 열었다. 대기 환자가 없어서 지민은 금방 진료실에 들어갔고, 나는 대기실에서 잠시 눈을 붙였다. 10분 정도 지났을까. 상기된 얼굴의 지민이 나를 깨워 일으키더니 병원을 나서자마자 나지막이 한숨을 뱉었다. 무슨 일이냐고 묻자 진료실에서 있었던 일을 설명해 주었다.

진료실에 들어가서 정관수술을 하겠다고 말하자, 50대 중반 정도 되어 보이는 비뇨기과 전문의는 다짜고짜 결혼은 했느냐고 물었다. 하지 않았다고 말하자 아이가 있느냐는 질문이 돌아왔다. 지민은 아이도 없고, 앞으로도 아이를 낳을 생각이 없기 때문에 정관수술을 받고 싶다고 답했다. 그러자 의사는 그건 의사의 양심상 할 수 없는 일이라고 말했다. 양심이 어떤 거냐고 물으니, 미혼자에게 아이를 낳을 가능성을 없애는 건 비도덕적인 의료 행위라고 말했다. 법적으로 문제 되는 거냐고 묻자, 그런 건 아니지만 의료 윤리에 어긋난다는 답이 돌아왔다. 윤리가 무엇이냐고 따지자 그는 어쨌든 자기 병원에서는 할 수 없으니 다른 병원을 알아보라고 말했다. 덧붙여, 다른 곳에 가거든 결혼은 했다고 말하라며 팁을 알려 주었다.

당연히 수술을 받을 것으로 생각하고 병원 앞에서 "아자 아자" 외치고 들어갔던 우리는 순식간에 멍해졌다. 부분 마취를 한 뒤 10분 정도면 수술이 끝난다는데, 충분히 끝나고도 남았을 시간에 우리는 의료 윤리가 무엇인지, 도덕이, 양심이 무엇인지 고민하고 있었다. 허탈한 마음과 동시에 분노가 올라왔지만, 일단 근처의 비뇨기과를 알아봤다. 혹시 모르니 그곳에서는 병원에서 준 팁처럼 우리가 결혼한 사이라고 입을 맞추기로 했다.

함께 진료실에 들어서니 50대로 보이는 의사가 앉아 있었다. 정관수술을 하고 싶다고 말하자 의사의 질문 공세가 이어졌다.

"결혼은 하셨습니까?"

"네."

"두 분이 결혼한 사이이신가요?"

"네."

"아이는 있으십니까?"

"아니요."

"그런데 왜 수술하려고 하시죠?"

"앞으로도 아이를 낳을 생각이 없어서요."

"왜 그렇죠?"

"저희가 그러고 싶어서요."

"아, 그 유명한 딩크족인가 그런 건가요?"

이 질문부터 대답하기 싫었다.

"두 분 초혼이지요? 아이가 있어도 불의의 사고로 죽을 수도 있어요. 아이를 낳은 다음에 정관수술했다가 나중에 딴소리하는 분들도 있어요. 충분히 고민해 봐야 할 문제예요. 나중에 돈이 생기고 상황이 나아지면 아이를 낳고 싶어질 수도 있어요. 사실 이런 경우가 흔한 건 아니니까요. 딩크족도 말로만 들어봤지…… 의사 입장에서는 아무래도 조심스러운 부분이니까요. 신념을 뭐라고 하는 건 아닌데…… 혹시 특별한 이유가 있나요?"

의사는 우리를 가난하기 때문에 아이를 낳지 않는 생계형 비출산 부부로 생각했는지 경제적 상황이 나아지면 아이를 갖고 싶어질 수도 있다고 설득했다. 심지어 있지도 않은 아이를 죽이기까지 하며 수술을 말렸다. 의사는 아이를 낳는 게 정상적인 일이며, 아주 특별한 이유가 아니라면 숙고하라는 말을 열 번 이상 반복했다. 그가 물어본 '특별한 일'이 궁금했다. 만약 우리가 유전적 장애나 질환이 있다고 했다면 의사는 다르게 반응했을까. 의사가 지민과 나를 어르고 회유하고 협박하는 사이 15분이 훌쩍 지났다. 우리가 끝까지 단호한 태도를 보이자 종이 한 장을 주며 말했다. "더 신중하게 생각해 보고, 그래도 하겠다면 서명해서 다음에 오면 됩니다."

의사에게 건네받은 '정관절제술 승낙서'에는 섹스를 '부부관계' '부부생활'이라고 명시하고 있었고, 서약인의 서명란 옆에는 서약인 배우자의 서명란이 있었다. 그 전 비뇨기과에서 왜 거짓말하라고 조언했는지 알 것 같았다. 법적으로 명시되어 있지 않지만, 정관수술은 철저하게 아이가 있는 기혼자 위주의 수술이었다. 아이가 적어도 한 명 이상 있어야 정관수술을 받을 자격이 생기는 것이다. 최근 한국일보에서는 20, 30대 미혼 여성이 영구피임수술(난관결찰술)을 받을 때 산부인과 의사와 갈등을 겪는다는 기사를 보도했다.* 여성은 앞으로 임신하고 싶지 않다고 말하는데, 의사는 미래의 배우자를 생각하라거나 아니면 부모님을 모셔 오라고 말한다. 기사 속 산부인과 의사의 반응은 우리가 만난 비뇨기과 의사와 무척 닮아 있었다.

기혼과 비혼에 대한 이중 잣대는 인공임신중절수술을 바라보는 시선과도 겹쳐 있다. 기혼 여성의 임신중절은 비교적 덜 비도덕적 일로 여겨지고, 심지어 국가가 종용하기도 한다. 그에 반해 미혼 여성의 임신중절은 법적, 도덕적 낙인이 따른

* 한국일보 2017년 3월 19일자. 〈영구 피임 난관수술, 미혼은 왜 못 하나요〉

다. 지민은 자기 몸의 통제권을 잃은 박탈감을 군대 이후 오랜만에 느낀다고 했다. 내가 임신중절수술을 하고, '낙태죄 폐지를 위한 검은 시위'에 나갈 때와 비슷한 감정이었던 듯싶다.

의사들과 의도치 않은 갈등을 겪으며 기운이 쭉 빠졌다. 발걸음을 돌려 동생 승희 집을 찾았다. 승희의 동거인 진주도 몇 달 전 정관수술을 했기에 비슷한 일은 없었는지 물었다. 진주는 자신도 결혼을 했느냐는 질문을 시작으로 자꾸 의사가 꼬치꼬치 물어봐서 "제가 지은 죄가 너무 많아서 이제 속죄하면서 살고 싶어요. 도와주세요. 더는 죄를 짓고 싶지 않아요"라고 말했다고 한다. 그러자 의사가 대번에 승낙해 줬다고. 우리는 박장대소하며 그런 방법을 쓸 걸 그랬다고 탄식했지만, 그 방법이 통하는 것도 사람마다 다를 거라는 생각이 들었다. 진주는 30대 후반이고 지민은 20대 후반이다. 아마 둘의 나이는 번식과 부양 능력, 의사 결정 능력으로 연결되었을 것이다.

의사가 말한 '딩크족'이 아니더라도 여러 이유로 아이를 낳지 않으려는 사람이 적지 않다. 내 주위에 출산을 거부하는 사람이 많아서 아이 없는 삶을 특별하게 생각하지 않았다. 하지만 아직까지 사회가 납득할 만한 특별한 이유 없이 아이를 낳지 않겠다는 결정은 피임에서부터 난관에 부딪힌다. 피임

수술을 하겠대도 말리고, 얼마 전까지는 임신중절수술도 불법이었다. 아이를 낳으라며 '저출산 대책'을 촉구하는 국가의 목소리는 의료와 법, 종교, 인식을 통해 개개인의 재생산권을 통제한다.

며칠 전 친구로부터 원치 않은 임신을 한 것 같다는 메시지를 받았다. 서로 비출산을 지향했기에 친구와 친구의 애인은 바로 수술을 받으러 산부인과에 갔다. 검사 결과 임신이 아니었다는 연락을 받고 안도의 한숨을 쉬었다. 친구와 그 애인에게 정관수술에 대한 정보를 알려 주었다. 만약 받게 된다면 꼭 결혼했다고 거짓말해야 한다는 팁도 함께. 임신이 아니라서 정말 다행이라고 가슴을 쓸어내리는 친구를 보며, '의료윤리'를 말하며 정관수술을 거부했던 의사에게 묻고 싶었다. 피임을 왜 당신에게 허락받아야 하나요?

# 무지개 반지를 내밀던 날

세 사람이 처음으로 얼굴을 마주한 건 어느 해 가을이었다. 그날 나는 우주, 승희와 함께 포항 한동대에 페미니즘 강연을 갔고, 지민은 강연장 오른쪽 맨 끝자리에서 내 강의를 들었다. 다음 날 지민은 아침 일찍 우리에게 빵과 커피, 우유를 가져다주었다. 지민은 "우주 님이 다시 운전해서 돌아가는 길이 너무 피곤하시겠어요"라며 조심히 가라고 인사를 건넸고, 우주 역시 반갑게 인사를 나눴다. 그때 지민과 나는 친절한 타인이었기에 우주와 지민도 친절한 타인으로 서로에게 좋은 인상을 남기고 헤어졌다. 지민과 내가 친절함을 넘어 친밀한 연인이 되기 전의 일이다. 내가 지민과 만나는 1년 동안 나는 물론, 우주와 지민도 셋이 한자리에 모이는 모습을 상상하지 않았다. 세 사람이 만나면 어떤 일이 생길지 상상도 하기 싫었다는 말이 정확하겠다.

지민과 만난 지 1년쯤 됐을 때, 지민이 TV 토론 프로그램에 나간 적이 있다. 두 달 동안 지민은 토론 준비와 방송 촬영으로 바빴는데, 한번은 '혐오 표현을 사회적으로 규제해야 한다'는 주제로 토론을 준비하게 되었다. 마침 우주가 주디스 버틀러의 『혐오 발언』을 비롯한 다양한 책과 논문을 읽으면서 고민하던 주제였기에 나는 넌지시 지민이 그와 관련해서 토론하게 되었다고 알렸다. 학구적인 우주는 지민에 대한 경쟁심은 멀찍이 제쳐 둔 채 토론에 도움이 되는 자료를 찾느라 혈안이었고, 두 사람은 전화 통화로 논증 구조를 짜 나갔다. 마치 오래된 동료처럼 치열하게 대화를 나눴다. 그게 두 사람이 처음으로 나눈 대화였다. 그해 지민은 대학토론배틀에서 최종 우승을 했다. 지금도 지민은 그때를 떠올리며 말한다. "우주 덕분에 이길 수 있었어요. 식구들 도움이 가장 컸어요." 우주는 당시를 이렇게 기억한다. "내가 왜 지민을 도와줘야 하는지 모르겠는데, 그래도 재밌었어. 기왕이면 이기는 편이 좋잖아. 근데 승은이 지민이 방송에 나오는 걸 내 앞에서 틀 때는 '왜 굳이……'라는 생각이 들었지"라면서 꼭 나를 한번 흘겨본다.

조마조마하던 그 시기에 나는 엄마에게 배운 눈치 전략을 적극 활용했다. 외할머니는 아빠가 세상에서 가장 좋은 사람이라고 믿었다. 엄마의 적극적인 눈치와 감정노동 덕분이었다. 할머니 집에 가기 전이면 엄마는 과일을 한 아름 사고서, 할머니에게 "이거 홍 서방이 사 오자고 했어. 내가 괜찮다고 해도 어머니 좋은 거 드셔야 한다고"라며 슬쩍 말을 흘렸다. 할머니에게 용돈이나 선물을 드릴 때도 마찬가지의 멘트를 날렸다. 그러면 할머니는 "역시 홍 서방만 한 사람이 없다"며 흐뭇해하곤 했다. 나도 우주와 지민 사이에서 서로가 서로에게 좋은 인상을 남길 수 있도록, 우주 앞에서는 "지민이 우주가 너무 멋있대. 우주가 내 애인이라서 다행이라고 하더라고"(없는 말은 아니었지만, 부풀린 건 사실)라며 무심한 듯 슬쩍 흘렸다. 지민 앞에서는 "우주가 지민 참 똑똑하대. 그리고 나 만나느라 고생이 많대"(이것도 없는 말은 아니었다)라며 호감을 전했다. 나중에 두 사람은 이런 내 눈치 전략이 서로에게 좋은 인상을 남기는 데 도움이 되었다고 했다.

폴리아모리 관계를 맺은 뒤, 처음으로 세 사람이 만난 곳은 대구 퀴어문화축제였다. 지민과 관계를 맺고 1년이 지난 시점이었다. 지민은 포항에서 함께 활동하는 동료 여섯 명과 함께 퍼레이드에 참여하기로 했고, 나와 우주는 춘천 동료 다섯 명과 함께 대구로 향했다. 만나기 전날까지 지민은 밤새 카톡을 보냈다. "나 정말 걱정돼. 떨려. 어떡하지……." 우주 역시 갈팡질팡했다. 갈래, 안 갈래, 갈래, 아니야 안 되겠어, 아니야 갈래. 몇 번이나 의사를 번복하다가 결국 집을 나섰다. 마침내 축제 한복판에서 만난 열한 명의 사람들은 반갑게 인사를 나눴고, 사람들 틈에서 우주와 지민도 어색하게 인사를 나눴다. 뿔뿔이 흩어져서 각자 축제를 즐기고 힘차게 행진을 했다. 축제가 끝난 뒤, 열한 명은 술집 테이블에 둘러앉았다. 우주와 지민은 각각 대각선 끝쪽에 멀찌감치 떨어져 앉았다. 첫 잔으로 '짠'을 한 뒤에 왁자지껄 대화가 흐르던 중, 갑자기 우주가 벌떡 일어나 지민에게 다가가더니 작은 물건을 내밀었다. 우주 손에는 축제 부스에서 산 무지개 반지가 들려 있었다. 반지를 받은 지민은 수줍게 웃었다. 그 모습을 지켜본 나와 다른 사람들은 환호했다. "오오~" 둘은 서로 술을 따라 주며 어색함을 지워 갔다. 여기까지는 훈훈한 전개였는데, 그날 과음한 지민은 결국 혼란을 이기지 못하고 자리를 뛰쳐나갔다. 지민을 위해 자세한 이야기는 생략하겠다. 다만 그날 지민이 나에게 사과하기 위해 밤새 전화했다는 정도만 밝힌다.

며칠 뒤 지민은 우주와 나에게 정식으로 사과하고 싶다며 자리를 제안했다. 우주와 지민과 나는 포항 바다가 훤히 보이는 창이 큰 카페에서 만났다. 어색한 기류가 흐를 틈도 없이, 주문한 커피가 나오자마자 우주는 두꺼운 종이 뭉치를 지민과 내 앞에 내밀었다. 당시 강사로 일하던 우주가 채점하던 학생들 답안지였다. 객관식으로 되어 있으니 답만 잘 확인하면 된다며 우주는 지민과 나를 조교처럼 편하게 부려 먹었다. 지민과 나는 어처구니없어 하면서도 군말 없이 채점을 시작했다. 두 시간 동안 세 사람은 이걸 하려고 만났다는 듯이 일만 했다. 마침내 채점을 마치고 우리는 바다를 보러 카페를 나섰다. 셋이 나란히 길을 걷는데, 두 사람의 시선이 자꾸 나를 향했다. 그것도 아주 원망스러운 눈빛으로 말이다. "으휴, 홍승은……." 이 조합으로 함께 길을 걷는 게 새삼 어이없다는 듯이 두 사람은 한숨과 동시에 내 이름을 읊조렸다. 바다 앞에서 기지개를 켜고 크게 숨을 들이마셨다. 그때 어떤 대화를 나눴는지 떠오르지 않는 걸 보면, 분명 시시콜콜한 이야기나 주고받았을 거다.

다음 코스는 두 사람이 좋아하는 알코올 섭취 시간. 영일대 앞 술집에서 1차를 마치고, 노래방에 갔다. 한참 노래를 부르는데, 밖에 나간 지민이 시간이 꽤 흐르도록 돌아오지 않았다. 걱정되어 나가 보니 지민은 복도에 앉아 울고 있었다.

"왜 그래, 지민아."

"나 너무 힘들어……."

지민은 우주와 내가 좋아하는 노래가 겹치는 것 같고, 우주가 부르는 노래 가사 하나하나가 다 무겁게 느껴진다고 했다. 내색하지 않던 우주도 아마 같은 마음이었을 거다. 겨우 지민의 마음을 가라앉히고, 우리는 근처 오락실에서 농구 게임을 했다. 두 사람은 나에게 나란히 농구 게임에서 졌고, 한 마음 한뜻으로 나를 이기겠다고 별렀다. 다음 게임인 사격에서도 나는 두 사람을 가볍게 이겼다.

우주와 내가 포항으로 이사한 뒤로 세 사람이 만나는 주기는 짧아졌고, 함께 있는 시간은 늘었다. 우주는 지민이 소개한 다양한 포항 사람들과 술친구가 되었다. 셋이 주최해서 우주와 내가 살던 집에서 세미나를 열기도 했다. 공부는 조금, 술은 많이 마시는 우주표 '학,술' 모임이었다. 하루는 과음한 지민이 거실에서 그대로 뻗어 버려 셋이 한 지붕 아래서 잠을 자게 된 적도 있고, 포항에 지진이 났을 때는 함께 공원으로 대피해 야외에서 밤을 꼴딱 새우기도 했다. 그해 크리스마스엔 셋이 함께 영화관에 갔다. 예전에는 크리스마스에 자신과 보내자고 하던 두 사람이, 나랑 보내면 다른 한 사람이 외로울 거라며 차라리 함께 보자고 제안했다. 함께하는 시간이 차곡차곡 쌓이면서 두 사람은 서로에 대한 질투보다 연민과 공감이 커진다고 했다.

얼마 전, 우주가 지민에게 물었다. "지민은 대체 승은이 왜 좋아요?" 나는 그 질문이 묘하게 기분 나빠서 물었다. "지금 나 욕하는 거지." 내 반응에 상관없이 지민이 답했다. "그러게요…… 대체 왜 좋아할까요? 우주는 승은을 왜 좋아하는 거예요? 정말 궁금하다." 두 사람은 나를 사이에 두고 깔깔

웃었다.

나도 우주와 지민이 나를 왜 사랑하는지 모르겠다. 사랑한다는 이유로 규범을 넘고 애인의 애인과 함께 사는 두 사람의 속을 도통 이해하지 못할 때도 있다. 그저 신기하고 고마울 뿐이다. 두 사람은 가벼운 장난을 칠 때 빼고는 서로에게 말을 놓는 법이 없다. 서로에 대한 험담을 한 적도, 서로를 무시하는 발언을 한 적도 없다. 일상에서의 사소한 불편함을 표현한 적은 있어도 그게 상대에 대한 부정적인 판단으로 이어지진 않았다. 두 사람이 나를 사랑하기 때문에 참고 사는 게 아니라, 서로이기 때문에 가능한 은밀한 연대감이 있는지도 모르겠다고 나는 짐작할 뿐이다. 언젠가 두 사람에게 애인이 생긴다면, 나도 두 사람의 마음을 알게 될 날이 있을까. 그때 나는 애인의 애인을 미워하지 않고, 먼저 손 내밀거나 내민 손을 덥석 잡는 사람이 될 수 있을까. 자신은 없지만, 나에겐 든든한 선배 우주와 지민이 있으니 가능할지 모른다는 막연한 믿음은 있다.

V관계*를 맺는 폴리아모리스트에게서 메타무어끼리 사이가 안 좋아서 걱정이라는 상담을 받곤 한다. 첫 애인이 두 번

* V Relationship. 폴리아모리의 여러 형태 중에서도 한 명이 두 명의 애인과 연애를 하는 관계로, 한 명을 중심으로 양쪽에 두 명이 있는 형태가 V 자와 비슷해서 붙여진 이름이다.

째 애인에게 텃세를 부리는 경우도 있고, 두 번째 애인이 첫 애인을 험담하면서 기존 관계를 흔드는 사례도 있다. 이런 경우 셋 모두 어려운 상황에 놓이게 된다. '그러니까 좋은 사람을 만나야 한다'는 결론으로 흐르면 안 되는데, 각 관계의 맥락과 개인의 성향에 따라 상황이 다르기 때문에 뾰족한 답을 내리기는 어렵다.

내가 두 사람에게 배운 메타무어 간의 중요한 태도는 이 정도이다. 먼저 손 내밀기. 내민 손을 기꺼이 잡기. 금기 따위 사뿐하게 밟을 수 있는 담력 키우기. 섬세한 배려를 몸에 익히기. '술' 같은 공통의 연결 고리 두기. 함께 공부하고, 여러 관계 속에서 친밀감 확장하기. 가장 친해지는 방법으로 꼭짓점에 있는 '나'를 함께 씹으며 즐기는 법이 있겠다. 지금 내가 힘든 이유는 '애인의 애인' 때문이 아니라 '애인' 때문이라고 정확하게 탓하는 것도 필요한 태도이다.

나와 같은 꼭짓점 위치에 있는 사람에게는 이런 말을 전하고 싶다.

> 어느 정도 눈치와 감정노동이 필요할 거예요. 하지만 자신이 아플 정도로 너무 무리하진 말아요. 세 사람 모두 관계를 위해 노력해야 가능한 만남이니까요. 두 사람이 사이가 안 좋다면, 아예 서로에 대한 이야기는 하지 않기로 약속하면

어떨까요? 저는 셋이 만나고서 나아진 경우지만, 만나고 나서 관계가 악화되는 경우도 있으니까요. 다만, 당신이 사랑하는 사람들이 존중받을 수 있도록, 설사 한쪽이 서운함을 표현해도 함께 험담하기보다 그를 소중하게 여기는 마음을 잘 표현하는 게 중요한 것 같아요. 아, 때에 따라 과한 험담이 필요할 수도 있어요. 저는 가끔 상대를 과하게 험담해서 듣는 쪽이 "그 정도로 화낼 일은 아니야"라며 서로를 변호하게 유도하기도 했어요. 상황에 따라 잘 적용하길 바라요. 무엇보다 당신이 이 관계에서 단지 누리기만 하는 사람이 아니라는 걸 스스로도 믿고, 애인들에게도 그 점을 꼭 알려 주세요. 당신 역시 애쓰고 있을 테니까요.

# '무엇'과 함께 살아가기

현관문을 열고 집에 들어오니 널어놓은 빨래처럼 소파에 늘어진 우주가 눈에 들어왔다. 우주는 나를 보자마자 가까이 오라고 손짓하곤 소리 죽여 말했다. "지민이 승은 나가 있는 동안 계속 시계 봤어. 내가 다 긴장됐다고." 내가 그럴 줄 알았다며 웃으니까 우주가 이어서 말했다. "지민이 우리 집 최고 질투쟁이야." 인기척이 들렸는지 곧이어 지민이 방에서 나와 시간을 확인하곤 눈을 흘기며 물었다. "세 시간이나 지났어. 그래서, 재밌었어?"

그날 나는 낯선 사람과 저녁을 먹었다. 한 다리 건너 아는 지인이었는데, 폴리아모리 관계를 상담하고 싶다고 연락이 와서 몇 번 메시지를 주고받다가 저녁 약속을 잡았다. 며칠 전 우주와 지민에게 그날의 약속을 알리자 두 사람의 반응은 일치했다.

"또 누구를 집에 들이려고! 이번엔 세 번째 애인이야?"

나는 그에게 전혀 끌림을 느끼지 않으며, 저녁 먹으면서 이야기만 나누고 돌아올 테니까 걱정하지 말라고 했다. 약속 전날 밤까지도 두 사람은 나를 가운데 두고 끊임없이 합창했다.

"승은이는 좋겠다~ 우리 버리고~ 좋겠다~ 또 누굴 데려오려고~ 좋겠다~ 방 하나 비워야 하나~ 좋겠다~ 설마 그날 집에 안 들어오진 않겠지~"

장난스러운 분위기였기에 웃고 넘겼지만, 난생처음 경험하는 2인분의 질투는 어마어마했다.

폴리아모리와 질투의 관계는 알쏭달쏭하다. 누군가는 폴리아모리스트는 질투를 안 느끼는 사람이라고 말한다. 질투를 느끼면 진정한 폴리아모리가 아니라고 여기는 사람도 있다. 그 기준에 따르면 나와 우주, 지민은 자격 박탈이다. 우리 사이에 흐르는 주된 감정은 사랑이지만, 질투도 그 못지않게 크기 때문이다. 폴리아모리의 질투는 주로 두 애인 간의 질투로만 알려져 있는데, 언제부턴가 두 사람은 서로에 대한 질투보다 미지의 제 3의 인물을 질투하는 일이 늘었다.

관계 초반, 두 사람의 질투는 서로를 향했다. 나랑 있을 때 하는 말 그 사람에게도 해? 그 사람이 좋아 내가 좋아? 나 떠나지 않을 거야? 그 사람이랑 더 좋은 곳에 놀러 가면 서운할 것 같아. 언젠가 그 사람과 정리하고 나에게 올 거야? 말해 봐, 정말 나를 사랑해? 두 사람은 애인에게 다른 애인이 있는 낯선 상황에서 느끼는 감정이 단지 질투는 아닌 것 같다고 했다. 우리는 그 감정을 질투와 혼란과 불안과 우울감이 뒤섞인 '무엇'으로 부르기로 했다.

지민과 만난 지 얼마 안 된 시기에 우주와 나는 자주 술잔을 기울이며 이야기를 나눴다. 집 앞 호프집에서 맥주를 마시던 중에 우주가 말했다. 나 도저히 안 되겠어. 그날 우주는 나에게 자신이 느끼는 '무엇'을 털어놓았다. 나는 우주의 술잔에 맥주를 따르면서 가만히 이야기를 들었고, 가끔 우주의 말에 반박하기도 했다. 자신이 부족해서 다른 사람을 사랑하게 되었으니 사실은 그 사람을 더 사랑하는 게 아니냐는 말, 그러니까 우리는 헤어지는 게 맞지 않겠냐는 말 앞에서, 그 말만은 정정하고 싶었다. 아니야, 나는 우주를 사랑해. 정말 사랑해. 그가 느끼는 '무엇' 앞에서 내 언어는 가난했다. 사랑이라는 언어는 안개처럼 가볍고 흐릿해서 우주에게 정확하게 닿지 못할 걸 알았지만, 닿으려는 노력을 포기하고 싶진 않았다. 사랑한다면서 힘들게 해서 미안해. 끝내 눈물을 보이는 우주에게 정 힘들면 폴리아모리 관계를 정리하겠다고 말했다. 내 말에 우주는 잠시 생각에 잠겼다. 이윽고 특유의 단단한 목소리로 입을 열었다.

"아니야, 나 실은 투정 부리고 싶었어. 나를 정말 사랑하는

지 확인받고 싶었나 봐. 이제 됐어. 그거면 충분해. 앞으로도 내가 투정 부리면 지금처럼 말해 줘. 나는 승은이 행복하면 좋겠어. 나도 노력해 볼게."

'무엇'이 덮쳐 한없이 바닥을 치는 시간과 서로의 사랑을 확인하는 시간이 주기도 기척도 없이 반복됐다. 일주일에 사흘, 내가 지민을 만나기 위해 포항에 가 있는 며칠마다 우주는 한 번도 먼저 연락하지 않았다. 일부러 외면하려는 것처럼 보였다. 아슬아슬한 감정의 줄타기가 이어지던 중 그 밤이 찾아왔다. 포항에서 춘천으로 돌아온 어느 밤, 우리가 함께 살던 집에 우주는 없었다. 컴퓨터 모니터에는 어반 자카파의 '거꾸로 걷는다' 뮤직비디오가 무한 재생되고 있었고, 모니터 앞에는 빈 소주 병 세 개가 나란히 놓여 있었다. 나는 급하게 뛰쳐나갔다. 우주를 찾아 온 동네를 헤맸다. 가슴이 터질 것 같았다. 이대로 우주가 내 삶에서 사라질까 두려웠다. 우주는 밤 12시가 넘어 집에 돌아왔다. 우리가 자주 산책하던 동네 초등학교 운동장에서 걷고 또 걷다가 오랜만에 그네를 탔다고 했다. 나는 많이 울었다. 내가 뭐라고 이 사람을 이토록 힘들게 하는지. 그때 내가 느낀 감정은 죄책감, 미안함, 부끄러움이 뒤섞인 또 다른 '무엇'이었다.

흔들릴 때마다 나 역시 이 관계를 '보통'으로 정리하고 싶었다. 나와 관계 맺는 사람이 행복하지 않은데 내가 행복할

리 없었다. 지민과 우주 모두에게 생각할 시간을 갖자고 말하기도 했다. 내가 속수무책으로 흔들릴 때마다 나를 잡은 건 우주였다. 믿기 어렵겠지만, 정말 그랬다. 승은아, 아니야. 나는 이게 맞는 것 같아. 우리 계속 이야기했던 거잖아. 그러니까 다시 해 보자. 언제부턴가 나는 지금의 관계를 우주가 지탱하고 있다고 여기게 되었다. 그리고 자주 말했다. "우주가 있어서 지금의 관계가 가능한 거야. 우주가 아니었으면 나도 버티지 못했을 거야."

지민과 다투던 날 엉뚱하게도 그 진심이 튀어나와 버렸다. "우리 사이는 우주가 있어서 가능한 거야. 알아?" 내 말이 끝나자마자 지민은 울음을 터뜨렸다. 모두가 상처받는 시기였지만, 솔직히 고백하면 내가 상처를 가장 많이 준 사람은 지민이었다. 우주가 힘들어할 때면 지민을 좋아하는 마음보다 우주에 대한 미안함이 더 커서 나는 지민에게 이별을 고하곤 했다. 이대로는 모두가 힘드니 그만두자고, 함께 있던 공간과 시간에서 서둘러 도망쳤다. 그럴 때마다 지민은 길 잃은 아이처럼 나를 따라나섰다. 내가 아무리 모진 말을 해도 지민은 나를 쫓아 나섰고, 잔뜩 상처 입은 얼굴을 하고서도 곁에 있겠다고 말했다.

시간 차가 있는 두 연인. 그 사이에서 내 감정은 불균형하게 삐걱거렸다. 한 폴리아모리스트는 같은 날 두 사람과 동시에 사귀게 돼서 나와 같은 고민을 하진 않았다고 했다. 내 경우에는 3년 동안 우주와 만나면서 쌓은 애정이 두터웠고, 지민과는 이제 막 쌓아 가는 과정이었으니 힘들 때마다 지민보다 우주의 마음에 먼저 공감하게 되었다. 우주보다 지민을 정리하는 게 더 가능한 일이라고 여겼다. 이런 내 태도를 눈치 빠른 지민이 모를 리 없었고, 그는 매번 같은 지점에서 상처받았다. 지민은 자기가 언제든 버려질 수 있는 존재이며 결국 내가 사랑하는 사람은 우주일 거라고 확신하곤 했다. 나는 지민을 진심으로 사랑하고 아꼈지만, 죄책감이라는 '무엇' 앞에서 자꾸 걸려 넘어졌다.

지민과 함께한 그날 새벽은 즐거웠다. 바삭한 두부 튀김을 안주로 시원한 맥주도 한 캔씩 마셨고, 영화도 한 편 봤다. 그러다 불쑥 '무엇'이 찾아왔다. 지민과의 시간이 즐거울수록 우주 생각에 마음이 무거워졌다. 나는 무거운 마음을 참지 못하고 짐을 싸서 춘천까지 택시를 타고 가겠다고 했다. 시간은 새벽 3시를 넘기고 있었다. 그때 지민이 말했다. "이게 승은의 마음 아닌가요? 승은이 춘천에서 저한테 일방적으로 헤어지자고 통보했을 때, 저 며칠 내내 밥도 못 먹고 어둠 속에 혼자 내팽개쳐져 있었어요. 자고 깨고, 눈 뜨면 울기만 했어요. 승은에게 내 고통은 별것 아니죠. 춘천에서도 내 걱정돼서 이렇게 새벽에 오려고 노력한 적 있어요?" 그 말을 듣고 비로소 지민을 똑바로 바라봤다. 소중한 사람. 상처받아선 안 되는 사람. 지민은 모든 걸 버틸 만큼 강한 사람이 아닌데, 왜 나는 그에게 내 불안을 감당하라고 떠밀었을까.

그때서야 알았다. 관계는 상호적이라는 걸. 우주와 지민과 나, 우리는 각자의 자리에서 최선을 다하고 있었다. 이 관계는 모두의 노력 없이는 불가능했다. 내가 힘들어할 때마다 지민은 맛있는 채식 밥상을 차려 주었다. 내 손을 끌고 바다를 보러 나갔다. 내 품에 꽃을 안겨 주었다. 편지를 읽어 줬다. 지민은 대화를 통해 관계를 이어 가려고 노력하는 사람이었다. 힘들면 힘들다고, 질투가 나면 그렇다고 솔직하게 말했다. '무엇' 앞에서 우주가 한동안 외면하는 편이었다면, 지민은 내가 자기를 이해할 수 있도록 지치지도 않고 노력했다. 지민에게는 진솔한 대화가 그 시간을 버틸 수 있는 유일한 안간힘이었던 것 같다.

만약 두 사람을 만나고 지금까지 같은 강도로 '무엇'에 짓눌리는 시간이 지속됐다면 우리 셋은 전혀 다른 모습으로 다른 자리에 있을지도 모르겠다. 대구 퀴어문화축제에서 세 사람이 처음 만나 함께 행진한 날, 우주와 내가 포항으로 이사하면서 지민과 함께 스터디를 하게 된 날, 술을 좋아하는 두 사람이 밤새 술을 마시며 흥얼댔던 날, 지민이 한동대에서 폴리아모리를 이유로 무기정학당했던 날 (그때 우주는 자기 일처럼 분노했고, 지민에게 큰 연대감을 느꼈다고 했다), 셋이 한 지붕 아래 살게 되었던 날. 그 모든 '무엇'의 시간을 거쳐 지금의 우리가 있다.

익숙해져서 잊고 있었다. 그 시간들을. 지난 기억을 떠올리니 되레 지금이 신기해진다. 내가 참 죄를 많이 지었구나 싶고, 두 사람이었기에 지금이 가능했구나 싶고, 그러니까 한없이 고마워진다. 오랜 시간이 흐른 지금, 그래서 그 '무엇'이 없어졌느냐고 묻는다면 아쉽게도 그렇지 않다. 두 사람이 조금만 우울한 기색을 보여도 불쑥 내 속의 '무엇'이 덩달아 꿈틀댄다. 두 사람 역시 가끔 그 낯섦에 휩싸일 때가 있겠지.

세 사람이 둘러앉은 보통의 저녁마다 우리는 대화를 나눈다. 한번은 질투를 주제로 이야기한 적이 있다. 일대일 관계일 때는 덜 불안했나? 역으로 질문하니 지금의 '무엇'과 크게 다르지 않으면서도 완전히 같지는 않다는 애매한 결론이 나왔다. 폴리아모리라는 관계는 어쩌면 소유보다 존재로 사랑하라는 에리히 프롬의 말을 잘 따를 수 있는 형태이지만, 나는 여전히 존재로 사랑하라는 말을 체화하기 어려운 인간인 것 같다. 두 사람 역시 그게 가능한지 의문을 제기하는 편인데, 그나마 지난 연애와 지금이 다른 점이라면 통제를 당연하게 받아들이지 않고 의심하게 된 태도 정도라고 했다. 넌 내 거니까 당연하잖아?가 아닌, 넌 내 옆에 있지만 언제든 어떤 모양으로 바뀔 수 있다는 걸 인정하는 것. 내 삼정을 의심하고, 서로 이해하려고 노력하고, 힘든 걸 나눠 안으려는 부지런함이 추가된 정도라고 했다. 그래도 나에 대한 원망은 남아 있어서 종종 심술궂은 얼굴로 하소연하곤 한다.

"내가 만났던 사람 중에 나를 이렇게 울린 건 홍승은밖에 없었어! 홍승은은 나중에 지옥 갈 거야. 나중에 피눈물 흘리게 될 거야!"

두 사람의 피 땀 눈물이 밴 지난 시간을 쓰자니, 대체 어떻게 그 시간을 버틴 건가 싶어서 글을 쓰다 말고 옆방에서 공부하는 지민에게 물었다.

"지민, 넌 어떻게 그 힘든 시간을 견뎠어?"

"뭐, 간단하잖아. 사랑하니까."

지난한 고통에 비해 대답은 싱거우리만큼 담백했다. 내가 우주를 붙잡고 했던 말, 지민이 나를 붙잡으며 했던 말, 우주와 지민과 내가 와장창 무너지면서도 버틸 수 있었던 이유.

오늘도 우리는 '무엇'과 함께 살아간다. '무엇'을 버틸 수 있는 사랑과 함께.

# 혼숙, 왜 안 돼?

숙소에 들어서자마자 방 전화기가 울렸다. 우리는 불길한 눈빛을 주고받으며 서로를 바라보았다. 전화를 받은 우주의 얼굴이 점점 빨갛게 달아올랐다. 우주는 조금 격양된 목소리로 수화기에 대고 또박또박 말을 이었다. "저희가 왜 나가야 하죠? 셋이라서 트윈룸으로 잡았잖아요. 그게 왜 문제죠? 법적으로 문제 있으면 경찰 부르세요. 이건 저희 권리를 침범하는 겁니다. 아니요, 환불 필요 없고요. 쫓아내려면 경찰 불러서 합법적으로 진행하세요." 전화를 끊은 뒤 방 안에 침묵이 흘렀다.

애인들과 다른 지역에 놀러 갈 때면 매번 숙소에서 발목이 잡힌다. 셋이 한 지붕 아래에서 산 지도 벌써 2년이 되어 간다. 굳이 방을 두 개 잡을 필요를 못 느껴서 방 하나를 예약하면 대부분 '혼숙 금지'에서 걸린다. 나름대로 찾은 방법은 연극이다. 두 사람이 온 것처럼 먼저 들어가고, 한 명은 다른 손님인 것처럼 나중에 들어오기. 이번에도 평소처럼 연극했으면 그냥 넘어갈 수 있었을 텐데, 그날따라 심술이 났다. 죄지은 것도 아니고 이미 트윈으로 잡았는데 굳이 연기할 필요 없잖아? 우리 셋은 고개를 꼿꼿이 세우고 당당하게 방으로 들어갔다. 들어온 뒤 5초도 안 돼서 쫓겨나야 하는 신세가 되었지만.

끊어진 전화기 앞에서 불안감이 몰려왔다. '씻고 있는데 모텔 사장이 올라오면 어떡하지? 진짜 경찰이라도 오는 거 아니야? 그럼 우리 관계를 뭐라고 설명해야 하나. 우주와 내가 결혼한 사이고 지민이 내 동생이라고 했다가 주민등록증이라도 검사하면 어떡해. 지민하고 나는 아빠가 다른 사이라고 해야 하나.' 잠깐 사이에 오만 가지 생각이 다 들었다. 폴리아모리라고 말할 생각은 하지 못했다. 그 말을 하는 순간 더 불순하게 비쳐질 테니까. 이대로는 안 되겠다고 생각했는지 우주가 카운터로 내려가서 사장과 얘기를 해 보겠다고 했다.

우주가 나간 사이 나는 쫓겨날지 모른다는 생각에 꺼내 놓은 짐을 다시 챙겨 넣었고, 지민은 핸드폰으로 관련 법률을 찾아보았다. '미성년자 혼숙 금지'는 법적으로 규제되어 있었고, 성인의 경우 법적 문제는 없었다. 시간이 5분, 10분 지나도 돌아오지 않는 우주를 초조하게 기다리는데, 문이 벌컥 열렸다. 우주는 예상외로 해맑은 표정이었다.

"우리 방 안 빼도 돼."

분명 웃으면서 확신하는 말이었는데도 요동치는 마음이 쉽게 진정되지 않았다. 우리는 둘러앉아 우주가 사장과 어떤 이야기를 나눴는지 들었다.

우주가 카운터에 내려가자 사장은 서운함을 토로했다. 주변 모텔도 다 그렇게 하니까 관행을 말한 건데, 우주가 다짜고짜 경찰 부르라고 말해서 기분 나빴다고. 우주는 일단 사과하고 우리가 느낀 불합리를 설명했다. 셋이라 침대가 두 개인 큰 방을 예약했고, 주말 밤이라 지금 쫓겨나면 방을 구하기도 어려운데 어떻게 나가라고 말할 수 있느냐고, 그건 아니지 않느냐고. 모텔 사장은 전에도 혼숙을 허용했다가 문제 생긴 경우가 많았고, 최근에도 근처 모텔에 문제가 있었다면서 동반자살의 위험성을 말했다. 우주는 사장이 자기 앞이라서 그룹 섹스에 대해서는 말하지 않은 것 같다고 했다.

"설사 그룹 섹스면 문제 될 게 뭐야? 그룹 섹스 좀 하면 어떻다고. 웃기지. 사장이 무슨 사이냐기에 동거인이라고 했어. 한집에서 같이 사는 사이라고. 나중에는 노키즈존이랑 동물 제한 구역 같은 걸 말하는 거야. 자기는 아이를 키우긴 하지만, 노키즈존 찬성한다고. 노키즈존 가게들이 잘되는 이유가 있지 않겠냐면서 법적인 제한은 없어도 아닌 건 아니라고, 막을 수 있어야 한다고 하더라고. 그러면서 내 생각을 묻는 거야. (웃음) 내가 왜 그런 얘기를 하고 있어야 하는지 모르겠지만…… 말했지. 노키즈존이 늘어나는 게 옳은 일이냐고, 나는 다른 존재를 배제하는 사회보다 다양한 존재가 존중받는 사회를 꿈꾼다고 말했어. 우리는 그걸 지향해야 하는 거 아니냐고."

"헐, 백분토론 하다 온 거야? (큰 웃음) 노키즈존까지 나오다니……."

"내가 생각해도 웃겨. 어쩌다 보니까 얘기가 거기까지 갔어. 그래도 점점 분위기가 풀려서 나중에는 서로 웃으면서 마무리했어. 아, 사장님이 당부했어. 조용히만 해 달래."

쿡쿡 웃으며 이야기를 듣다가 마지막 사장님의 당부에 터져 버렸다. 우리가 뭘 한다고 조용히 하라는 말을 들어야 하지. 쉬러 왔다가 모텔 사장님이랑 노키즈존 토론이나 하고. 씻지도 못하고 잔뜩 긴장한 몸이 그제야 스르륵 풀렸다. 한 시간 만에 짐을 다시 풀고, 낮 동안 흘렸던 땀을 말끔하게 씻어 낼 수 있었다.

그날 밤은 방을 빼지 않고 머물 수 있었지만, 계속 마음 한편이 찜찜했다. 몇 달 전, 숙소에서 비슷한 일을 겪은 뒤에 혼숙 금지가 불합리하다는 글을 SNS에 올린 적이 있다. 그때 많은 사람이 혼숙 금지의 부당함에 공감했다. 한 장애 여성은 활동 보조인, 애인과 함께 여행지에 놀러 갔다가 숙소에서 같은 이유로 거절당한 경험이 있다고 했다. 자신에게 활동 보조인은 생활에서 뗄 수 없는 존재인데, 장애인은 집 밖에 나가지도 말라는 거냐며 분개했다. 법적인 제한은 없어도 누가 어떻게 공간을 빼앗기는지 폴리아모리 관계를 통해 자주 맞닥뜨린다. 모텔 주인이 아이와 엄마를 거부하는 노키즈존을 언급하며 자신의 편견을 정당화했던 것처럼, 차별은 촘촘하게 연결되어 있다. 어떤 존재가 차별받는 세상에서는 나 역시 결코 자유로울 수 없다는 진리를 쫓겨나는 상황에서야 새삼 실감했다.

다른 궁금증도 생겼다. 불법 촬영 범죄나 준강간 범죄가 도처에 도사린 사회에서, 과연 사장은 술 취해 인사불성인 여성을 끌고 가는 남성에게 같은 잣대를 적용했을까? 아마 사장은 이성으로 보이는 두 명이라면 아무 의심 없이 손님으로 맞이했을 거다. '이성' '둘'은 동성이나 셋보다 훨씬 안전하고 깨끗한 관계라고 믿을 테니까. 이런저런 생각에 분노하다가 문득 슬퍼졌다. 돌이켜보니 애인들은 그 상황에서 불합리함을 느끼고 불끈했지만, 나는 분노보다 상황을 피하고 싶은 마음이 더 컸다. 사장이 정말 그룹 섹스를 상상하고 우리를 바라본 거라면 나에 대해서 어떻게 생각할지, 음란한 존재로 바라보진 않을까 싶은 염려와 수치심에 습관적으로 몸을 웅크린 거다. 나는 부당함을 느끼면서도 우주나 지민처럼 적극적으로 항의하지 못하고 오히려 짐을 싸서 나갈 준비나 하고 있었다. 아무리 당당해져야지 마음먹어도 여전히 어렵다. 이런 마음을 털어놓으면서 우리의 차이가 어디에서 비롯된 건지 이야기 나눴다.

한바탕 소란스러운 시간이 지나고, 우리는 늦은 새벽까지 맥주를 들이켰다. 차별, 낙인, 배제와 관련한 이야기에서 점점 대화 주제가 이민과 사회보장으로 흘렀다. 한참 대화가 무르익어 가던 중, 갑자기 우주가 큭큭거리며 날 가리켰다.

"우리 셋이 만난 지 이제 얼마나 됐지? 예전에는 셋이 밖에서 밥 한 끼 먹는 것도 어색했는데, 지금은 모텔에서 이러고 있네. 승은 모습 좀 봐."

우주의 손가락이 향한 곳에는 집에서 즐겨 입는 트렁크 팬티 하나만 달랑 걸치고 비스듬하게 누워 있는 내가 있었다. 여분의 티를 챙겨 오지 못해서 나는 어쩔 수 없이 상의를 탈의한 상태로 침대에 벌러덩 누워 이야기를 나누는 중이었다. 우주와 지민은 지금 우리 모습이 웃기다고, 특히 나를 가리키면서 저런 차림으로 사회보장을 얘기하고 있다고 놀렸다.

그날 밤 나는 분노, 부끄러움, 안도, 분노, 부끄러움, 슬픔, 분노, 웃음, 염려라는 감정의 롤러코스터를 끝없이 탔다. 타인의 과도한 걱정과 대비된, 맨몸으로도 자연스러운 우리의 관계. 그런 이질적인 요소가 맥주를 더 시원하게 느끼게 하긴 했다. 다음에는 나도 숨지 않고 당당하게 말하고 싶다.

"아니요. 방 안 뺍니다!"

# 폐가, 계단, 비닐,
# 내 청소년기의 욕망들

처음 경찰서에 끌려간 건 열일곱 살 여름이었다. 당시 나는 갑갑한 학교, 불안한 집에 마음을 붙이지 못하고 거리를 방황했다. 잔뜩 쌓인 스트레스를 풀 방법이 필요했는데, 나에겐 훌쩍 떠날 수 있는 시간도 자원도 없었다. 그때 생각난 게 술이었다. 주인공이 포장마차나 술집에서 술을 마시며 스트레스를 해소하는 장면은 드라마나 영화의 단골 소재였으니까. 나와 친구들에게 술은 금기를 넘는 해방의 징표였다.

우리는 술 구매가 가능한 가게를 수소문했다. 소주를 잔뜩 사서 오래된 동네 구석에 있는 폐가로 향했다. 또래 사이에서 그 폐가는 대학가의 유명한 포장마차 같은 장소였다. 폐가에 돗자리를 깔고 앉아 술잔을 돌리는데, 얼마 지나지 않아 경찰이 들이닥쳤다. 경찰은 동네 주민이 비행 청소년이 모여 있다고 신고했다면서 혹시 우리가 본드를 불진 않았는지 구석구석 확인했다. 난생처음 경찰차를 타고 파출소에 간 나와 친구들은 일렬로 앉아 각자의 보호자를 기다렸다. 헐레벌떡 달려온 엄마는 다행히 크게 혼내지 않았다. 오히려 "승은이가 많이 힘들었구나"라며 아빠에게 이 사실을 비밀로 하자고 했다.

처음 키스를 한 건 열여섯 살 가을이었다. 아빠와 엄마의 갈등이 고조되면서 집에 있는 매일이 고문인 시기였다. 그날도 집을 뛰쳐나와 아파트 벤치에서 울고 있는데, 문어와 마주쳤다. 문어와 나는 같은 아파트에 사는 동네 친구였다. 가끔 만날 때마다 문어에게는 상처가 하나씩 늘어 있었다. 엄마가 던진 리모컨에 맞아서 생긴 몸의 상처, 엄마에게 들은 폭언으로 생긴 마음의 상처. 문어와 나는 주로 채팅으로 소통하는 사이였다. 학교도 집도 우리 자리가 아닌 것 같다고 토로하며 서로를 위로하곤 했다. 우울한 표정의 나를 발견한 문어는 왜 그러냐고 꼬치꼬치 캐물었다. 나는 문어의 눈을 피하고, 문어는 내 눈을 보려고 하고. 그러다가 불현듯 키스를 하게 되었다. 눈물범벅이 된 나에게 닿은 타인의 살결이 눈물겹게 따뜻했다.

그 뒤로 문어와 나는 연애라는 걸 시작했다. 우리의 연애는 아슬아슬했다. 둘 다 학교에 다니느라 시간도 돈도 없어서 미디어에 나오는 데이트 코스 같은 건 꿈도 꾸지 못했다. 그래도 으슥한 아파트 벤치나 사람이 잘 다니지 않는 후미진 계단에서 시시콜콜한 이야기를 나누거나 서로의 몸을 쓰다듬을 수는 있었다. 가끔 부모님이 집을 비우면 서로를 집에 초대하기도 했다. 그때 우린 자주 말했다. "얼른 스무 살이 되면 좋겠다. 그럼 돈을 벌어 집에서도 나올 수 있고, 이렇게 행복하게 매일 살 수 있을 텐데." 그땐 그 미래가 영원히 당도하지 않을 것처럼 아득하게만 느껴졌다.

청소년기에 머물렀던 공간을 떠올리면 집이나 학교보다 오래된 폐가나 공원 구석 벤치나 껌 딱지가 붙어 있던 어두운 계단이나 아파트 옥상이 먼저 그려진다. 학교나 학원이 아닌 장소에 있는 청소년에게 어떤 시선이 머무는지 알았기에 점점 더 구석으로 밀려났던 것 같다. 서른이 넘은 지금의 나는 비교적 자유롭게 내가 원하는 집을 선택할 수 있고(비록 월세지만), 내가 함께 살고 싶은 사람과 살아갈 수 있고(비정상이라고 삿대질당하지만), 원하면 언제든 여행을 떠날 수 있고(돈과 시간이 주어져야 하지만), 쾌적한 장소에서 술을 먹거나 섹스할 수 있다(혼외 섹스는 여전히 비난의 근거가 되기도 하지만). 내가 청소년이었던 걸 잊고 지냈듯, 내가 머물렀던 공간들도 한동안 잊은 채 지냈다.

얼마 전 유치원부터 초·중·고등학교 선생님을 대상으로 한 성교육 프로그램에 다녀왔다. 토론 시간, 한 중학교 선생님이 고민을 털어놓았다. 중학교 2학년 커플이 학교 구석에서 키스를 하다가 1학년 학생들에게 들켰는데, 그 때문에 소란스러워지자 선생님이 키스한 학생들을 나무랐다고 한다. 혼난 학생들은 교무실을 나서자마자 선생님에게 이 사실을 일러바친 1학년들을 찾아다녔다. 선생님은 왜 해당 학생들이 반성하지 않고 1학년에게 강압적으로 행동하는지 모르겠다며 이 상황을 어떻게 생각하느냐고 물었다. 자리에 함께한 선생님들의 토론이 이어졌다. 학교는 공공장소이니 당연히 스킨십이 잘못됐다는 의견이 있었고, 숨어서 한 건데 그걸 봤다고 굳이 선생님에게 이른 1학년 학생들이 잘못이라는 의견도 있었다.

"사회에 청소년이 머물 사적 공간이 있나요?" 나는 물었다. 학교도 공적 공간, 거리도 공적 공간이다. 사적이라고 하는 집이나 숙박업소는? 보호자와 함께 있는 집은 청소년에게 사적 공간이 되기 어렵다. PC방, 노래방, DVD방은 일정 시간 이후에 청소년 출입을 금지한다. 숙박업소에서는 청소년의 혼숙을 법적으로 금지하고 '청소년 출입 금지'를 도덕적 잣대로 내세운다. 사정이 이렇다 보니 청소년이 사적으로 이용하거나 갈 수 있는 곳을 찾기란 쉽지 않다.

혼난 학생이 1학년을 찾은 이유도 명백해 보였다. '내리 갈굼' 문화처럼, 교사가 권력으로 학생을 눌렀으니 그 권력을 보고 배운 2학년이 1학년에게 똑같이 휘두른 것뿐이다. 문화는 서로의 옆모습을 통해 만들어지니까. 게다가 스킨십이 혼날 거리가 되는 순간, 스킨십은 그 자체로 수치스러운 것이 된다. 성폭력이 일어났을 때 '더럽혀진' 자기 몸을 수치스러워 하며 누구에게도 도움을 요청하지 못하는 것도 비슷한 이유 때문이다. 숨기고 금기가 될수록 폭력은 더 교묘하게 일어나고 침묵은 윤리가 된다.

스쿨 미투 이후, 성폭력에 접근하는 방식이 안전과 보호주의 담론으로 돌아가는 모습을 본다. 최근에는 한 편의점 점주가 청소년에게 콘돔을 팔지 않겠다는 안내 문구를 편의점 앞에 붙였다. 한 청소년이 그 안내문 옆에 장문의 대자보를 붙였다.

> 콘돔은 남녀노소 누구나 이용할 수 있는 의료 기기입니다. (……) 청소년에게도 콘돔이 필요합니다. 모든 사람에게는 안전하게 사랑할 권리가 있기 때문입니다. 청소년 여러분 당당하게 콘돔 구매하세요!*

안전하게 섹스할 권리, 안전하게 사랑할 권리, 욕망할 권리를 박탈하는 '보호'는 무엇을 위한 보호일까. 10대들의 성

* 오마이뉴스 2019년 6월 17일자. 〈'청소년에게 왜 콘돔 안 팔죠?'… 편의점 대자보 공방〉

교육을 보호를 앞세운 혼전 순결의 강조와 인공 임신중절수술에 대한 협박으로 일관해 온 결과가 '스쿨 미투'로 드러나고 있다는 사실을 겪고서도 반대 방향으로 가려는 흐름이 아쉽다.

생리라는 말을 입에 담지도 못하고, 스킨십을 하면서 상대와 나 둘 다 콘돔을 사러 갈 생각을 못 해서 망설이는 사이 내 청소년기 섹스는 자주 안전하지 못했다. 내가 고등학교를 자퇴했을 때, 마찬가지로 자퇴한 동네 오빠와 친해졌다. 하루는 그가 나를 집에 불렀다. 집에 들어서자 그는 다짜고짜 내 몸을 애무했는데, 그러다가 뭔가 생각난 듯 부엌으로 달려갔다. 그가 가져온 건 주방에서 쓰는 투명한 비닐이었다. 그는 비닐을 자기의 성기에 감싸고 꾸역꾸역 나에게 마찰했지만, 빽빽한 그것은 들어갈 리 없었고 내 몸만 상했다.

그는 왜 집 앞 편의점에서 콘돔을 살 생각 대신 주방용 비닐을 가져왔을까. 왜 나는 그에게 싫다고 말하지 못했을까. 그와의 섹스를 원하지 않았던 것 같은데. 이 일이 내가 청소년이라서 생긴 문제였을까. 순결에만 밑줄 긋던 성교육과 청소년이라는 계층적 상황에서 내 욕망은 길을 잃었다. 쾌락과 즐거움, 불쾌와 폭력에 대한 기준을 스스로 정리할 기회가 없었으니 어떤 경험을 폭력이라고 규정하고 "NO"라고 거부할 힘을 가질 수 없었다.

장애여성공감의 이진희 활동가는 발달 장애 여성의 경우를 예시로, "성적 일탈이라고 간주하는 행동을 소거하기 위한 방식은 소통과 관계 맺기의 시행착오를 차단한다. 경험의 부족으로 성적 의사소통과 실천을 주체적으로 선택하고 만들어 갈 역량을 쌓기 어렵다. 실패할 기회의 차단만이 답일까"라고 질문하며, "평등해야 안전하다"고 거듭 강조한다. 청소년이 성적 자기 결정권을 가질 수 있는 자원과 차별적 구조에 대한 문제 제기가 없는 보호는 보호의 탈을 쓴 욕망과 권리의 박탈일 뿐이다.

폐가, 계단, 옥상, 그리고 비닐. 밀려난 내 어린 시절 욕망의 상징들. 이 상징이 저 멀리 사라져서 더는 누구에게도 해당되지 않는 이야기면 좋겠다. 청소년에게는, 아니, 우리에게는 더 안전하게 욕망하고 실패할 권리가 필요하다.

# 곰팡이가 아니라 사람입니다

지난 3년간 지민이 가장 많이 한 말은 "네, 자료 보내드리겠습니다"였다. 각종 언론사로부터 한동대 학생 부당징계 사건 관련 자료를 요청받고, 인터뷰하고, 기자회견장에 나가고, 성명서 내고, 1인 시위를 하느라 지민의 노트북에는 '한동대 사건 폴더'가 차곡차곡 쌓였다. 같은 작업을 되풀이하면서 그에게는 몇 가지 기술이 생겼다. 기자들이 요청한 자료 적절하게 골라 보내기, 악플에 의연하려고 노력하기, 글과 말로 자신을 해명하기. 서울과 포항을 오가면서 학교 측과 싸우는 3년 사이 지민에게는 여러 수식어가 붙었다. 한동대 부당징계 사건 피해자, 난교하는 문란한 영, 기독교 대학을 무너뜨리려는 악의 세력, 빵에 핀 곰팡이.

2017년 겨울, 한동대에서 페미니즘 강연이 열렸다. 학교

측은 페미니즘이 동성애를 옹호한다며 강연을 제지했고, 강연 이후 어떻게든 관련 학생들을 징계하려고 꼬투리를 캤다. 심지어 SNS에 강연 후기를 남겼다는 이유로 징계 대상에 포함된 학생도 있었다. 그만큼 무분별하게 이뤄진 표적 수사였다. 그중 지민이 폴리아모리 관계를 맺는다는 사실이 그들의 레이더에 걸렸고, 2018년 2월 28일 지민은 졸업을 1년 앞두고 무기정학을 통보받았다. 한동대 총장은 지민을 '본보기'로 잘랐다고 말했다. 더는 페미니즘 이슈가 학내에 퍼지지 않도록, 다른 방식의 존재(성소수자)와 관계가 드러나지 않도록. 성소수자에 대한 공포(문란하고 타락한 악)를 이용해서 내부를 결속하기에 지민은 좋은 본보기로 여겨졌다.

사건이 사회적으로 알려지자 한동대를 비롯한 보수 기독교는 영적 전쟁이라며 지민을 비난하고 나섰다. 지민의 실명을 언급하며 전국 교회에 기도문을 가장한 비난 메시지를 돌렸고, 유튜브와 블로그를 통해 가짜 뉴스를 유포했다. 이제 지민의 이름을 인터넷으로 검색하면 연관 검색어에 '폴리아모리' '홍승은' '한동대 부당징계' 같은 수식어가 붙는다. 그 수식어를 따라가면 지민의 삶은 마치 3년 전 그날에서 멈춘 것만 같다. 지민은 원래 그 자리에서 꿋꿋하게 비난을 듣거나 버틸 수 있는 사람인 것처럼 이미지화되었다. 대학에서 추방되고 전국에 악의적인 비방이 퍼지는 동안 지민의 삶이 어디로 어떻게 흘러가는지는 누구도 관심 갖지 않았다. 그건 당사자인 지민도 마찬가지였다. 계속해서 방어하고, 해명하고, 자신을 다독이는 것만으로도 버거운 시간이었다.

대학 졸업장이 뭐 대수냐며 지민은 무기정학을 별일 아닌 것으로 여기려고 애썼지만, 사회에서 무기정학은 별일이었다. 대학에서 쫓겨난 지민에게는 학자금 대출 2800만 원이 남았다. 지민의 이력서에는 모호한 여백이 생겼고, 그 공란은 지민이 학원 강사 일을 할 때도 제약이 되었다. 포항에서 쫓겨나듯 떠나 고양으로 이사한 뒤, 지민은 한 보습학원에서 수학 강사 일을 시작했다. 지민은 학원 원장에게 어떻게 자신을 설명할지 망설이다가 대학원 준비 중이라고 둘러댔고, 4년제 졸업생이 아니라는 이유로 기존 강사료보다 적은 금액을 받았다. 4대 보험이 적용되고 조건 좋은 학원은 재학 증명서를 요구하기 때문에 지민에게는 지금의 조건이 최선의 선택이었다. 지민은 학생들이 "선생님 이름이 뭐예요?"라고 물을 때마다 자기 위치를 깨닫는다고 했다. 혹시라도 학생들이 이름을 검색해서 지민에 대한 온갖 왜곡된 정보를 보게 될까 봐, 일자리를 잃을까 봐 두렵다고 했다.

사건이 벌어지기 전에도 지민은 수학 강사였다. 한동대에 다니던 4년 동안 포항의 여러 학원에서 꾸준히 학생들을 가르쳤다. 그때 지민은 경력에 맞춰 임금 협상도 꼬박꼬박 요구할 만큼 당당했다. 지민은 그때와 지금의 차이를 '내 이름 하나 검색하면 언제든 사회에서 지워질 수 있는 아슬아슬한 존재가 된 느낌'이라고 표현했다. 지민에 관해 널려 있는 이야기는 지민의 존재를 쉽게 삼킬 수 있었다. 기독교의 집단적인 공세는 한 존재를 학교뿐 아니라 사회에서 삭제할 수 있을 만큼 막강했다.

아이러니하게도 무기정학 되기 6개월 전, 지민은 전혀 다른 방식으로 학교 인트라넷에 이름이 올라갔다. 케이블 채널 tvN에서 방영한 〈대학토론배틀7〉의 우승자가 된 직후였다. 학교는 토론대회 우승을 알리며 지민을 '자랑스러운 한동인'으로 광고했고, 몇몇 학생들은 "우리 학교, 이 사람한테 상 줘야 하는 거 아니야?"라며 지민의 존재를 학교의 자랑으로 여겼다. 그때 지민은 한동대의 인재였다. 그들은 몰랐다. 그 당시에도 지민이 폴리아모리 관계를 맺고 있었다는 사실을.

기독교인들이 성소수자를 탄압하며 하는 말, "퀴어축제 같은 거 하지 말고 너네끼리 조용히 해. 티 내지 마." 이 말은 언제든 티를 내는 순간, 너를 추방할 수 있다는 의미와 같다. 트랜스/젠더/퀴어 연구자 루인은 이와 같은 현상을 '젠더 폭력'이라고 명명한다. "규범의 한계를 폭로하거나 규범 '너머'의 가능성을 상상할 수 있도록 하는 이가 등장하면, (지배) 사회는 그를 처단하거나 의료 병리화하거나, 물리적이고 심리적인 폭력을 가한다."

"그러게 왜 기독교 대학에 들어갔냐?" 지민에게 가장 많이 쏟아진 비난은 단지 지민에게만 향하지 않았다. 장신대에서는 성소수자 혐오와 차별을 반대하는 의미로 무지개 옷을 입은 학생들에 대한 징계가 내려졌고, 호남신대는 동성애자 입학을 제한한다고 공표했다. 기독교 대학은 민주 사회 밖에 있지 않다. 종교의 자유는 종교를 가질 자유와 종교를 전파할 자유를 의미하지, 종교를 가지지 않거나 가치관이 다른 누군가를 차별할 자유가 아니다. 지금도 한동대를 비롯한 사회 곳곳에서 쫓겨나고, 자리를 잃고 투쟁하는 지민'들'이 존재한다.

긴 공방 끝에 지민은 법원으로부터 '징계 무효 확인' 판결을 받았다. 결과적으로 승소였지만, 지민이 지난 3년간 겪은 사건들은 단순하게 마무리될 수 없었다. 지민은 학교로 돌아가지 않고, 자신처럼 불합리하게 쫓겨나고 차별받는 사람들을 위해 싸우고 싶다며 노무사를 준비하고 있다. 일주일에 6일 공부하고, 쉬는 날 하루는 글을 쓴다. 더는 해명이 아닌 방식으로 자신을 드러내기 위해서. '악의 세력'이나 '곰팡이'가 아니라 스스로의 이유로 살아가는 구체적인 한 사람이라는 것을 알리기 위해서.

징계 과정에서 한 교수가 지민의 집 앞까지 찾아왔다.

"홍승은 씨와 헤어져. 정말 사랑하면 사랑하는 사람을 위험에 빠뜨리지 않아."

지민은 반문했다.

"지금 저를 위험에 빠뜨리는 사람이 누구인가요?"

# 어떤 무례한 착각

폴리아모리가 얼마나 납작하게 인식되는지 수시로 부딪히고 있다. 어떤 이는 당당하게 말한다. 자신은 폴리아모리를 안 좋게 생각하고, 그건 존중이 아니라 옳고 그름의 문제라고. 그에게 굳이 존중받고 싶은 마음은 없지만, 손쉽게 관계를 재단하고 판단하는 태도가 불쾌하다. "나는 당신이 맺는 독점적 연애가 안 좋아 보여요"라고 말했다면, 그는 어떻게 반응했을까? 독점적 이성애 연애가 중심인 세계에서 폴리아모리는 내가 예상했던 것보다 더 소수적 위치에 놓여 있었다. 그래서 폴리아모리 그룹에서는 '아웃팅'을 우려하는 사람이 대부분이다. 그런 차별을 상상하지 못했던 나는 뭣 모르고 일찌감치 '커밍아웃'했다.

관계를 커밍아웃한 뒤로 우주는 잦은 유혹을 받았다. 질투 나지 않는 건 아니지만, 우주가 좋은 사람을 만나길 바라는 마음도 진심이기에 응원하고 지지했다. 문제는 접근 방식이 구린 경우가 많다는 점이다.

“나 이대로 집에 보낼 거예요? 승은 씨 지금 지민 씨 만나러 갔다면서요.”

오랫동안 나와도 알고 지내던 A가 우주에게 한 말이다. A는 내가 지민을 만나러 포항에 간 사이 우주에게 술을 먹자고 제안했다. 우주는 평소처럼 편안한 술자리로 생각하고 나갔는데, 술자리가 무르익던 중 A가 느닷없이 우주의 손을 잡았다. 불편해서 슬쩍 손을 빼고 자리를 끝내려는 우주에게 그는 나와 우주가 살던 집에 데려가 달라고 간청했다. 우주는 거절하곤 서둘러 집으로 돌아왔고, 그다음 날 나에게 찜찜하다며 간밤의 일을 들려주었다.

한번은 우주가 SNS 메시지를 받고 저녁 약속을 나간 적이 있었다. B는 그간 우리 관계를 지켜봐 왔다며 폴리아모리에 관해 상담하고 싶다고 했다. 저녁 7시에 시내의 호프집에서 B를 만난 우주는 새벽 4시가 다 되어서야 집으로 돌아왔다. “승은아.” 우주 목소리에 눈을 뜬 나는 잔뜩 그늘진 얼굴을 보고 깜짝 놀랐다.

“왜, 무슨 일이야.”

“승은아, 나 기분이 너무 이상해. 지금 이 상황이 뭔지 모르겠어.”

자초지종은 이랬다. B는 현재 만나는 애인이 있는데, 다른 사람과도 만나고 싶어서 폴리아모리에 관심을 갖게 되었다면서 대화를 열었다. 자연스레 우주 옆자리로 이동한 B는 "제가 이 구역 최고 쌍년이에요"라는 말을 시작으로, 다양한 성적인 언어를 구사했다. 자신의 페티시가 무엇이며, 어떤 성적 욕망을 갖고 있는지 줄줄 늘어놓는 B 앞에서 우주는 '이 사람, 나한테 왜 이런 말을 하지'라는 생각에 어리둥절했다고. 우주가 별 반응을 보이지 않자, 이번에는 지민을 흉보기 시작했다. "지민 씨를 잘 모르긴 하지만, 제가 보기에 지민 씨 별로던데. 우주 씨가 훨씬 나아요." "그런데 승은 씨가 왜 좋아요? 정말 사랑해요?" "제가 승은 씨한테 복수할 수 있게 도와줄까요? 저 어디 가면 인기 많거든요. 오늘 저 이대로 보낼 거예요?"

우주는 어색한 상태로 술잔만 들다가 얼른 자리를 마치려고 일어났다. 같은 방향이라 함께 길을 걷는데, 갑자기 B가 한 편의점 앞 파라솔에 주저앉다시피 자리를 잡았다. "우리 맥주 딱 한잔만 더 하고 들어가요, 네?" 우주가 엉거주춤 서 있자 B는 편의점에서 맥주 네 캔을 사 왔다. 우주가 일어나려고 할 때마다 그는 화장실을 간다고 하고선 맥주를 더 사 왔다. 마침내 우주가 집에 가겠다고 하자 B가 매달렸다. "저 정말 이대로 가요?" "네, 저는 들어갈게요." 우주의 대답에 그는 거칠게 가방을 챙기더니 "전 알아서 갈게요!" 쏘아붙이곤 쌩하니 가 버렸다.

만약, 위 상황에서 성별을 바꾼다면 어떨까? 한 남성이 나에게 첫 만남에서 자신의 성적 판타지와 온갖 페티시를 말한다. 집에 가려는 나에게 자꾸 한잔만 하고 가자며 붙잡고, 정말 안 되겠느냐고 끝까지 채근한다. 비슷한 경험을 겪어 온 나는 우주에게 그 일은 원치 않은 성적 접근이었으며 명백히 성희롱이었다고 말했다. 우주는 자신이 느낀 불쾌한 감정을 의심하고 또 의심하다가 마침내 성희롱이 맞다고 정리했다.

비슷한 몇 번의 에피소드가 있는데, 이 얘기를 들으면 주위 반응은 한결같다. "와, 우주 님 정말 대단하다. 어떻게 그 상황에서 거절해요?" 남성이라면 당연히 여성의 성적 접근을 무조건 반길 것이며, 특히 폴리아모리라면 더 개방적이지 않겠느냐는 짐작에서 나온 반응이다. 그럴 때마다 궁금해진다. 도대체 사람들은 우리 관계를 어떻게 상상하는 걸까. 나와 우주와 지민을 어떻게 바라보는 걸까.

나 역시 비슷한 경험이 몇 번 있었다. 폴리아모리 상담을 하고 싶다고 찾아와선 갑자기 내 손을 은근슬쩍 잡으려고 하거나, 애인도 두 명이면서 왜 자신과 섹스 파트너가 되면 안 되느냐고 묻는 경우도 있다. 내가 맺는 지금의 사랑 방식은 '언제든 누구나와 원나잇 가능'이 아니다. 폴리아모리도 하나의 덩어리가 아니기에 그런 방식이 폴리아모리가 아니라고 단언할 수는 없지만, 적어도 우주와 지민과 내가 맺는 관계는 그렇지 않다. 상대가 마음에 드는데 이미 연인이 있다면, 어떤 방식으로 관계를 맺고 있는지 조심스럽게 물으며 접근하는 게 기본 태도일 것이다. 묻기는커녕, 들이대면 다 넘어올(섹스할) 조건을 갖췄다고 여기는 인식이 불쾌하다.

그 태도에는 차별적 시선이 전제되어 있다. 일대일 관계였다면 '고유한 관계'를 존중하기에 조심스러웠을 접근이 폴리아모리기에 생략된다. 관계에 대한 입체적인 시각이 없으니 배려와 예의도 삭제된다. 폴리아모리는 고유함이 없는 무분별한 사랑이라고 생각하는 걸까. 그저 욕망에만 충실한 관계인 것처럼 말이다.

게다가 고유한 관계를 헐뜯으며 접근하는 방식은 유혹이 아니라 추태에 가깝다. 가겠다는 사람 한잔만 더 하자며 끈질기게 붙잡고, 자기가 매력적이지 않으냐면서 매달리는 모습은 내가 접했던 지질한 남성들과 다를 바 없다. 내가 SNS에 섹슈얼리티 경험을 공유했을 때, 나에게 접근하던 남성들의 가벼운 추파와도 크게 다르지 않다. 왜 폴리아모리스트는 그런 추파를 받는 '대상'이 되는 걸까. 내가 섹슈얼리티에 대해 썼다고 '열린 태도'로 자신을 받아 줄 거라고 믿었던 어떤 이들의 사고 회로와 지금의 상황은 얼마나 다르다고 할 수 있을까.

나와 우주, 나와 지민은 서로의 고유한 관계를 존중하고, 끊임없이 대화한다. 상대를 소유하려는 생각을 경계하기에 더 조심스럽고 세심하게 서로를 대한다. 그 섬세한 관계망에 들이미는 단순하고 무례한 접근이 덜컥 걸리는 건 당연하다. 그 태도가 전혀 유혹적이지 않은 것도.

# 우리 앞의 블랙홀

사와 민을 만났다. 두 사람은 내 대학 동기이자 20대를 함께 보낸 오랜 동료다. 춘천에서 강연이 잡혀서 오랜만에 연락했는데, 마침 시간이 맞아서 약속을 잡았다. 몇 년 만에 만난 두 사람은 스무 살에 처음 만난 그날처럼 여전히 반짝반짝했다. 나는 두 사람에게 뒤에 앉지 말고 맨 앞자리에 앉으라고 보챘고, 두 사람은 알았으니 절대 발표 같은 건 시키지 말라고 당부했다. 두 시간의 강연이 이어지는 동안 사와 민은 피곤한 내색 없이 내 이야기를 들어주었다. 그날 강연 주제는 '상상력'이었다. 내가 상상하지 못하는 타인의 세계를 상상하기, 내 경계를 넘어서 어떤 모습으로든 살아갈 수 있는 상상력에 관한 이야기를 나눴다.

강연이 끝나자 두 사람이 싱글벙글 웃으면서 다가왔다. "강연 잘 들었어. 나 엄청 오랜만에 이런 자리에 와서 괜히 긴장했잖아." 너스레를 떨다가 불쑥 민이 물었다.

"참, 네 애인들은 잘 있어?"

"그럼. 우주랑 지민 다 잘 있어. 민이랑 사는 만나는 사람 있어? 한 명이야 두 명이야?"

내 질문에 민은 놀란 눈으로 나를 봤고, 사는 "하나도 없다, 이 지지배야"라며 눈을 흘겼다. 나는 현장 정리를 돕고 갈 테니 먼저 애막골 술집에 가 있으라고 했다. 애막골은 내 20대가 묻어 있는 추억의 거리다. 학교-집의 무한 반복이 직장-집의 무한 반복으로 이어졌던 그 시절 우리는 무료함을 주로 술로 풀었다. 나는 술을 못 마셨기에 술자리를 빙자한 밤 문화를 즐겼다는 말이 정확하겠다. 금요일만 되면 우리는 뾰족한 하이힐을 신고 밤거리를 누볐고, 술잔을 기울이면서 꽉 막힌 세면대같이 해소되지 않는 가족, 직장, 미래에 관해 앞다퉈 토로하곤 했다. 서로의 연애 상대를 같이 보기도 했고, 이별한 뒤에 오열하는 서로를 다독이기도 했다.

술집에 도착하니 테이블 구석에 놓인 빈 소주병 두 개가 눈에 띄었다. 왜 이렇게 빨리 마셨어! 내 질책에 눈이 조금 풀린 민은 사가 자꾸 술을 강요했다고 고자질한다. 옆에 앉은 사는 이게 얼마 만이냐며 내 어깨에 머리를 기댔다. 어떻게 지냈어. 잘 지냈어? 평범한 안부 인사를 시작으로 긴 이야기가 이어졌다. 먼저 민이 조심스럽게 입을 뗐다.

"사 말이야. 최근에 데이트 폭력을 당했어. 한 살 어린 놈이었는데, 정말 입에 담기도 힘든 말을 사에게 퍼부었어. 헤어지자고 하니까 한밤중에 사네 집에 찾아와서 난동 부리고 난리도 아니었어. 경찰서에 갔더니, 경찰은 오히려 사를 추궁하는 거야. 증거를 제대로 제시하라고. 원하는 게 뭐냐고. 그때 사 정말 많이 울었어. 걱정돼서 내가 며칠 동안 사네 집에 함께 있었잖아. 대체 사가 뭘 잘못했어? 그놈이 잘못한 건데 왜 사한테 뭐라고 하는 거야?"

듣는 내내 얼굴이 벌겋게 달아올랐다. 사는 그 사람과 한 동네에 살아서 무섭다며 진지하게 이사를 고민하고 있다고 털어놓았다. 나는 사에게 고생했다고, 무사해서 다행이라고, 사가 잘못한 게 아니라는 말을 반복했다.

이어지는 민의 이야기. 민에게는 두 살 터울의 동생이 있다. 결혼한 지 3년 된 동생은 최근 민과 민의 부모님이 사는 집에 들어왔다. 남편의 폭력 때문이었다. 그간 동생은 남편의 폭력을 홀로 견뎌 오다가, 경찰이 출동할 정도로 심각한 폭력을 겪은 뒤에야 가족에게 사실을 알렸다. 이야기를 듣던 중에 민의 동생에게서 전화가 걸려 왔다. 지금 남편이 있는 집으로 돌아가겠다는 거였다. 부모님도 형편이 어려운데 언제까지 자신과 아이가 부담을 줄 수는 없다는 이유였다. 민은 말렸으나 동생은 완고했다. 끊어진 전화기 앞에서 민은 조용히 눈물을 훔쳤다.

잘 지냈냐는 안부 인사조차 무색하게 느껴지는 밤. 사와 민과 나는 울다가 웃다가 다시 울면서 술잔을 비웠다. 답답한 마음에 "그냥 연애 따위 안 하면 안 돼? 나랑 가까이에서 살자. 우리끼리 잘 살자!"고 외쳤으나 "너는 둘이나 만나면서 우리보고는 만나지 말라고? 이거 완전 이기적이네"라는 타박만 들었다. 20대에 그랬듯 그날의 대화 주제도 자연스레 비혼 다짐으로 이어졌다. 하지만 비혼이면 뭐하나, 결혼을 하든 안 하든 안전하지 않기는 마찬가진걸. 연애는 하고 싶지만 결혼은 하고 싶지 않고. 연애는 하고 싶은데 폭력을 당하기는 싫고. 전혀 상관없어 보이는 두 갈래의 길은 너무 긴밀하게 연결되어 있었고, 우리의 대화도 그만큼 우왕좌왕할 수밖에 없었다.

헤어지기 전, 민이 말했다.

"아까, 강연 듣는데 나 왠지 울컥했어. 너는 옛날부터 책도 많이 읽고…… 달랐잖아. 네 얘기를 사람들 앞에서 당당하게 하는데 멋있더라. 그리고 아까 우리한테 애인이 몇 명이냐고 물었잖아. 나 처음엔 당황했거든. 생각해 보니까 그 말이 맞는 거야. 애인 있어? 없어? 있으면 몇 명이야? 이 질문이 뭐 어때서."

새벽, 돌아갈 준비를 하는 나에게 두 사람은 편의점에서 커피와 비타민 음료를 잔뜩 안겨 주었다. 피곤하니까 이거 꼭 마시면서 돌아가. 잘 가. 우리 무사하자. 무사하게 지내다가 이 계절이 지나기 전에 다시 만나자.

집으로 돌아오는 길. 강연이 끝난 뒤의 후련함이나 오랜만에 친구를 만난 즐거움을 음미할 새도 없이 나는 블랙홀 같은 생각에 빨려 들어갔다. 오늘 나는 강연에서 섹슈얼리티의 자유, 다양한 사랑의 가능성에 대해 열변을 토했다. 차별이나 폭력을 당하지 않을 권리에 대해서도 이야기했다. 폴리아모리로 산다고 당당하게 커밍아웃도 했다. 내가 서 있는 강단은 안전한 자리였다. 내가 제시한 가능성은 사와 민의 세계에 닿을 수 있나. 그 가능성은 모두에게 평등하게 주어진 걸까. 세계가 두 조각으로 쩍 하고 갈라지는 것 같았다. 합의, 평등, 인권, 자기결정권…… 번드르르한 언어들이 PPT 화면 속에서나 살아 숨 쉬는 것만 같아 참을 수 없이 가볍게 느껴졌다.

"내 여자가 그러면 패 버려야지."

호감을 갖고 연락하던 사람에게 사가 폴리아모리 이야기를 꺼내자 상대는 망설임 없이 이렇게 말했다. 사는 바로 그 사람과의 관계를 정리했지만, 앞으로 또 그런 사람을 만나지 않으리라는 보장은 없었다. 나 역시 위태로운 연애를 무수하게 통과했기에 너의 세계와 나의 세계가 무 자르듯 간단하게 나뉘는 건 아니었으나, 지금의 내 세계가 일종의 특권에서 기인한 건 아닐까 하는 생각을 떨칠 수 없었다.

왜 이 시대의 사랑은 위험을 수반할까. 지금의 나는 어떻게 그 위험을 잠시 비껴 올 수 있었나, 더듬어 보면 내 위치가 보인다. 우주는 내가 인문학카페를 운영할 때 손님으로 찾아와서 처음 만났다. 지민은 내가 한동대에 페미니즘 강연을 하러 갔다가 만났다. 폴리아모리라는 말을 들었을 때, 두 사람 역시 '패 버리고 싶다'까지는 아니어도 불편한 감정을 가졌을 거다. 그렇지만 두 사람은 내 이야기에 귀 기울일 준비가 되어 있었다. 아마 나를 평등한 하나의 인격체로 보고, 내 언어와 생각을 존중하려는 태도가 몸에 뱄기 때문일 것이다. 거기에 내가 가진 문화 자본이 더해졌을 거다. 경제적으로는 불안정하지만 적어도 '쓰고 말하는 사람'이라는 위치는 내 발언에 무게를 실었을 거다. 내 위치가 지금의 사랑과 무관하다고 말할 수는 없었다.

언젠가 폴리아모리 커뮤니티에서 '합의'에 대한 팽팽한 논쟁이 있었다. 남편에게 공개하지 못하고 다른 사람과 관계를 맺으면서 자신을 폴리아모리라고 말하는 기혼 여성은 정말 폴리아모리인가,에 관한 논쟁이었다. 어떤 이는 폴리아모리는 '합의'인데 말없이 다른 상대를 만나는 건 불륜의 정당화라고 꼬집었고, 또 다른 이는 이런 사람 때문에 제대로 폴리아모리를 하는 사람이 욕먹는다고 주장했다.

'합의'만이 폴리아모리의 기준이 되었을 때, 개개인이 처한 현실의 맥락은 쉽게 지워진다. 합의의 토대를 질문하지 않으면 논의는 기울어질 수밖에 없다. 경제력이 남편에 비해 불안정한 기혼 여성이라면, 폴리아모리를 밝히는 일이 곧장 생계의 위협으로 이어질 수 있다. '감히 다른 남자를 만난다'는 이유로 아내 폭력과 살해가 빈번한 환경에서 안전하게 폴리아모리를 의논할 수 있는 기혼 여성이 얼마나 될까. 협상력의 토대가 공평하지 않은 상태에서 기계적인 합의 원칙을 따를 경우, 폴리아모리는 권력을 가진 몇몇만 누릴 수 있는 트로피가 되어 버린다.

언제부턴가 나에게 폴리아모리는 다자 간 연애만을 주장하는 사랑법이 아니게 되었다. 혼자 살아도 괜찮을 수 없다면 평등한 관계는 가능하지 않다. 일대일 관계가 안전할 수 없다면 폴리아모리도 안전할 수 없다. 평등한 협상력은 어떻게 주어질 수 있나. 안전하게 소통할 토대는 어떻게 만들 수 있는가. 질문을 따라가면 폴리아모리는 평등과 같은 말이 된다. 개개인의 사회적 경제적 위치와 성차별이나 폭력에 대한 문제 제기까지 나아간다. 기울어진 경제적 토대와 문화적 토대를 바로잡기 위한 노력으로 연결되는 것이다.

취직과 퇴직을 여러 번 반복하고, 마지막 퇴직 이후 일자리를 못 구한 민은 스스로를 '밥충'이라고 부른다. 자기는 집에서 밥 먹을 자격도 없다며 자조적인 말을 한숨처럼 뱉는다. 민의 부모님은 형편이 넉넉하지 않다. 비혼을 결심했지만 부모님 집을 나오려면 결국 결혼밖에 방법이 없는 것 아닌가 걱정하며 민은 자신 없는 표정을 지었다. 사는 10년째 어린이집 교사로 일하고 있다. 경력은 10년 차인데, 사의 월급은 200만 원을 조금 웃도는 수준이다. 사가 직장 생활을 하면서 6년 동안 꼬박 부어서 모은 몇천만 원의 적금은 고스란히 부모님의 빚으로 빠져나갔다. 술기운이 올라온 사는 이런 말을 했다.

"나 이대로 괜찮을까 모르겠어. 내 동생 얼마 전에 결혼했잖아. 넓지 않아도 원룸이 아니라 거실이랑 방이 나뉜 집에서 사는 거 보니까 부럽더라고. 나는 결혼이 진짜 안 맞는 걸 알거든? 근데 아무리 일해도 원룸을 벗어나기 힘들고, 나아질 기미가 안 보이니까 자꾸 마음이 흔들리는 거야. 근데 우리 언니도, 엄마도 결혼해서 행복하지 않은 걸 나는 봤잖아. 그러니까 웃긴 거야. 그게 답이 아닌 걸 알아도 자꾸 끌려가게 되는 거. 근데 난 정말 그렇게 살고 싶지 않다."

# 내 사랑이 불편한가요

막 잠이 들려는데 핸드폰에 낯선 번호가 떴다. 평소에 각종 연체를 달고 사는 나는 습관적으로 모르는 전화번호를 피하는 편이다. 잠시 망설였지만 설마 밤 11시에 독촉 전화가 오진 않겠지 싶어서 조심스레 전화를 받았다. 여보세요? 수화기 너머에서 익숙한 목소리가 들렸다. 퐁~ 나야. 잘 지내? 목소리를 듣자마자 누군지 알았다. 20대 초반에 인권캠프에서 만난 동갑내기 친구 너구리. 내가 번호가 바뀌었냐고 묻자 너구리는 어떻게 자기 번호도 모르냐며 서운한 기색을 감추지 않았다.

"나 두 달 뒤에 결혼해 퐁. 결혼식은 가족과 조촐하게 치를 거야. 혹시라도 축의금 걷으려고 전화했다고 생각할까 봐 미리 말하는 거."

"와 결혼을 한다고? 진짜 신기하다. 축하해!!"

"신기하지? 나도 내가 결혼하게 될 줄 몰랐어. 아무래도 내가 만나는 사람이 나이가 있으니까 그쪽 집안에서 작년부터 압박을 하더라고."

너구리도 나도 신기하다는 말을 반복하며 웃었다. 불과 10년 전만 해도 우리는 비혼을 결의한 사이였으니까. 당시 너구리는 소위 명문대에 다니는 중이었는데, 몇 번을 휴학하고 진지하게 자퇴를 고민할 정도로 한국 사회의 경쟁 문화에 적응하기 힘들어했다. 나 역시 그런 사람이어서 우리는 앞으로 어떻게 살아야 할지 막막한 미래를 가늠하곤 했다. 서로 연애 상담도 해 주었는데, 둘 다 결혼 제도에 비판적인 시선을 갖고 있었기에 적어도 결혼은 하지 말자고 입을 모아 결의를 다졌다. 그런 너구리가 졸업하고 얼마 안 되어 대기업에 입사한 것까지는 알았는데, 들어 보니 벌써 6년 차 직장인이고 게다가 곧 결혼을 앞두고 있었다.

몇 년 만에 걸려온 야밤 전화가 반가워서 한참 서로의 근황을 나누는데, 너구리가 조심스럽게 이야기를 꺼냈다. "네 애인들은 잘 지내고 있어?" 너구리는 내 글을 통해서 애인들의 존재를 알고 있었다. 나는 잘 지낸다고, 기회가 되면 네 아내 될 사람과 함께 만나면 좋겠다고 했다. 수화기 너머로 잠시 침묵이 흘렀다.

"그런데 퐁, 나는 네가 걱정돼. 무리하는 것 같아서."

"내가 뭘 무리해?"

"그냥, 네가 그렇게 사는 게."

"내가 뭘? 그렇게 치면 나는 네가 더 걱정되는데……. 결혼, 쉽지 않은 선택이잖아."

"내가 걱정된다는 건 내가 알던 스무 살의 너와 다른 선택을 하는 것 같아서……."

"스무 살? 나 그때 완전 망나니였어. 그때보다 지금 훨씬 안정적으로 살고 있는데?"

"그런가. 네가 그렇다면 됐지 뭐. 그런데 아무래도 아내랑 만나는 건 안 될 것 같아. 사람마다 가치관이 다르잖아? 아마 널 이해하지 못할 거야."

사실은 네가 날 이해하지 못하는 거 아니야? 묻고 싶었지만, 입이 떨어지지 않았다. 순식간에 어색한 기류가 흘렀다. 애써 웃으면서 전화를 끊었다. 정적으로 가득 찬 방 안에서 한동안 멍하니 누워 있었다. 가치관이 다르니 너를 보지 못할 거야. 사람은 모두 다르잖아? 친구의 목소리가 맴돈다. 한때는 내밀하게 통했던 친구에게 지금 나는 가까이해서는 안 될 위험한 무언가가 되어 있는 것만 같았다.

익숙한 감정이었다. 결혼한 중학교 동창의 신혼집에 놀러 간 날, 내가 묻지도 않았는데 친구는 나를 보자마자 대뜸 말했다. "나 웬만하면 네 SNS 보고 좋아요 누르는데, 네가 폴리아모리인가 그런 글 쓸 때마다 좋아요 못 누르겠어. 우리 오빠가 보면 이상하게 생각할 것 같아서." 그때도 나는 어색한 웃음을 지었다.

한번은 지민의 가까운 후배가 블로그에 이런 글을 남긴 적이 있다.

'폴리아모리는 동성애처럼 죄다. 성적 방종이다. 죄를 죄라고 말하지 못하고 모든 걸 사랑으로 품으라고 하면 결국 모든 도덕적 기준이 사라지는 거 아닌가? 나는 죄는 죄라고 말할 수 있어야 한다고 믿는다. 그게 표현의 자유니까.'

글을 남긴 후배는 지민의 친한 친구와 오랜 연인이기도 한 사람이었다. 지민이 친구에게 네 애인이 이런 글을 썼다고 보여 주자 친구는 글에 관한 자초지종을 들려줬다. 친구가 지민과 내 관계에 대해 긍정적으로 말하자 그의 연인인 후배가 울면서 물었다고 한다. "오빠도 그러고 싶다는 거야?"

무리한다. 이상하다. 죄다. 무리한다. 이상하다. 죄다. 가치관이니 이해해라. 사람은 다를 수 있으니까. 실컷 상처 주고 오히려 내게 다름을 받아들이라고? 당시에 묻지 못한 말들이 목구멍에서 아우성친다. 사람은 다를 수 있지만, 다른 걸 틀리다고 하는 거야말로 틀린 거 아니야? 묻고 싶어. 왜 내 사랑이 네 사랑에 위협이 될 거라고 생각해?

연애 정상성을 질문하는 독립잡지 《계간홀로》에는 N개의 연애를 지향하는 다양한 목소리가 실려 있다. 자신을 에이로맨틱 에이섹슈얼*이라고 소개하는 일랑일랑의 글은 나와 닿는 부분이 있었다. 주위 사람들은 글쓴이에게 네가 아직 좋은 사람을 만나지 못해서 그러는 거라고, 언젠가 사랑이라는 아름다운 감정을 알게 되길 바란다며 원치 않는 사랑 강의를 늘어놓는다. 심지어 느닷없이 화를 내는 사람도 있다. 왜 네 지향을 드러내서 다수의 멀쩡한 사람이 느끼는 감정을 부정하고 계몽하느냐는 이유였다. 이에 대해 일랑일랑은 자신이 연애 정상성을 불편하게 여긴다고 해서 그 관계를 추구하는 사람을 비난하는 건 아니라고 말한다. 그는 묻는다.

> "많은 이에게 이해받지 못한 경험을 가진 소수자 입장에서 들려준 언어가 과연 동일한 무게를 지닐까? 내 지향성은 타인의 로맨스를 허상으로 만들 만큼 강하지 않다."

나는 일랑일랑의 마지막 문장에 진하게 밑줄을 그었다.

나는 다만 정상이라고 믿어 왔던 관계를 벗어나 다르게도 사랑할 수 있다는 걸 알게 됐을 뿐이야. 나에게 맞는 방식으로 사랑하고 싶었으니까. 나를 드러내는 일은 네 사랑을 위협

* 로맨틱 끌림과 섹슈얼 끌림을 느끼지 않는 사람.

하는 일이 아니야. 그리고 네가 걱정할 정도로 내 존재를 위협하는 일도 아니고. 정말 나를 위협하는 게 어떤 시선인지 생각해 줄래? 그러니까 내 걱정 하지 않아도 돼. 나도 네 걱정은 하지 않을게.

# 평등해야 자유롭다

·································

——— 폴리아모리와 평등이 대체 무슨 상관이죠?

평등하지 않으면 폴리아모리에 필요한 상호 합의와 비독점성이 가능한가요?

——— 폴리아모리와 페미니즘이 무슨 상관이에요?

페미니즘 없는 폴리아모리는 일부다처제와 얼마나 다를 수 있나요?

——— 페미니즘은 역차별이잖아요. 제 후배는 여자라서 혜택받는 게 많다고 오히려 좋아하던데요.

네? 역차별이요? 그리고 자꾸 '여자, 남자'를 언급하시는데, 지금 이 카톡방에도 다양한 성별이 존재한다는 걸 지우지 말아 주세요.

—— 내 여자 친구는 '여자여자하다'고 하면 좋아하던데. 이제 그런 말도 하지 말아야겠네.

그건 두 분이 알아서 하면 될 문제고요. 굳이 카톡방에 올릴 필요가 있나요.

어느 폴리아모리 단톡방에 올라온 발언에 하나하나 답변하던 나는 참지 못하고 마지막 메시지를 보낸 뒤 방을 나왔다.

'저는 폴리아모리뿐 아니라 모든 관계에 페미니즘이 바탕이 돼야 한다고 생각해요. 평등하지 않으면 폴리아모리는 소수만 누릴 수 있는 특권이 되지 않을까요? 저는 보다 안전한 공간에서 폴리아모리에 대한 이야기를 나누고 싶었어요. 다음에 좋은 자리에서 뵐 수 있길 바라고, 이만 나가 보겠습니다.'

페미니스트가 모두 같지 않듯, 폴리아모리스트 역시 단일한 덩어리가 아니다. 웬만하면 각 세우지 않고 소통하려고 마음먹었는데, 평등은 입에 담지도 말라는 요구와 역차별이란 단어를 듣게 될 줄은 예상하지 못했다. 이전에도 비슷한 갈등이 있었다. 누군가 단톡방에서 정치적인 발언은 하지 말라고 요구했다. 나머지 인원은 "우리 존재가 이미 정치적이지 않나요? 일대일 이성애 규범을 깨는 존재잖아요. 정치를 정의하는 방식이 너무 협소하신 것 같은데요"라며 항의했다. 폴리아모리를 단지 자유로운 다자 만남으로만 해석하는 사람,

있을 수 있다. 하지만 그가 말하는 자유에서 누락된 그림자를 나는 외면할 수 없다.

폴리아모리 연구자 정영에 따르면, '폴리아모리'의 태동은 페미니즘과 밀접하게 연결되어 있다. 일대일 결혼 제도의 규범을 깨고 공동체적 삶을 꾸린 케리스타 빌리지Kerista Village는 1960년대 미국에서 반자본, 반사회, 반문화 운동을 지향한 공동체이다. 1990년대 모닝 글로리 젤Morning Glory Zell은 '폴리아모러스' 관계의 개념을 최초로 정의했다. 그는 에코 페미니스트였고, 종교 집단에서 활동했다. 이 종교는 성의 자유와 성평등을 바탕으로 만들어졌다.

1997년에 처음으로 '폴리아모리'를 제목으로 한 책이 출간되었다. 『폴리아모리: 한계 없는 사랑Polyamory: The New Love Without Limits』 역시 페미니스트가 쓴 책이다. 이후 출간된 『윤리적 잡년The Ethical Slut』, 『더 레즈비언 폴리아모리 리더The Lesbian Polyamory Reader』, 『에로스: 다양한 사랑의 여정Eros: A Journey of Multiple Loves』도 페미니스트들이 집필한 저서이다. 폴리아모리 초기 담론이 반기독교적이고 반문화, 반자본적이었다는 점, 페미니스트들이 목소리를 내온 데는 어떤 의미가 있을까.

폴리아모리 초기 페미니스트들의 고민은 가부장제에 대항하는 지점으로, 여성의 섹슈얼리티와 재생산권을 통제해 왔던 통념을 문제 삼았다. 특히 『윤리적 잡년』의 두 저자는 성적으로 난잡한 생활을 즐기는 남자를 뜻하는 stud라는 말은 사람들에게 부러움과 동경을 상징하지만, 난잡한 여자라는 말을 뜻하는 slut은 그 반대의 의미를 지닌다는 것에 반기를 들면서 slut의 개념을 새롭게 정의했다. 그들이 말한 '윤리적 잡년'의 개념은 '젠더에 상관없이 섹스 및 성적 쾌락은 좋은 것이라는 신념에 따라, 용기 있게 자신의 삶을 이끌어 나가는 사람'이다. 한국만 해도 여전히 대학에서 혼전 순결을 서약하는 문화가 버젓이 존재하니, 단지 전래동화처럼 읽힐 이야기가 아니다.

평화운동가로 알려진 데보라 아나폴Deborah Anapol도 대표적인 폴리아모리 운동가다. 그는 평생 베트남 반전 운동을 하면서 평화운동에 기여했는데, 이후 가정과 섹스의 평등을 말하며 러빙 모어Loving more라는 최대 폴리아모리 단체 창단에 함께했다. 그는《러빙 모어》라는 잡지와 매년 진행하는 컨퍼런스를 기획하며 '폴리아모리 운동가'로 살았다. 데보라 아나폴의 운동 방향은 나와도 겹치는 부분이 있다. 평화운동은 퀴어, 에코 페미니즘과 뗄 수 없으며, 가장 일상적인 폭력과 억압에서의 자유 역시 긴밀하게 연결되어 있다. 구조와 더불어 사적인 관계의 변화를 고민한 아나폴의 고민은 나의 고민이기도 했다.

폴리아모리를 단지 개인의 자유와 다자 관계로만 해석한다면, '폴리아모리'라는 범주는 필요 없을지도 모른다. 처첩 제도뿐만 아니라 오피스 와이프, 일부다처제 등 다양한 관계가 이미 존재해 왔고 지금도 존재하고 있다. 많은 페미니스트가 폴리아모리에서 어떤 가능성을 보았던 것은 성별 이분법을 강화하는 이성애 중심의 1:1연애와 결혼 신화가 근대 가족에게 부여했던 성별 역할(남성은 생산노동, 여성은 재생산노동)을 해체하는데 기여할 수 있을 거라는 기대 때문이었다.

한국 사회에는 '재생산권'에 대한 다채로운 논의가 이뤄지고 있다. 재생산권은 단지 아이를 낳고 말고의 문제가 아니라 '누가, 언제, 어떤 상황에서 재생산에 대한 권리를 획득하거나 박탈당하는가'에 대한 질문으로 이어진다. 장애나 질병을 이유로 불임 수술을 강요하고, '저출산 문제'라며 재생산권을 통제하려는 국가의 제도들. 그 요구를 충족하기 위해 기획되었던 연애와 가족에 대한 규범적 신화에 관한 질문이 없다면, 폴리아모리는 아주 작은 범위에서 개개인의 일탈로 그칠 수밖에 없다.

성적 권리와 재생산 정의를 위한 센터 SHARE 기획운영위원 나영정은 성과 재생산의 권리를 이렇게 언급한다. "성과 재생산 권리는 신체의 자유 및 성생활과 성정체성에 관한 자신의 결정을 확보하고, 성적 파트너와의 합의에 기반한 평등한 관계를 맺으며 성과 재생산 건강을 증진할 수 있는 정보와 의료서비스에 접근할 수 있고, 강간 및 강제 임신·낙태·불임이나 강제 결혼, 할례 강요 등의 폭력으로부터 자유롭게 살아가며 성과 재생산 활동의 과정에서 누구도 위협이나 강요, 차별을 받지 않을 권리로 구체화할 수 있다."

폴리아모리스트에게 쏟아지는 대표적인 비난이 '더럽다' '문란하다'라는 점, 가정과 국가가 파괴된다는 우려, 정상이 아닌 비정상이라는 딱지만 봐도 폴리아모리가 놓인 사회적 위치를 알 수 있다. 폴리아모리가 왜 재생산권 혹은 가족 구성권, 나아가 평등과 밀접하게 연결되어 논의되어야 하는지도 알 수 있다.

나와 우주와 지민은 현재 법적으로 같은 주거 공간에 등록된 '동거인'인데, 법원의 등기 우편을 받을 때조차 이런 대화가 일상적이다.

"지민 씨와 어떤 관계이신가요?"

"동거인입니다."

"결혼한 사이인가요?"

"아니요. 동거인이에요."

"앞으로 결혼할 사이인 거죠?"

"……."

결혼할 사이는 아니라고 했다가 "친척이세요? 가족? 도대체 어떤 관계예요?"라고 따지듯 추궁당한 적도 있다. 의료 시스템이나 각종 가족 단위로 구성된 제도적 혜택과 복지 제도에서 밀려난 건 당연하다. 만약 우리 셋이 아이를 키우고 싶다고 해도 사회에서 인정받지 못할 것이다. 지민은 폴리아모리 관계를 맺는다는 이유로 대학에서 쫓겨나고 보수 기독교에서 '빵에 핀 곰팡이, 문란한 영'이라며 마녀사냥당하기도 했다. 이런 상황에서, 폴리아모리를 단지 개인의 자유로운 사랑 정도로 해석하기는 불가능하다.

사회에서 승인되는 '정상적인' 연애와 결혼의 정의는 무엇인지, 누가 그 정의를 정의했는지, 정상과 비정상의 경계를 질문해야 한다. 그 '정상'을 유지하기 위해 어떤 얼굴을 비정상으로 만들어 지워 왔는지도 함께 질문해야 한다. 질문을 따라가다 보면 페미니즘 없는 폴리아모리는 가능한지, 평등 없는 자유는 가능한지 묻게 된다. 우리는 역사와 사회적 규범의 연속선에 존재하며, 결코 진공 속에 존재할 수 없으니까. 나는 그림자가 없는 방향으로 자유롭고 싶다.

> "재생산으로 연결되지 않는 섹슈얼리티, 가족제도를 바꾸거나 넘어서는 재생산 행위와 새로운 관계들, 국가의 관점에서 인구 계획을 세우고 그에 따라 권리와 자원을 배분했던

시스템에 도전하고 바꾸는 노력은 우리 사회의 인권의 지평을 확장하고 인권을 더욱 인권답게 만들 것이다."

— 나영정(『무지개는 더 많은 빛깔을 원한다』에서)

인터뷰 ❶

# 악플 읽는 밤

승은

저희가 한국일보에서 폴리아모리에 관한 인터뷰를 했잖아요.* 한국일보 메인에도 뜨고, 네이버 포털 메인에도 저희 사진과 인터뷰가 떴죠. 그런데 하루 만에 1,000개 넘는 댓글이 달렸어요. 대부분 악플이었고……. (웃음) 오늘은 기사에 달린 악플을 하나하나 까먹어 보는 시간을 가지려고 해요. 추천수가 많은 댓글부터 언급하고 싶은 악플에 대해서요. 아, 물론 언급할 필요도 없는 성희롱은 제외했어요.

본격적으로 읽기 전에 우리 심호흡해요. 후-하-후-하-

자, 이제 시작해 봅시다!

——— 뭔 개소리야. 걍 소라넷이잖아. ㅋㅋㅋㅋ [공감 2891 - 비공감 48]

우주

저는 일단 댓글 읽기에 앞서서, 누가 댓글을 달았는지 볼 필요가 있다고 생각해요. 댓글 통계에 따르면 남성 65%, 여성 35%. 연령대는 3, 40대가 가장 많았어요. '소라넷'이 가장 많은 공감을 얻었다는 게 그래서 신기했어요. 대형 불법 음란물 사이트 소라넷의 폐쇄를 가장 어렵게 만든 대상이 3, 40대

* 한국일보 2019년 11월 2일자. 〈세 명이 하는 연애… "독점 아닌 사랑이 가능할까요?"〉

남성들 아니었습니까? 그들이 소라넷과 폴리아모리를 동일 선상에 두고 있다는 점이 흥미로웠어요.

분석한 결과, "뭔 개소리야?"라는 단어가 정말 많았어요. 동물, 짐승 같은 단어와 함께요. 폴리아모리는 짐승이 할 만한 짓이라는 거예요. 인간의 본성상 적합하지 않다는 반박이 계속 나오고 있고요. 이건 자연 세계에서 동물이나 맺을 법한 관계라면서요. 이런 표현만 봐도, 문명화된 사회에서는 폴리아모리 같은 관계를 맺을 수 없다는 편견이 보이죠.

저는 이런 분들에게 폴리아모리는 당신이 소라넷에서 보는 그런 방식으로 상상될 관계가 아니라는 점을 말씀드리고 싶어요. 그리고 이런 댓글을 달거나 공감을 누른 사람들이 기본적으로 소라넷의 불법 촬영물을 즐겨 왔던 게 아닌가 하는 합리적 의심을 합니다. 당신들이 거기서 뭘 봤기에 폴리아모리를 그런 식으로만 상상하는지 알 것 같아요.

**지민**

솔직히 어디서부터 어떤 이야기를 해야 할지 모르겠어요. 음…… 관계, 하면 섹스부터 떠올리는 사고 회로를 가진 사람들에게 무슨 말을 할 수 있을까요. 사실 뭐 그룹 섹스나 네토*

* 연인이나 배우자가 다른 연인과 성관계하는 것을 보며 만족감을 느끼는 성적 취향.

나 스와핑이면 어쩔 거냐고요. 그런 방식 외에는 폴리아모리를 상상할 줄 모르고 오로지 섹스로만 관계를 보는 사람들에게 딱히 해 줄 말이 없겠다는 생각이 들어요.

또 한편으로는 적나라하게 섹슈얼리티의 위계를 드러내주는 것 같아요. 무엇을 정상으로 보는가. 무엇을 '정상' 섹스나 관계로 보는지요. 폴리아모리는 그 위계에서 굉장히 하위에 있는 관계구나 싶어요. 저는 이런 말을 해 주고 싶어요. 당신은 머릿속에 온통 섹스밖에 없습니까?

**승은**

에이섹슈얼(무성애자)인 폴리아모리스트도 존재하잖아요. 그런데 소수성을 가진 성적 지향이나 관계 형태를 지닌 사람들에게 쏟아지는 비난이 꼭 섹스와 연관된다는 점이 저는 문제라고 생각해요. 소수자는 항상 성애적인 존재로만 취급되거나 아예 무성적인 존재로 해석되곤 하죠. 그 점이 사회에서 성적 소수자들이 겪는 어려움과 폴리아모리가 밀접하게 연결되어 있다는 걸 보여 주네요. 그리고 우주 말에 동의하는 게, 그들은 소라넷 폐쇄에 얼마나 관심을 가져 왔으며, 정말 그런 불법 촬영물을 보지 않았을지 궁금합니다.

**우주**

소라넷을 거들먹거리며 우리가 '잘못'되었다고 말하는 그 댓글들을 통해서 그들이 주로 무엇을 상상하고 욕망하고 있었는지가 반대로 드러난 거죠.

——— 일처다부제나 일부다처제가 용인되는 사회라면 모를까, 그저 소수의 행태를 마치 변화하는 시대상처럼 쓰시네. [공감 1277 – 비공감 12]

**승은**

오, 이 댓글은 일부 인정! 변화되어야 할 건 맞으니까요.

**우주**

우리는 과거 일부다처제로 회귀하는 사회를 원하는 게 아니잖아요. 가부장적 권력이 압도적으로 관철되고, 경제적으로나 사회적으로 종속된 여성이 돌봄 제공자의 위치로만 존재하는 사회를 우리는 원하지 않아요. 다른 댓글에서도 조선시대의 처첩 제도를 언급하거든요. '그저 소수의 행태를 마치 변화하는 시대상처럼 쓴다?' 이건 역사적으로 모든 정의로운 사회 변화에 적응하지 못하는 수많은 기득권 세력이 해 왔던 말 아닌가요?(웃음) 흑인 인권운동 시기에 백인들이 했던 말, 여성 인권을 보장해야 한다고 말할 때 남성들이 하고 있는 말

아닌가요? 다양한 섹스와 관계 지향이 그저 일탈적인 소수의 행태라는 식으로 말이죠. 3, 40대가 이런 댓글들을 가장 많이 썼다는 걸 생각해 보면, '꼰대'는 정말 나이와는 상관없는 것 같아요.

지민

또 할 말이 없네요.(웃음) 다만, 사람들이 무언가를 얼마나 굳건히 믿고 있는지 보여 주는 댓글이네요. 성별 이분법적인 일대일 이성애 관계를 유일한 정상이자 규범으로 받아들이고, 그것 외에는 전혀 상상하지 않는. 사실 모든 관계는 다 개별적이지 않나요. 그래야 하고요. 근데 이 사람들은 계속 다수와 소수, 정상과 비정상을 나누잖아요. 소수의 행태다. 일탈이다. 저는 오히려 이런 댓글 다는 사람이 안타까워요. 그런 말 있지 않아요? 은유 작가님의 말이었는데, 모르면 혐오하고 알면 사랑한다. 상상력의 부재가 얼마나 사람의 시야를 좁게 만들고 폭력이 되는지 보여 주는 사례네요. 저는 본인은 정말 행복하신지 궁금해요.

——— 이제 대한민국도 끝을 향해 달리고 있다. 가정이 무너지면 나라도 무너지는데, 이런 기사 내지 마라. 이것이 정상이냐. 이런 일들이 보편화되면 매일매일이 지옥이 될 것이다. 사랑은 일대일일 때, 서로가

만족한 사랑을 느낄 수 있는 것이다. 다중과의 사랑은 불륜이자 범죄이다. [공감 803 - 비공감 42]

**지민**

(큰 웃음) 폴리아모리는 곧 가정 파괴고, 가정 파괴는 곧 나라 붕괴고, 나라 붕괴는 곧 좌파 독재고, 결국 세상은 망하고, 지옥이 되고……. 이 익숙한 회로는 역시 또 나오는구나. 사실, 지금까지 이런 논리로 공격하는 주 대상은 동성애였잖아요. 역시 각종 차별과 혐오는 닮아 있구나 싶어요. 한편으로는 댓글 쓴 사람이 부들부들하는 게 느껴져서 재미있었어요. 정말 나라 걱정하는 게 느껴지거든요. 진심으로요. 이분은 진정…… '애국자'다!

**우주**

저는 너무나 공감하는 말입니다. '가정이 무너지면 나라도 무너진다.' 얼마나 지당한 말인가요. 지금 한국에 무너진 가정이 얼마나 많습니까. 가정 내에서 무시무시한 폭력이 얼마나 많이 벌어지고 있나요. 완전히 곪고 있잖아요. 나라가 무너질 지경이야. 이 문장은 정말 주옥같은 문장이라고 생각해요. 그렇기 때문에 기존의 가족을 해체하고, 새로운 시도를 하자는 거잖아요. 가족과 관계를 새로운 상상력으로 다시 한번 기획해야 한다는 당위를 확인시켜 주는 글이라고 생각해요.

다만 진단이 잘못된 건, 일대일이 사랑의 전부라고 선언하는 점. 물론, 누군가에게는 그럴 수 있습니다. 하지만 그렇지 않을 수도 있잖아요? 저는 사랑을 추구하는 관계가 단지 연애밖에 없다고는 생각하지 않아요. 사랑은, 연애뿐만 아니라 다양한 관계에 존재하지요. 이 모든 관계는 평등하고 안전해야 하고요.

마지막 문장에서 '다중'은 어려운 개념이에요. 다중(Multitude)과의 사랑은 정말 괜찮은 겁니다. 다중은 대중과 다르게 덩어리로 존재하지 않는 유연한 욕망의 주체를 뜻하기도 하거든요. 네트워크를 통해 상호작용하는 대중. 개별적 차원에서 욕망을 긍정하며 저항하는 대중을 표현하는 거예요.

지민

덧붙이고 싶은 말은, 일대일이어야만 서로가 만족한 사랑이라고 했잖아요. 사실 과연 지금까지 일대일 관계들이 그런 만족을 서로에게 주었는지 되묻고 싶어요. 많은 일대일 관계가 한쪽을 착취하거나 혹은 어떤 권력 관계 속에서 폭력을 용인하는 모습을 보여 왔어요. 그런 모습이 이제는 보편적인 사회 문제로 가시화되고 있잖아요. 아내 폭력, 데이트 폭력, 안전 이별 같은 말이 왜 나오겠어요. 일대일이 문제라기보다는 그 일대일이 당연하다고 전제하고 있는 독점과 통제, 소유가 폭력의 배경이 된 것 아닐까요.

**우주**

매일매일 지옥이 될 거라는 말에 대해서 한마디하자면 지금의 가족제도 안에서 매일이 지옥인 사람이 분명히 존재하잖아요? 이 댓글을 쓴 사람은 일상에 존재하는 지옥을 전혀 모르는 사람일 가능성이 높아요. 권력을 가진 사람, 그 지옥에 대해 전혀 무지한 사람일 가능성이 높다는 거죠. 기존의 질서가 허물어지는 이유는 이미 일상이 지옥인 사람들이 많이 존재하기 때문이라는 말을 덧붙이고 싶어요.

——— 비정상을 정상으로 만드는 이 세상 참…… 그 끝이 아름답지 않다는 것을 깨닫게 될 텐데. 자연의 순리를 역리로. 그러나 사람의 감정은 타락했고 악할 뿐이다. [공감 553 - 비공감 14]

**우주**

정확하게 '정상성'에 대한 환상을 보여 주는 댓글이죠. 정상과 비정상을 나누고, 자연의 순리가 있다고 믿는 태도요. 이런 식의 댓글이 뒤에 굉장히 많거든요. '하나님의 섭리', '창조 질서' 같은 표현이 많이 나와요. 저는 우리의 감정과 관계 방식에 과연 '자연적'이라는 게 있는지, '절대 진리'가 있는지 의심해야 한다고 생각해요. 우리가 애초부터 일대일 연애를 맺어 왔던 게 아니잖아요. '자연스러움'이라는 것도 정치적이고 역사적이라는 걸 아셨으면 좋겠네요. 자연도 사회 구성적이라고요.

**지민**

제가 하려던 얘기를 우주가 다 했네요. 한편으로 이 표현을 뒤집어 보면 맞는 말이기도 해요. '비정상을 정상으로 만드는' 노력, 필요하죠. 끊임없는 대화와 합의를 통해서 평등하고 존중한 관계를 만들어 가려는 노력이 삭제된 지금의 비정상 사회에서 우리는 다시 합의와 대화와 평등과 존중을 말하고 지키려 노력하는 중이잖아요. 그런 점에서 아주 정확한 댓글이다 싶어요.

**우주**

맞습니다. 참으로 타당한 정세 판단이다.(웃음)

——— 자연스러운 사랑이고 비독점이라면, 상처받는 사람이 없어야지. 정신 수양을 해야만 가능한 게 사랑이냐. 한 명의 이기심으로 세 명이 어거지로 같이 모여 있는 거지. 그럴싸한 말로 욕망을 합리화하지 마

라. 너네 부모가 그러고 살면 용납하겠냐. [공감 464 - 비공감 5]

승은

저는 오히려 엄마 아빠가 욕망대로 자유롭게 살면 좋겠어요. 서로 합의하고 존중하는 부모의 관계라니……. 그것만큼 자식이 부모에게 바라는 모습이 있을까요? 저는 당연히 찬성하죠. 그리고 책에도 밝혔지만, 저희 부모님은 이미 제가 사는 방식을 인정하고 계시죠. 함께 식사도 하고, 안부도 묻고. 자연스럽게 받아들인 지 오래예요. 이거 알면 약 오르겠다.

우주

저는 '정신 수양'에 꽂혔습니다. 이 댓글에서 정신 수양은 노력이라는 의미로 읽히거든요. 노력을 통해서만 유지할 수 있는 관계가 어떻게 사랑이냐고 되묻는 거잖아요? 저는 정신 수양이든 뭐든 노력을 통해 가꾸지 않는 관계는 폭력이나 불평등으로 연결되기 쉽다고 생각해요. 제가 폴리아모리를 정체성이나 특정한 성향이 아니라고 보는 이유가, 누구나 관계 속에서 노력을 해야 한다고 생각하기 때문이에요. 이 댓글을 쓴 사람은 노력을 하고 싶어 하지 않는 게으른 사람 같아요. 그리고 부모님을 언급하셨는데, 제 부모님은 '정신 수양'하면서 노력하는 사람을 좋아하기 때문에 지금의 제 관계를 충분히 존중하십니다.

지민

저는 앞부분에 꽂혔어요. 상처에 대한 말이요. 이 사람에게 사랑과 관계 맺음은 무엇일까 궁금해요. 누군가를 사랑하고 관계를 맺는다는 건, 엄청 어렵고 복잡하고 상처받는 일이잖아요. 내가 아닌 타자, 내가 아니기 때문에 쉽게 닿을 수 없는 그 타자를 만나면서 내 세계가 허물어지고 뒤엉키는 과정이 사랑이잖아요. 당연히 끊임없이 서로를 상처 낼 수밖에 없지요. 저는 이 사람이 대체 어떻게 사랑을 해 왔는지 궁금해요.

우주

정말요. 사랑하며 상처 안 받은 사람이 있을까요?

지민

그리고 우리가 바보도 아니고, 세 명이 왜 억지로 모여서 살겠어. 우리는 정신 수양하면서 서로를 만나는 노력을 당연하게 여기고 기꺼이 감당하면서 사는 거잖아요.

우주

제발, 문명화된 인간으로 스스로를 생각한다면 자연적으

로 살지 마시고, 인위적으로 정신 수양 좀 했으면 좋겠어요. 노력 좀 하시면 좋겠다는 결론입니다.(웃음)

——— 왜들 저러는 거죠? 한 남자랑 사는 것도 버거운데 두 남자를? 여왕벌 섬기는 수벌들도 아니고. 젊은 기운 좋은 일에 쓰지. 풍요하니 타락이 고개를 드네요. 절제들 하시고 남는 에너지는 선한 일을 도모하는 데 씁시다. 저건 아무리 좋게 말해도 비정상이랄 밖에요. [공감 241 – 비공감 4]

**우주**

글깨나 쓰셨던 분인가. 어휘 선택이 남달라.(웃음) 근데 딱히 할 말이 없다.

**지민**

저도……. 그래도 하나 짚고 가면, 이 기사에 되게 많은 댓글들이 여1, 남2를 전제한다는 점을 지적하고 싶어요. 사실, 기사에서도 저는 최대한 얼굴이 드러나지 않도록 사진을 찍었고, 핑크색 옷을 입고 있었음에도 불구하고 남성으로 읽혔다는 것이 익숙하면서도 답답하긴 해요. 저조차도 여전히 성별 정체성을 고민하고 탐구하고 있는 논바이너리 혹은 트랜스젠더퀴어 언저리의 무엇인데. 누군가는 뒷모습만을 보고도 남성으로 읽어 버리고, 읽은 이후에 무수한 편견과 선입견을 덧대서 성별 정보 하나만으로 자신들만의 서사를 완성하는 반응이 익숙하면서도 화가 나요.

**우주**

맞아요. 공감해요. 그리고 한 남자랑 사는 것도 버겁다는 걸 보면 여성이 쓴 것 같은데……. 여성 입장에서 한국 남성 한 사람과 사는 건 버겁고, 그래서 챙길 사람이 한 명 더 늘어나면 암울하게 느껴질 법도 해요. 공감합니다. 하지만 그 암울함에서 벗어나려면 한 남자와만 만날 게 아니라 아무 남자와도 만나지 않아야죠.

저희는 지금의 관계를 가꾸는 일이 좋은 일, 선한 일에 에너지를 쓰는 일이라고 생각해요. 댓글 쓴 사람이 생각하는 '좋은 일', 소위 '대의' 안에 저희의 노력은 포함되지 않는 거겠죠. 새로운 관계 방식을 상상하고, 관계에 대한 상상력을 넓혀 가는 노력은 이분이 봤을 때, 그렇게 중요한 일이 아닌 거야.

——— 만약 성관계가 없이 그냥 셋이 경제적 사유로 동거하고 정신적으로 의지하는 친구다, 이러면 수긍하겠으나(요즘처럼 경제가 어려운 시대에) 그런 게 아니라면 성병 위험도 있을 것이고, 사회적 시선, 둘 관계

에서 남겨지는 한 명의 소외감은 어떻게? 동성 친구들끼리도 홀수면 돌아가면서 혼자가 되는 한 명은 늘 양보하고 감정을 누른다. 난 이 관계에서 여자분이 너무 이기적이란 생각이 든다. 남자들이 용인하고 이해해 준 게 아니면 불가능한 관계. 차라리 저 남자 두 명이 동성연애라면 모를까. 황당한 기사. [공감 168 - 비공감 4]

**승은**

일단, 저는 댓글 전체적으로 이기적이다, 성욕이 넘친다, 책임감 없다, 여왕벌이다, 왕조개다 라고 일관되게 욕먹고 있습니다. 해명은 두 분에게 넘길게요.

**우주**

할 말 너무 많은 댓글이네요. 일단, 성관계가 개입되면 불안한 이유로 성병을 꼽고 있네요. 하지만 이런 말은 너무나 쉽게 반론할 수 있어요. 성병 위험이 있는데 이분은 어떻게 성관계를 맺고, 임신하고, 출산할 생각을 하실까 궁금하네요. 그리고 사회적 시선이 걱정되면, 본인의 시선 먼저 바꾸시면 돼요. 둘 관계에서 남겨진 한 명의 소외감에 대해 걱정해 주시는 것도 감사하긴 한데, 이 부분은 저희도 충분히 고민하고 대화하며 노력하고 있으니 신경 꺼 주세요. '남자들이 용인해 준다?' 저는 모든 관계에서는 서로 용인하고 이해하는 과정이 있다고 생각해요. '남성 두 명의 동성연애라면 모를까?' 저희가 동성애 관계였으면, 또 그것대로 문제 있다고 욕하실 거면서.(웃음)

지민

맞아요. 성병 위험, 이건 사회적 소수자를 병리화하는 전형적인 모습 같아요. 폴리아모리가 특별히 성병 위험이 높다는 근거? 없어요. 그냥 셋이 만나니까. 그렇게 성병 걱정이 많으면, 절대적으로 수가 많은 일대일 관계의 이성애자 걱정을 먼저 해야 하지 않을까요.

한편으로 우리도 이런 고민 종종 하잖아요. 대체 친구와 연인은 어떻게 구분될까. 구분이 가능할까. 댓글로 판단했을 때 이 사람은 성관계가 구분의 기준인 것 같은데, 정작 기사에서 우리는 성관계에 대해 언급을 안 했잖아요. 우리가 섹스를 하는지 안 하는지 모를 텐데요. 우리는 경제적 정신적으로 의지하는 관계이기도 하잖아요. 음, 대체 연애나 연인을 얼마나 특별하고 특수한 관계로 상정하는지, 그래서 그 외의 관계들과 어떤 방식으로 구분하고 있는지 궁금해요. 이런 노력이 낳는 효과가 뭐인지도 고민해 볼 지점이 있을 것 같고요.

또, V관계의 꼭짓점에 있는 승은은 항상 이기적이라고 하고, 나머지 사람들은 항상 양보하고 이해해 주고 있다는 식으로 상상하는 것도……. 얼른 이 책이 나와야 하는 필요를 보여 준다고 생각해요.

**우주**

어쩌면 우리의 상상력이 좁아진 이유는 조선시대 사극에서 비롯된 게 아닐까요.(웃음) 후궁들의 질투와 보이지 않는 경쟁을 보면서 다자 관계의 모습을 내면화하는 것 같아.

**승은**

완전 동의. 근데 현대물에서도 삼각관계는 항상 비슷한 구도로 나오잖아요. 삼각관계는 진정한 '두 사람'의 사랑을 위한 하나의 과정으로, 로맨스를 절절하게 만드는 조미료로 사용되죠. 만약 둘 중 한 사람을 선택하는 걸 망설이거나 조금이라도 선택이 늦어지면 꼭짓점이 엄청 이기적으로 그려지고.

——— 우주? 6년 만난 분이 대인배. 지민은 무슨 조선시대 후궁도 아니고. 이상해요.

**지민**

폴리아모리 관계는 상상되는 모습이 정말 제한적인 것 같아요. 꼭짓점에 있는 사람은 이기적이고 욕망 많고 책임지지 않고. 기존의 애인은 산고의 시간을 거친, 힘들어도 이해해 주는 대인배. 새롭게 합류한 다른 애인은 굴러온 돌이 박힌 돌 빼낸다는 식으로 제비나 꽃뱀, 후궁 같은 이미지로 상상되는 서사가 있죠.

저는 개인적으로 그런 인식이 가장 걸렸어요. 지금까지 폴리아모리를 그렸던 다양한 콘텐츠, 미디어도 기존에 만나 온 연인을 중심으로 서사가 그려지고, 새롭게 들어오는 사람은 실험 대상으로 여겨지거나 주변적 존재로 그려지곤 하잖아요. 연애 초반에 제 친구들을 만나서 고민 상담을 했을 때도, 친구들이 바로 했던 말이 "야, 너보다야 우주 님이 힘들지"라고 하더라고요. 누구에게 먼저 공감하는가. 누가 더 힘들 거라고 짐작하는가. 그런 부분이 편향적인 것 같아요. 우리도 셋이 관계를 맺으면서 각자의 위치에서 느끼는 어려움과 아픔을 알아 가고 조율하는 과정이 오래 걸렸는데……. 심지어 현재 진행형이잖아요. 좁은 시선으로 우리를 해석하려고 드는 사람들이 굉장히 무례하다고 생각해요.

후궁, 첩. 이런 말 있잖아요. 우주는 본처, 중전. 나는 첩, 후궁. 우리끼리는 농담으로 할 수 있지만, 누구한테 어떤 맥락에서 나왔는지 따지면 진짜 기분 나쁘죠. 사실, 중전이 후궁을 제일 이해해 주고 본처가 첩을 이해해 주기도 하고.(웃음) 우린 단순하지 않은 관계를 맺고 있는데. 다 사라져 버리죠, 그런 디테일들은.

**승은**

문득 궁금하네요. 우주는 대인배인가요?

**우주**

저 대인배 아닙니다. 관계를 평화적으로 개선하는 데 괜찮은 방식이라고 생각해서 시작했을 뿐이에요.(단호)

——— 그냥 셋 다 책임지는 사랑은 하고 싶지 않은 거지. 해피엔딩일 수가 없네.

**승은**

비슷한 댓글로 '2년 뒤에도 인터뷰 꼭 해 봐라'라는 말이 있었어요. 아마 오래가지 못할 거고, 너희가 얼마나 잘 사는지 두고 보자는 심보인 것 같은데요.

**우주**

이 사람들이 말하는 '책임'이 뭘까. 이들이 말하는 책임은 결국 안 헤어지는 것 아닌가. 다른 댓글도 다 비슷하게 말해요. 헤어지면 무조건 새드엔딩, 혹은 배드엔딩으로 이야기해요. 못난 놈을 만나서 잘못된 관계를 맺어도, 붙들고 지키는 게 책임이라고 생각하는 거야. 나는 그런 식의 책임을 벗어던져야 한다고 생각해요. '책임지는 사랑'은 관계의 형태와는 상관없어요. 그 안에서 불평등과 폭력이 일어나지 않게 하는 게 책임이죠. 만약 그러지 못했을 때, 그 관계를 단절하는 것 역시 저는 책임이라고 생각해요.

지민

저도 비슷한 맥락에서 이런 댓글들은 화나기보다는 애잔한 마음이에요. 사회화되고 학습받은 거잖아요. 연애를 시작하면 당연히 독점이 약속으로 여겨져서 너는 내 것이 되고, 나는 네 것이 되는. 소유와 통제가 암묵적인 전제가 되어 버린 상황에서 연애가 시작되자마자 역할이 정해져 버리잖아요. 성별에 따른 역할이나 연인이라면 무릇 어떠해야 한다는 것들. 다들 그 역할을 버거워하고 때론 잘못되었다고 느끼면서도, 그것만이 유일하다고 상상되는 사회이기에 안 헤어지고 버티는 것만이 책임이라고 여기는 게 안타까워요.

우주

그래서 저는 반대로 묻고 싶어요. 당신들은 대체 무엇을 책임지고 있냐고요. 아마도 이러저러한 것들을 책임진다고 답할 수도 있겠지만, 그럼 그런 책임을 우리가 지지 않는 건 아니라고 답하고 싶어요. 우리 역시 공동체를 평화롭고 안전하게 만들려는 책무를 지고 있어요.

지민

가부장제 질서 안에서는 가부장의 어깨, 책임감, 이런 키워드로 책임이 많이 거론되잖아요. 아니면 엄마의 모성이라던가. 근데 그 안에서 구성원들은 정작 폭력을 폭력이라고 말하지 못하는 환경이고요. 문제를 문제라고 말하지 못하고 터놓고 조율하지 못하는 관계가 정말 '행복'한 관계일까요.

아마 책에 실리겠지만, 책임을 중심으로 우리 관계를 바라본다면 이 관계를 책임지기 위해서 우리 세 사람이 얼마나 고군분투했는지 알 수 있을 거라고 생각해요. 처음부터 지금까지 우리는 하루도 책임을 회피한 적이 없고, 노력하고 있잖아요.

또, '합리화다', '허울 좋다'는 식으로 이야기를 하잖아요. 저는 우리 관계가 오히려 합리화를 거부하는 관계라고 생각해요. 당연한 게 없는. 그래서 처음부터 모든 것을 합의해 나가야 하는. 하나의 형태나 관계 맺음만이 정답이라고 상정하는 관계가 아니라, 말과 작은 손짓 하나까지도 서로 합의하고 새롭게 정의하는 관계로서 우리가 살아가고 있다고 생각해요.

**우주**

저는 반대로 그 사람들이 자신이 맺고 있는 관계를 합리화하려고 노력한 적은 있었나 의문이에요. 합리적으로 보이게끔 구색을 맞추는 게 합리화인데, 우리를 비난하는 사람들은 자신의 관계를 합리적으로 고민해 본 경험조차 없는 것은 아닌지 의심스러워요. 남들도 그렇게 사니까 나도 그렇게 사는 거지, 라는 태도가 가장 손쉬운 자기 합리화가 아닐까요. 당당히 밝히고 부모한테 말하라고 하는데, 소수자들은 당신 같은 사람들 때문에 당당히 밝히지 못하는 거예요.

—— 이게 만약 남자 하나 여자 둘이면, 난리가 나겠지.

**지민**

일부분 정확한 지적인 것도 같아요. 현재 한국 사회의 불균형한 젠더 권력 안에서 그런 식의 관계 맺음은 많은 경우 치우친 권력에서 비롯된 관계일 수 있으니까요. 가부장제 권력의 일부다처제 모습을 띤? 그럼에도 성별이 달라진다고 해서 다른 층위의 문제가 되는지 질문한다면, 개개의 연인들이 폴리아모리를 어떻게 사유하고 실천하느냐로 판단되어야 하는 거지, 단지 성별에 따라 달라진다고 보기는 어렵죠.

우주

만약 남 하나, 여 둘이라면 난리가 났겠죠. 하지만 그건 워낙 흔한 모습이에요. 아내를 둔 남편이 성매매를 한다던가, 오피스 와이프를 두거나……. 상대적으로 경제력을 갖춘 남성이 여성을 거느리는 은밀한 문화는 오래전부터 있어 왔고. 그 익숙함 때문에 과거의 처첩 제도와 일부다처제에 사람들이 경계심을 갖고 있는 것 같아요. 그래서 이해해요. 그런 우려를.

그래서 저는 남성 폴리아모리스트들이 폴리아모리를 이야기할 때, 신중하게 숙고해야 한다고 생각해요. 폴리아모리를 단지 기질이나 성향의 문제로 이해하는 순간, 관계에서 필요한 노력을 게을리할 수도 있다는 점을 잊지 말아야 한다고 생각해요.

지민

같은 맥락에서 종종 위험해 보이는 폴리아모리 관계를 만나기도 해요. 예컨대 남성을 중심으로 V관계를 시작한 연인 중에 꼭짓점이 기존 관계에 대한 노력 없이, 새로운 관계에만 모든 자원을 집중하면서 기존 애인을 방치하는 경우도 있더라고요. 노력을 싹 지우고, 비독점을 삭제하고, '다자'로만 이야기될 때 생길 수 있는 문제겠죠. 조심스레 덧붙이면, 물론 그렇다고 해서 폴리아모리를 제외한 논모노가미 관계가 다 잘못되었다는 식으로 가고 싶지는 않습니다.

우주

그래서 저는 자신이 폴리아모리 성향을 갖고 있다고 확언하는 사람을 거르는 편이에요. 성향은 관계를 맺는데 결정적인 고려 조건은 아니라고 생각합니다. 성향이 무엇이든 일단 노력이 가장 중요한 거죠.

——— 성욕을 주체 못 하는 여자와 평생 '모쏠'로 지낼 각인 한남 둘이 이해관계가 맞았네. (비슷한 댓글: 굳이 와꾸 빻은 한남을 둘씩이나 옆에 끼고 살 필요가 있나 / 젊고 잘생긴 남자 한 명 만나기에는 능력이 부족하니 질보다는 양으로라도 만족하고. 여왕벌 되고 싶다는 걸로 밖에는 안 보임)

승은

또 나왔다! 영화 〈아내가 결혼했다〉의 '손예진' 캐릭터 정도는 되어야 V의 꼭짓점이 될 자격이 주어질 거라고 생각하는 편견이 또 나왔네요.(웃음)

지민

아, 자존심 상한다.(웃음) 우선 저는 남성이 아니긴 하지만,

참 묘한 반응인 것 같아요. 한편에서는 폴리아모리를 매력 자본이 있는 사람들만이 할 수 있는 연애 방식이라고 보고, 또 다른 한편에서는 매력 자본이 없는 떨거지들이 자기들끼리 모여서 하는 방식이라고 보고요. 우리가 흔히 시장경제처럼, 매력-시장, 연애-시장으로 보는 관점이 있잖아요. 그런 관점에서 폴리아모리가 어떻게 읽히는가 엿볼 수 있는 댓글들이죠.

어떤 면에서는 폴리아모리가 많은 노력과 자본이 들어간다는 점에서 그것들과 떼어 놓을 수 없는 맥락이 있긴 하죠. 문화 자본이나 경제력이나……. 그럼에도 합의와 존중을 향한 노력이 단지 매력 자본으로만 읽히는 점이 탐탁지 않죠.

저는 폴리아모리의 지향과 실천이 관계를 맺을 때 모든 사람이 보편적으로 해야 하는 노력이지 않나 생각해요. 결국, 이것도 정상 연애 담론과 연결되어 있는 것 같아요. 누가 연애의 주체, 혹은 상대로 규정되는가. 장애인은 "너는 연애하니"라는 '고나리질'조차 듣지 않는, 무성적인 존재로 그려지는 것과 연결되어 있는 것 같고. 그런 점에서 문제적이라고 생각합니다.

**우주**

제 와꾸가 빻은 걸 어떻게 하겠어요. 미감의 차이인데.(웃음) 이건 뭐, 제가 판단하긴 그러니까 승은 씨가 변호해 줄 문제인 것 같아요. 와꾸에 대한 지적은 겸허히 수긍합니다. 와꾸가 빻을 수도 있죠 뭐.

**승은**

나는 우주랑 지민, 외모 보고 처음에 관심 가졌는데? 지금도 그런데? 얼마나 사랑스러운데.

**우주 지민**

위험한 발언일 수 있습니다…….

**지민**

그런 신화와도 연결된 것 같아요. 일대일 연애를 하면, 거기서 모든 게 충족된다는. 상대는 내 모든 욕구를 충족하는 존재로 그려지고요. 사실 우리는 연애 관계만이 아니라 다양한 관계에서 다양한 종류의 의존을 하고 만족감을 얻잖아요. 그런데 애인이 둘이 되는 순간, 두 애인이 다 부족하고 모자라서 양으로 채운다는 식의 비난은 명백하게 일대일 관계에 대한 신화다.

**우주**

음, 저는 그냥 유치하게 갈게요. 나도 그쪽 와꾸 한번 보고 싶네요.(웃음) 한편으로는 그들이 부러워하는 것 같아요. 자기네들은 상상도 못 했던 삶이니까요. 두 명과 로맨스를 느끼고 만나는 거. 그게 배가 아픈 거야. 자꾸 외모를 언급하는 건, 연예인급이라면 배나 덜 아프지, 이런 심보인 것 같아. 어떻게 너 같은 애들이 그러냐는 식으로 말이죠.

그래서 저는 다양한 사랑의 모습들이 계속해서 드러나야 한다고 생각해요. 모든 로맨스를 한 사람에게 올인하고, 나머지는 거들떠보지도 않고, 거기에 내 온 에너지와 인생을 바쳐 버리는 익숙한 형태를 벗어나서 다양한 사람과 관계 맺을 수 있다는 것도(연인이 아니더라도) 사람들이 상상해 보면 좋겠어요. 그것은 그럴듯한 와꾸를 갖추지 않아도 가능한 일입니다. 용기를 내시라, 노력으로 가능하다! 라고 말하고 싶네요.

**승은**

자, 정말 저질 같은 댓글을 빼고 그나마 답할 만한 댓글을 위주로 골라서 이야기 나눠 봤잖아요. 다들 어떤 기분이셨나요? 혹시 정신적인 충격은 없으셨을지 걱정도 되고, 궁금하네요.

**우주**

(팔짱을 끼면서) 가소롭다. 먹힐 만한 내용이면 타격감이 있

을 텐데, 나도 움찔할 만한 내용이 있었다면 고민이라도 더 할 수 있었을 텐데, 그렇지 않아서 아쉬웠어요.

주로 반복되는 단어들을 보면서 느낀 점은 소수자에 대한 혐오가 폴리아모리스트에 대한 혐오랑 긴밀하게 연결되어 있다는 거였어요. 우리를 욕하면서 진보 좌파, 장애인, 페미니스트, 동성애자, 정신병자, 질병에 대한 혐오 표현이 굉장히 많이 튀어나온 걸 보면요. 여성(승은)은 이기적이라고 지적하는 반면, 남성(으로 패싱되는 사람들)은 이타적이고 희생하는 것 같다는 식의 이야기도 있었어요. 폴리아모리 여성은 성적으로 문란하고, 혹은 섹스를 굉장히 잘할 것이다, 라는 식으로 이미지화되고 있다는 것도 확인할 수 있었고요. 성희롱 발언도 꽤나 많았지요. 다양한 소수자에 대한 혐오가 서로 얽혀 있다는 거죠.

지민

저는 확실히 드러내는 데 공포가 있어요. 아웃팅에서 비롯된 비난이……. 굳은살이 생길 법한데, 그래도 타격이 있네요. 아직도 노출에 대한 부담감이 커요. 그럼에도 인터뷰를 했고, 예상대로 어마어마한 비난들이 쏟아졌을 때 양가적이었어요. 한편으로는 확실히 내가 굳은살이 생겼구나, 천여 개의 댓글을 다 읽을 수 있을 정도의 강단이 생겼구나 하는 것.

참신한 댓글 보면서는 웃기도 했어요. 또 한편으로는 어쩔 수 없이 여전히 익숙해지지 않는다는 것. 얼마 전에 꿈을 꿨어요. 꿈에서 댓글을 읽으면서 분노하고 울었거든요. 의식적으로 괜찮아졌다고 느낄 정도는 됐지만, 무의식적으로는 나를 갉아먹는 일이기도 하잖아요. 상처가 된다, 위축이 된다는 감정을 감출 수는 없을 것 같아요.

**승은**

공감해요. 내가 나라는 이유로 비난받는 상황은 익숙해지기 어렵고, 익숙해질 필요도 없는 것 같아요. 마지막으로, 한 댓글에서 '그냥 특이 성 취향인 거 같은데 굳이 정성스레 포장해서 양지로 끌고 나오는 이유가 뭘까'라고 묻더라고요. 우리 모두 비난이 따를 건 예상했잖아요? 그럼에도 우리를 드러내기로 다짐한 이유가 무엇인가요?

**지민**

저는 되묻고 싶어요. 특이 성 취향이면 뭐 어쩔 겁니까. 취향이란 단어만으로는 설명되지 않는 관계 맺음의 방식을 구체적으로 보여 주고 싶었어요. 어떤 사람들의 좁은 상상력에 대항하고 싶기도 했고. 그래서 우리의 관계를 포장하지 않고 있는 그대로 드러내는 거죠.

**우주**

간단합니다. 편견에 맞서기 위해서다! 당신이 가지고 있는 그 생각이 늘 옳은 건 아닐 수도 있다는 걸 말해 주려고 우리가 굳이 이 노동을 하고 있는 겁니다.

3

# 서로에게 무해한 방향으로

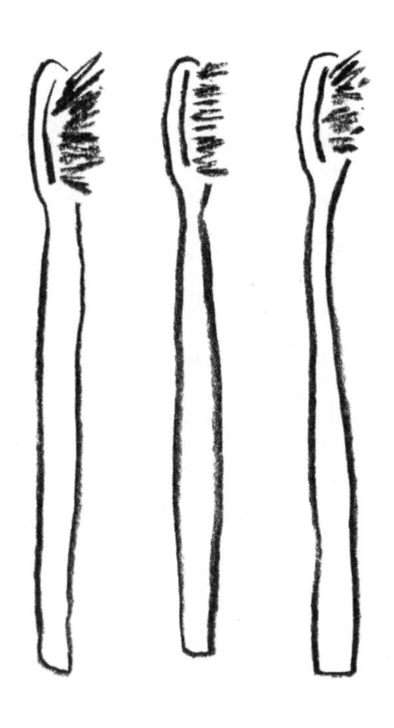

평등한 관계를 위한 고민들

# 자리에 따라 풍경은 바뀐다

저녁 6시가 되면 불안해지곤 한다. 어린 시절 습관 때문이다. 6시는 아빠의 퇴근 시간. 아빠가 퇴근하고 엘리베이터에서 내릴 시간이 되면 동생과 나는 재빨리 텔레비전과 컴퓨터 전원을 끄고 방으로 들어가서 참고서에 얼굴을 박았다. 최대한 아빠 눈에 거슬리지 않기 위해 터득한 습관이었다. 안 그러면 어떤 욕이 날아올지 모르니까. 내가 중학생 때 엄마는 자주 집을 나가 술을 마셨다. 엄마가 집을 나가는 주기는 점점 짧아졌고, 나가 있는 기간은 길어져서 나중에는 한번 나가면 한 달 넘게 집에 들어오지 않았다. 아침이면 내가 학교에 간 사이 엄마가 집을 나갈까 봐 불안한 마음에 발길이 떨어지지 않았다. 어쩌다가 아프다는 핑계로 학교에 가지 않고 집에 있는 날에도 안심할 수 없었다. 엄마는 내가 낮잠을 자는 동안에도 몰래 집을 빠져나가곤 했는데, 잠에서 깨어 덩그러니

집에 혼자 남겨졌을 때의 적막을 기억한다. 나는 몰래 나간 엄마를 원망하기보다 잠든 나를 원망하곤 했다.

부모님과 살던 나의 첫 집은 불안하고 초조한 공간이었다. 엄마가 나갈까, 아빠가 욕할까, 두 사람이 다툴까 노심초사하는 공간. 새벽이 되면 술에 취한 엄마가 들어오지 못할까 봐 잠들기 전 아빠 몰래 소리 죽여 현관 잠금장치를 풀어 놓았다. 아침에 눈을 뜨면 가장 먼저 현관문부터 확인했다. 문이 다시 잠겨 있는 날이면 잠든 내가 문 두드리는 소리를 듣지 못해서 엄마를 밖에서 떨게 한 건 아닌지, 그래서 엄마가 다시 어딘가로 가 버린 건 아닌지 죄책감이 밀려왔다.

현관 오른쪽 5평 남짓 작은 방은 동생과 나에게 허락된 유일한 공간이었다. 창밖으로 보이는 아파트 불빛이 하나둘 꺼져 모두가 잠든 새벽이 되면, 우리는 비로소 마음 놓고 자유를 만끽했다. 라디오를 듣고 일기장에 밝은 미래를 그리면서 어두운 생각을 떨쳐 내려 애썼다. 거실과 안방과 부엌 곳곳에 스며든 엄마의 그림자가 흘러들어 오지 못하게, 아빠의 욕도 화도 슬픔도 들어오지 못하도록 문을 꼭꼭 걸어 잠갔다. 하지만 우리의 작은 요새는 속절없이 허물어지곤 했다. 아빠는 언제든 방문을 벌컥 열고 들어와 우리에게 화를 낼 수 있었다.

20대 초반, 나는 망설임 없이 집을 나왔다. 더는 그 공간에서 숨죽이며 살 자신이 없었다. 집이란 당연히 부대끼고 눈치 보는 공간이라고 생각했는데, 독립하고 하루 만에 집에 대한 관념이 180도 바뀌었다. 고된 하루를 보내고 집에 돌아오면 제일 먼저 옷을 훌러덩 벗어 던지고 침대에 눕는다. 아침에 입었던 역할 옷을 벗고 몸과 마음을 무장해제한다. 어슬렁어슬렁 욕실에 가서 씻은 뒤 냉장고에서 꺼낸 차가운 물을 들이키면 시원하게 몸이 풀린다. 잠이 안 올 때는 소파에 앉아 책을 읽거나 음악을 듣거나 영화를 보고, 가끔 술도 한잔 마신다. 잠드는 시간과 깨어나는 시간도 눈치 볼 필요 없이 자유롭게 조절할 수 있다. 독립한 뒤에야 집이 편안할 수 있다는 사실을 알았다. 부모님 집이 아닌, 내 집에서 느낄 수 있는 편안함. 자식의 도리를 요구받지 않고 온전히 누릴 수 있는 자유였다.

자유에는 노동이 따랐다. 나만의 방을 유지하기 위해서는 쉴 새 없는 부지런함이 필요했다. 자취를 시작한 다음부터 나는 여름이 싫어졌다. 여름이 되면 맥주 캔에 초파리가 꼬인다. 음식물 쓰레기를 하루만 비우지 않아도 부엌에 초파리가 들끓었다. 물곰팡이는 왜 이리 빨리 피는지. 이틀만 청소기를 돌리지 않아도 발바닥에 먼지가 들러붙고, 화장대 주위에는 머리카락이 쌓여 머리카락 무덤이 만들어지기도 한다. 화장실에는 물때가 끼고, 밥은 며칠만 지나도 누렇게 변하고…… 쓰레기는 또 왜 이리 자주 쌓이는지. 집을 유지하기 위해서 매일매일 노동이 필요하다는 것도 독립하고 나서야 비로소 알게 된 사실이다.

알코올중독이 되기 전, 엄마는 살뜰한 살림꾼이었다. 어릴 적 엄마는 주기적으로 가구를 재배치했다. 엄마의 노동은 대부분 아빠는 직장에, 나와 동생이 학교에 간 사이 이뤄졌다. 학교에 다녀오면 집이 뚝딱 변신해 있었다. 아침까지는 거실 왼편에 있던 소파와 거실장이 오른쪽으로 이동해 있거나 베란다에 있던 화분과 흔들의자가 집 안으로 들어와 있기도 했다. 그런 날이면 엄마는 푸짐한 저녁상에 촛불까지 준비해서 아빠의 퇴근을 기다렸다. 아빠가 집에 돌아오면 엄마는 기대에 찬 눈빛으로 집이 뭐 달라진 거 없냐고 물으며 아빠를 쫓아다녔다. 아빠는 피곤하다며 심드렁하게 밥을 먹은 뒤 안방으로 슥 들어가 버리곤 했다. 꽉 닫힌 안방 문, 엄마의 허탈한 얼굴, 눈치 보는 나와 동생. 작은 한숨이 흘러나오던 저녁이었다. 가끔 가구라도 바꾸는 날은 엄마와 아빠가 다투는 날이었다. 집의 경제권은 아빠에게 있었고, 아빠는 엄마가 식비 외에 다른 곳에 돈을 쓰면 못마땅해했다. 그래도 엄마는 아빠 몰래 가구를 바꿨고, 이따금 크게 싸움이 났다.

집 안에 큰 소리가 나는 게 지겨워서 나는 종종 화살을 엄마에게 돌렸다. '아빠랑 싸우면서까지 꼭 바꿨어야 했나?' 엄마의 노동으로 일궈진 집에서 편안함을 누렸으면서도, 그랬다. 중학교 때 담임선생님은 나와 친구들에게 '집'에 대한 남녀의 시각차를 들려줬다. 선생님은 남성에게 집은 쉬는 장소이고, 여성에게 집은 사랑을 나누는 장소라고 했다. 그래서 남자는 현관문을 열고 들어오는 순간 양말을 훌러덩 벗고, 여자는 교감을 나누고 싶어 눈빛을 반짝인다고. 이런 차이 때문에 남녀가 함께 살면 싸우게 된다고 했다. 당시 선생님의 말은 내가 느꼈던 우리 집의 모습과 무척 닮아 보였고, 나는 그 말에 비추어 엄마와 아빠 사이를 해석했다. 남자와 여자가 집을 바라보는 시선은 원래 다르다고 믿었다.

독립하고, 집에 대한 시선이 바뀌고서야 선생님 말에 의문이 생겼다. 엄마에게 집은 사랑만 나누는 장소가 아니었다. 전업주부였던 엄마에게 집은 온종일 노동하는 일터였고, 가족은 거의 유일한 관계망이었다. 아빠를 따라 여러 지역을 이사하면서 대부분의 사회적 관계가 단절된 엄마는 대화하고 교감할 사람이 아빠밖에 없었다. 선생님의 말은 '여성'을 지나치게 낭만적으로 바라본 시선이었다. 무엇보다, 남성에게 집은 무작정 쉬는 공간이어선 안 되었다. 함께 일하고 함께 쉬는 공간이어야 했다. 선생님의 말은 '남자는 원래 그렇다'며 게으름을 합리화하는 말이었다.

돌이켜보면, 엄마는 가족을 위한 소파, 책상, 식탁을 한두 번씩 바꿨지만, 정작 자신을 위한 화장대 하나 없었다. 신발장 위에 다닥다닥 놓인 화장품들, 현관 앞에 서서 화장하던 엄마의 모습이 불쑥 떠오를 때가 있다. 모두가 나간 사이 집을 가꾸던 엄마, 가족이 모이는 저녁만 기다리던 엄마, 고요한 식탁 앞에서 얼굴빛이 어두워졌던 엄마, 언제부턴가 집을 나가 술을 마시던 엄마. 어릴 땐 이해하지 못했던 엄마의 모습을 지금의 나는 어렴풋이 이해할 수 있다.

한 지붕 아래서도 서 있는 위치에 따라 풍경은 바뀐다. 어느새 '집순이'가 된 나는 지금도 저녁 6시가 되면 부모님과 함께 살던 그 집이 떠오른다. 첫 책이 나오고 인세가 들어온 날 나는 작은 화장대를 하나 장만했다. 화장대에 앉으면 엄마가 생각난다. 나는 엄마처럼 살지 않을게. 엄마, 라는 말이 목에서 아프게 걸린다.

# 우리는 아직 겨우 괜찮다

엄마는 베테랑 돌봄노동자다. 엄마가 요양보호사 일을 시작한 건 이혼 직후였다. 평생 가정주부였던 엄마는 이혼 후 차상위계층이 되었고, 그런 엄마에게 국가는 자립 활동으로 요양보호사 교육을 제공했다. 요양 기관에서 6년, 집집마다 방문하는 재가복지 9년. 긴 시간 동안 엄마는 시골에서 혼자 지내는 외할머니 집에 머물면서 할머니를 돌보며 요양보호사로 일했다.

얼마 전, 97세의 나이로 할머니가 돌아가시면서 엄마는 할머니 집에 더는 머물 수 없게 되었다. 할머니 집은 큰삼촌이 물려받은 공간이었기에 할머니의 부재는 엄마의 퇴거를 의미했다. 지난 15년 동안 엄마는 이혼 여성이라는 낙인과 불안정한 일상을 버티려고 술을 마셨다. 오랜 시간 축적된 알코올중독으로 병든 엄마가 갈 곳은 딸인 내 집뿐이었다. 그렇게 엄마는 불쑥 내 일상으로 들어왔다.

덕분에 세 가지 키워드가 연말부터 새해까지 내 화두였다. 가족, 여성, 돌봄노동. 평생 누군가를 돌봐 왔으나 정작 자신을 돌보지 못해 몸과 마음이 지친 사람. 어느새 나는 베테랑 돌봄노동자를 돌보는 딸이 되었다. 엄마를 어떻게 책임져야 할지 두려웠지만 거부할 수 없었다. 내가 특별히 효녀여서가 아니라 가족이 아니면 엄마가 돌아갈 곳이 없었기 때문이었다. 엄마의 아픔 앞에서 이제는 희미해졌다고 생각한 '딸'의 역할이 뚜렷해졌다. 어린 딸을 엄마가 돌보고 나이 든 엄마를 성인이 된 딸이 돌보는 익숙한 모녀 관계를 나 역시 연출하게 되었다.

하루는 엄마가 말했다. "엄마가 요양원 다니면서 느낀 건데, 할머니들은 혼자가 되어도 씩씩하게 잘 지내거든. 가족이랑 지낼 때도 본인이 살림하고 돈 벌어오는 경우가 많았으니까. 근데 혼자 남은 할아버지들은 정말 못 지내. 옛날에는 그런 게(가부장문화) 더 심했잖아. 부부가 다 살아 있는 경우에는 할머니가 꼭 이런 얘기를 하는 거야. 내가 영감보다 먼저 죽으면 안 되는데, 영감 먼저 보내고 죽어야 하는데, 나 아니면 이 사람 못 사는데, 하면서 말이야."

전통 가족이 붕괴되고 핵가족, 1인 가구가 늘고 있다고 하지만, 변하지 않는 풍경이 있다. 아내, 어머니, 며느리, 딸에게 부과되는 돌봄의 대물림이다.

우주가 열 살 무렵, 그의 어머니는 목숨을 건 수술을 받았다. 깨어날 확률이 낮은 수술을 앞둔 어머니는 평생 가 보고 싶었던 곳으로 여행을 가거나 생을 돌아보는 시간을 갖지 않고, 남겨질 자식들을 엄하게 교육했다. 죽음에 대한 두려움보다 가족 안에서 자신의 부재를 염려했기 때문이다. 다행히 수술은 무사히 끝났지만, 이제 서른이 넘은 우주는 당시 어머니가 자주 하던 말이 아직도 생생하다고 했다. "내가 없으면 어떡하니. 엄마가 죽기 전에 너네한테 가르칠 거 다 가르치고 죽어야지. 안 그러면 눈도 편하게 못 감아."

지민의 어머니는 스물두 살부터 평생 초등학교 교사로 일하고, 이제 퇴직을 앞두고 있다. 최근 지민의 형네 부부가 아이를 가졌다. 어머니는 퇴직 후 맞벌이하는 형네 부부의 아이를 맡아 주러 외국에 가야 하나 고민 중이다. 지민은 평생 일하느라 고생한 엄마가 퇴직하면 푹 쉬길 바라는데, 그런 걱정을 하는 엄마를 보고 있자니 속상하면서도 복잡하다고 했다. 지민 역시 어린 시절 할머니 손에서 키워졌기 때문이다.

놀랄 때마다 '엄마'를 찾는 습관, '살아 보니 아들보다 딸이 최고'라는 말, '시집살이'라는 오랜 차별 이면에는 어떤 구조가 있을까? 많은 사람이 아직도 아빠가 아닌 엄마의 돌봄을 받으며 자라고, 아들보다 딸이 노후를 더 잘 책임질 거라고 믿고, 아들보다 며느리에게 부양을 요구한다. 이혼하고 혼자가 된 엄마가 할머니를 돌보고, 비혼인 나와 동생이 엄마와 함께 살고, 우주의 어머니가 자신의 죽음보다 가족을 걱정하고, 지민의 어머니가 멀리 있는 손주를 봐 주어야 한다는 책임감을 느끼는 것처럼. 양육 때문에 경력이 단절되고, 병든 노모를 책임지고, 자신을 갈아 넣는 돌봄노동 끝에 요양원에서 쓸쓸한 죽음을 맞이하는 사람은 얼마나 많나. 우리의 삶과 노동은 끈끈하게 연결되어 있다. 여기에서 '우리'는 모두가 아닌 특정 성별(gender)에 국한되어 있는 것만 같다. 여성의 노동은 안과 밖을 망라하고 대물림된다.

사회적 인식이 여성 건강에 미치는 영향을 연구한 백영경은 가족 관계의 양면성에 주목한다. 한국 사회처럼 돌봄의 일차 책임이 가족에게 향할 때, 특히 돌봄을 제공하던 어머니가 환자가 될 경우 가족 내 긴장감이 격화될 수밖에 없다는 것이다. 중년 여성에게 중증 질환은 신체의 고통 이전에 부끄러움이나 미안함이라는 감정으로 먼저 나타나는데, 이는 사회에서 여성들이 처한 삶의 조건 자체를 돌아보게 만든다.

한 사람의 부재로 흔들리는 공동체를 안전하다고 할 수 있을까? 위태로운 공동체에 기대어 미래를 희망하기엔 우리는 언제든 취약해질 수 있는 존재다. 사회는 마땅히 제공해야 할 복지의 의무를 가족, 특히 가족 내 여성에게 부과함으로써,

가족(혈연)은 둘도 없는 유일한 안식처라는 인식이 굳어지는 데 일조했다. 무임금 혹은 저임금 돌봄노동으로, 돌봄의 대물림으로. 아픔이 서로에게 짐이 되지 않도록, 돌봄이 한 방향으로만 흐르지 않도록, 가족을 넘어선 돌봄의 확대는 어떻게 이뤄질 수 있을까. 최근 보건복지부는 기초생활보장 부양의무자 기준을 완화하는 정책을 발표했다. 조금씩 바뀌고 있지만, 개개인 삶의 절박함에 비하면 변화는 아직 더디기만 하다. 가족부양제가 아닌 사회돌봄제로, 가족돌봄이 아닌 시민적 돌봄*으로 인식과 제도, 정책의 전환이 필요하다.

최근 엄마는 내가 사는 집 근처에 두 칸짜리 방을 계약했다. 처음으로 엄마 이름으로 마련한 엄마의 공간이다. 막상 가까이 지내 보니 엄마가 나를 더 돌보는 꼴이 되어 버려 미안하면서도, 그래도 엄마나 내가 아프면 어떡하나, 걱정을 떨칠 수 없다. '내가 없으면 저이는 어떻게 사나. 하루라도 내가 더 오래 살아야 할 텐데'라는 절박함이 사라지기 전까지 나와 우리는 겨우, 괜찮을 뿐이다.

* 페미니즘 정치연구가 전희경은 인간이라면 누구나 참여하고 연루되어 살아가는 것이 '돌봄 관계'라며, 가족주의적 해결이나 국가 책임론의 이분법의 빈틈을 채울 '시민적 돌봄'을 제시한다.(『새벽 세 시의 몸들에게』, 68쪽)

# 서로에게 무해한 방향으로

"승은아, 애들 미래를 위해서라도 네가 한 명을 선택해야 하지 않겠니?"

옥수수를 먹으며 거실에 둘러앉은 주말 오후, 아빠가 뜬금없이 말을 꺼냈다. 나는 웃음을 참고 사뭇 진지한 표정으로 그럼 누굴 택하면 좋겠냐고 물었다. 아빠는 "음, 나는 지민이도 좋고…… 우주도 좋아. 애들이 참 다 괜찮다." 엄마는 "나도 그런데?"라며 응수했고 나도 그렇다고 답했다.

내 말을 듣고 아빠는 심각한 표정으로 말했다. "근데 그렇게 똑똑하고 괜찮은 애들이 왜 너를 좋아해? 내 딸이긴 하지만 좀 이해가 안 되긴 한다." 옆에 있던 엄마도 이해가 안 된다며 한술 더 떴다. "너 긴장해. 집에서 화장도 좀 하고." 유일하게 나만 나를 변호했다. "나 같은 사람 만나는 게 어디 쉬운 줄 알아! 두 사람이 복 받은 거지!" 엄마와 아빠는 저 자신감은 대체 어디에서 나오는 거냐며 혀를 끌끌 찼다.

그로부터 며칠 뒤, 아빠는 놀랍게도 이런 말을 꺼냈다.

"사위가 둘이라 참 좋다. 당신(엄마)도 든든하겠어."

1962년, 강원도 강릉에서 육남매 중 막내로 태어난 아빠는 어릴 때부터 조용한 성격에 유독 책을 좋아하는 아이였다. 강릉에서 학창 시절을 보내고 학군단을 거쳐 직업 군인으로 살다가 엄마를 만나 스물여섯에 결혼했다. IMF 직후 제대하고 보다 안정적인 군무원을 선택한 아빠는 대부분의 관계를 군대나 교회에서 맺었다. 환경의 영향 때문이었는지 아빠는 변화보다는 보수에 가까운 가치관을 가진 사람이었다. 그런 아빠가 처음 폴리아모리를 접했을 때 느낀 감정은 아마 내가 가늠하기 어려운 혼란이었을 거다. 아무리 진보적인 가치관을 가졌다고 자신하는 사람도 막상 자신의 가족이 '다른' 삶을 선택하면 가슴이 덜컥 내려앉게 되는 법이니까.

아빠는 어떻게 내 삶을 받아들이게 되었을까. 아빠의 변화를 놀라워하는 건 나뿐이 아니다. 내 주변 사람들도 다들 깜짝 놀라면서 아빠의 변화가 어떻게 가능했는지 궁금해한다. 나는 아빠가 변화하게 된 몇 가지 계기를 추측해 보았다.

제일 처음 떠오른 단어는 시련이다. 차곡차곡 계획대로 살아온 아빠 인생에서 이혼이란 상상할 수 없는 시나리오였을 텐데, 아빠는 결혼 생활 15년 만에 엄마와 이혼했다. 현모양처를 얻어 남들에게 부러움을 받는 결혼 생활을 유지했던 아빠는 엄마가 언제나 그 모습 그대로 남아 주길 바랐다. 하지만 결혼 생활 10년이 지나면서 엄마는 서서히 현모양처의 역할을 벗어 버렸다. 그것도 아주 파격적으로. 수시로 집을 나갔고, 술에 취해 아빠에게 다른 사람을 사랑한다고 고백하기도 했으며, 일주일에 일곱 번 얼큰하게 술을 마셨다. 결국 두 사람은 헤어지게 되었다. 언젠가 아빠는 이혼 당시를 떠올리면서 이런 이야기를 들려줬다.

"나는 네 엄마가 첫사랑이잖아. 엄마도 내가 첫사랑이고. 사실 나는 너희 엄마랑 이혼하기 싫었어. 너희 엄마가 술 먹고 남자 만나고 했어도 정말 좋은 사람이었거든. 나한테 정말 잘했고……. 사실 젊었을 때 내가 너무 못 했지. 무심하고 게으르고 폭력을 쓰기도 했고. 충분히 엄마가 터질 수 있었다고 생각해. 근데도 누나들이 나보고 바보 같은 놈이라고 하더라고. 왜 이혼을 안 하냐고. 너희 엄마 형제들도 그랬고. 그래서 이혼하게 됐는데, 너희 엄마랑 이혼하러 법원 가서도 같이 울고, 법원서 나와서 노래방 가서 손 붙잡고 울고 그랬어. 헤어지기 싫어서."

무 자르듯 깔끔하게 헤어지는 부부도 많다는데, 엄마와 아빠는 그러지 못했다. 이혼 이후 두 사람은 각자 다른 애인을 만나기도 했다. 서로 연락을 안 한 지 1년 정도 됐을 무렵, 당시 아빠가 만나던 사람이 아빠에게 결혼을 요구했다. 그 말을 들은 아빠는 한밤중에 엄마가 살고 있던 외할머니 집으로 달려갔다. 그 사람이 나한테 결혼하자고 하는데 나는 도저히 안 되겠다고. 나 어떻게 해야 하냐고. 두 사람은 그날 밤에도 손을 맞잡고 펑펑 울었다. 아빠는 얼마 안 가 만나던 사람에게 이별을 고했다.

얼마 뒤 아빠가 심장 수술을 받게 되었을 때, 엄마는 하던 일과 만나던 관계를 모두 정리하고 아빠에게 달려가 오랜 기간 간병했고, 아빠의 병세가 나아지자 두 사람은 재혼을 결심했다. 이혼하고 5년 만이었다. 다시 서류상 부부가 되었지만 떨어져 지낸 시간이 길어서인지 두 사람 모두 한 공간에서 살기는 원하지 않았다. 붙어 있으면 다투지만 떨어지면 한없이 애틋해지는 요상한 관계랄까. 둘은 한 달에 한두 번 보며 함께하는 방식으로 친밀한 관계를 지속하고 있다. 몇 문장으로 담을 수 없는 깊은 시련을 통과하면서 아빠의 안정적인 세계가 한차례 와르르 무너졌던 게 아닐까, 나는 짐작한다.

아빠의 세계가 두 번째 무너진 건 딸들(나와 승희) 때문이었을 거다. 하라는 공부는 안 하고 고등학교를 자퇴하고, 하라는 스펙은 안 쌓고 학생운동이나 하고, 하라는 취업은 안 하고 이런저런 사회 활동을 하는 두 딸을 보며 원망을 토해

내던 아빠는 어느새 포기 반 인정 반의 심경으로 우리를 바라보게 되었다. 내가 서른 살이 되기 전에는 가끔 통화할 때마다 "아직 늦지 않았다. 이제라도 정신 차리고 공무원 준비해"라는 말을 빼놓지 않던 아빠가 이제는 그런 말도 일절 하지 않는다. 게다가 승희는 섹슈얼리티 경험을 가감 없이 풀어낸 수필집 『붉은 선』을 출간했고, 나 역시 섹스와 욕망에 대한 글을 대놓고 써대는 천하의 불효막심한 딸이었으니……. 아빠에게는 지금 내가 맺는 폴리아모리 관계가 차라리 안정적으로 보일 수도 있겠다.

가족을 진두지휘하던 입장에서 가족을 이해하려고 노력하는 입장으로 위치를 옮기면서 아빠는 배웠던 거 아닐까. 생은 계획한 대로 반듯하게 흘러가지 않으며 예고 없이 삐걱대고 어긋나기 마련이라는 걸. 가족은 하나의 덩어리가 아니라 여러 타자의 집합일 뿐이라는 사실을 말이다.

시련 뒤에 떠오른 단어는 뜬금없게도 '취미'다. 아빠의 요즘 취미는 탁구와 당구다. 퇴근하자마자 밤 12시가 다 되도록 두 종목을 즐길 만큼 푹 빠져 있다. 마침 지민은 중학생 때부터 삼구를 쳐 온 당구왕이고, 우주는 초등학생 때 경기도 대회에서 메달을 딸 정도의 실력을 갖춘 탁구왕이다. 덕분에 연말에 우리('우리'는 언제부턴가 엄마 아빠 지민 우주 내가 되었다)는 당구장과 탁구장을 다녔다. 아빠는 두 사람에게 내기를 제안했다. 당구는 지민에게, 탁구는 우주에게 연달아 진 아빠는 그래도 상대가 못하는 것보다 잘하는 게 재미있다며 싱글벙글했다. 아마 그때부터 아빠에게 두 사람은 '똑똑한 애들'이 된 것 같다.

헛짓하지 말라고 엄포를 놓던 아빠가 이제는 폴리아모리를 이해하고, 세상에는 함부로 손가락질할 사람이 없다는 말을 하기도 한다. 자신은 원래 군인보다 책방 주인이 되고 싶었다면서, 지난 행동을 돌아보고, 변화하는 모습을 보인다. 아빠는 자신을 둘러싼 환경이 자신에게 어떤 영향을 끼쳤는지 헤아려 보는 한편, 그 세계가 전부가 아니라는 걸 받아들이려 부단히 애쓰고 있다. 사람은 변하지 않는다는 말에 진하게 밑줄 그어 왔던 나는 아빠를 보면서 슬쩍 밑줄을 지운다. (혹시 이 말이 지금의 폭력을 참는 누군가에게 언젠가 상대가 변할 거라는 기대의 근거가 되진 않기를. 그건 절대 아니라고 당부하고 싶다.)

언제부턴가 아빠는 통화할 때마다 지민과 우주의 안부를 꼬박꼬박 묻는다. 애들은 잘 있냐? 그러면 나는 두 사람의 안부를 전하며 시시콜콜 일상을 공유한다. 아빠가 그렇듯, 사람도 관계도 세계도 모두 조금씩 변해 가고 있다. 어차피 모든 게 변할 거라면 조금 더 나은 방향으로, 조금 더 서로에게 무해한 방향으로 변하기를 바란다.

# 어머니가 짜장면을 싫어하셨다고?

금요일 밤이면 엄마와 아빠는 전화로 옥신각신한다. 아빠는 춘천에서 혼자 있으면 심심하다고 엄마 집에 오겠다고 하고, 엄마는 오지 말고 친구나 만나라고 한사코 만류한다. "오지 마. 귀찮아. 오면 또 밥해야 하잖아. 나도 좀 쉬자." 엄마도 밥하기 귀찮아하는 사람이라는 걸 새삼 알아 가는 서른 넘은 딸은 엄마의 새로운 모습을 발견할 때마다 깜짝 놀란다. 침대 위에 널브러진 티셔츠와 수건, 테이블에 펼쳐진 먹다 남은 과자 봉지 같은 광경을 내 방이 아닌 엄마 방에서 볼 수 있다는 사실 같은. "엄마, 방이 이게 뭐야. 정리 좀 해!"라고 잔소리하면, 엄마는 "나 원래 게을러. 그래도 너보단 낫다"라고 받아친다. 묘한 동질감과 함께 그간 내가 얼마나 이 사람을 모르고 살았나 싶어 멋쩍어진다.

그때는 모르고 지금은 알게 된 목록은 계속해서 늘어난다.

엄마도 벌레를 무서워한다, 엄마도 음식 기호가 확실하다, 엄마도 사 먹는 밥을 좋아한다 등등. 얼마 전 엄마와 외식하러 가는 길에 내가 가지 요리를 먹고 싶다고 하자 엄마가 단호하게 거절했다. “나 가지 싫어. 할머니 집에서 매일 풀만 먹고 살았는데 여기서도 먹어야 해? 이제 내가 좋아하는 거 먹을래.” 자식 입에 음식 들어가는 것만 봐도 배부르다는 옛말을 사뿐하게 지려 밟는 엄마의 태도에 나는 또 놀랐고 내심 기뻤다.

어린 시절 내 눈에 엄마는 철인 같은 사람이었다. ‘카티아 만’처럼 말이다. “양육과 가사에 요구되는 일상의 모든 과업은 그녀가 도맡았다. 뿐만 아니라 그녀는 남편의 뮤즈이자 벗이었고, 비서와 출납원, 운전자이자 간호사였고, 그의 작업환경이 평화롭게 유지될 수 있도록 밤낮으로 지키는 경비원이었으며, 신경 쓰이는 일들을 해결하는 중재자였다. 카티아 여사는 이 모든 역할을 능숙하고 자연스럽게 수행했다.”(비스와바 쉼보르스카, 『읽거나 말거나』) 카티아 만은 『베네치아에서의 죽음』『마의 산』의 작가이자 노벨문학상 수상자이기도 한 토마스 만의 아내. 그녀가 노인이 되었을 때 자녀들의 입을 빌려 자기 이야기를 풀어낸 책이 『쓰지 못한 내 추억들』이다. 카티아 만은 아흔 살의 나이에 이르러서야 고백한다. 평생 자신이 하고 싶은 일은 아무것도 못 했노라고. 카티아 만이 쓰지 못한 추억들을 뒤늦게라도 다시 쓰게 된 것처럼, 엄마도 아빠와 헤어진 뒤 자기 욕망에 충실한 일상을 살아가고 있다.

'엄마의 인생'이라는 말 앞에만 서면, 가슴에 바윗덩이가 뚝 떨어지는 흔한 딸의 죄책감을 안고 살아온 나. '왜 엄마는 짜장면을 안 먹는다고 했어, 왜 엄마는 자기 인생을 살지 않았어.' 이런 원망이 불쑥 올라올 때면 내가 엄마의 삶을 부정하는 꼴이 될까 두렵기도 했다. 이런 죄책감은 나만의 감정이 아니었는지, 주위에서도 비슷한 호소를 자주 들었다. 한 친구는 엄마에게 페미니즘을 알려 주고는 싶은데, 혹시라도 엄마가 당신의 삶을 모두 부정하게 될까 봐 두렵다고 털어놓았다. 다른 한편에서는 더 좋은 엄마가 되지 못했다는 죄책감을 가진 엄마들이 있었다. '자식의 인생' 앞에서 마찬가지로 무거워지는 마음이다.

김윤석 감독, 이보람 공동 각본의 〈미성년〉은 서사, 연출, 연기, 캐릭터의 입체성 등 여러 면에서 꼭 기억하고 싶은 영화다. 모든 장면을 하나하나 곱씹게 되지만, 유독 마음에 남는 장면이 있다. 영주(염정아)는 남편의 외도에 이혼을 결심하곤 각종 재산 서류를 뒤진다. 바닥에 펼쳐진 서류 뭉치 앞에서 영주는 한숨을 쉰다. 지난 시간 동안 두 사람이 일군 재산 명의가 모두 남편인 대원(김윤석) 앞으로 되어 있었기 때문. 그 사실을 마주한 영주는 토하듯 말을 뱉는다. "멍청한 년." 자기 자신을 향한 원망이었다. 영주는 아무런 잘못이 없는데,

비난의 화살은 나쁜 놈이 아닌 과거와 현재의 자신을 향한다. 영화 〈비밀은 없다〉에서도 비슷한 장면이 나온다. 아빠가 다른 사람과 바람피우고 있다는 사실을 알게 된 딸은 친구에게 이런 말을 남겼다. "엄마는 멍청해서, 내가 지켜 줘야 돼."

최선을 다해 가족을 보살피며 노동한 엄마는 왜 '멍청한 년' 혹은 '불쌍한 사람'이 될까. 영화 속 영주를 기만한 건 누구였을까. 남편이었을까. 내연녀였을까. 만약 남편이 바람을 피우지 않았다면 영주는 남편 명의로 채워진 서류 앞에서 억울해하지 않았을까. 어떤 노동은 벽돌처럼 차곡차곡 쌓여 돈, 예술, 인정, 명예가 되고, 어떤 노동은 모래알처럼 손가락 사이로 흔적도 없이 빠져나간다. 한 번에 수십 가지 작업을 수행하는 고도의 전문적인 노동임에도 가족을 벗어나는 순간 이력서에는 공란만 남는다. 살림과 돌봄을 여전히 엄마의 본성(모성)이라고 믿는 사회에서 일상을 채우는 노동은 쉽게 삭제된다. 본성이 아니라 노동이고, 당연한 게 아니라 부단히 애쓰는 거라는 걸 모른다. 그 자리가 비어 봐야 상대도 조금은 알게 되는 것이다. 나를 돌봐 주던 끊임없는 노동을.

소설가 이외수의 아내였던 전영자 씨의 인터뷰를 읽었다. 남편은 글을 썼지만, 그녀는 다방면의 전문가였다. 43년 동안 가정의 조력자, 가사노동자, 요리사, 간병인, 은행원, 상담사 등 다양한 역할을 소화했다. 남들에게는 '보살'로 불렸지만, 정작 자신은 스스로를 '계집종'이라 생각했다는 그는 더는 이런 내조를 하기 싫다고 선언한다. "저는 최선을 다했어요. 오직 한 사람을 위해 열심히 살았죠. 지난 43년은 다 행복했고 다 지겨웠어요." 남편의 외도와 혼외 자식, 매일같이 차려야 했던 수십 명의 밥상과 술상. 인터뷰에 적힌 글자들이 잔혹해 보였다. 하지만 그는 자신의 과거를 후회한다거나 자신이 멍청했다고 자책하지 않았다. 오히려 지난 시간을 끌어안으면서도 정확하게 지금 원하는 걸 말했다.

"이외수의 아내로 존재했던 제가 이제는 저 자신으로 살아가고 싶을 뿐이에요."

5월은 가정의 달. 평화롭게 전시되는 화목한 가정은 치우친 노동을 야금야금 먹으며 유지된다. 엄마와 나는 가정의 달을 맞이해 각자 먹고 싶은 걸 따로 시켜 먹었다. 꾸역꾸역 음식을 준비하며 가족 행사를 치르던 예전보다 엄마는 백숙, 나는 짬뽕을 시켜 먹는 지금이 훨씬 평화롭게 느껴진다. 자기 자신을 미뤄 두지 않으려는 엄마의 욕망 앞에서 비로소 내 죄책감도 희미해지니까. 엄마는 내가 지킬 존재도, 멍청한 존재도 아니니까. 가족 내에서도, 가족 밖에서도, 이별 후에도 엄마의 삶만 일방적으로 무너지지 않을 거라는 사실을 믿을 수 있는 5월이면 좋겠다. 어떻게든 살아질 거라는 전영자 씨의 말을 나는 진심으로 믿기로 했다.

"이 나이에 홀로서기를 할 수 있을까, 어떻게 해야 손가락질받지 않고 60대 여성도 싱글로 살 수 있다는 희망을 줄 수 있을까, 많은 생각이 들죠. 중년 여성들이 이런 이유로 이혼을 결심하지 못하잖아요. 그래서 잘해 내고 싶어요. 어떻게든 살게 되지 않겠습니까?"

# 처음에게 지금을 양보하지 않기

'사랑'이라는 말을 '설렘, 두근거림, 반함' 같은 말로 곧바로 번역하는 사람들을 그녀는 싫어했다. 사랑이 주는 달콤함만을 취한 채 그 어떤 노력도 기울이지 않을 사람들로 보였다. 사랑으로부터 비롯될 고민과 문제와 시련을 감당할 준비가 되어 있지 않을 거라고 예상했다. 그녀는 혹여라도 그런 사람과 사랑하게 될까 봐 경계했다.

— 김소연, 『사랑에는 사랑이 없다』

"세 분은 연애하는 게 아니라…… 뭐랄까, 그냥 공동체 같아요. 조금 더 연애하는 모습을 보여 주시면 어때요? 그 있잖아요, 알콩달콩, 그런 모습이요!"

커다란 카메라를 든 피디가 말했다. 카메라 렌즈는 정확하게 우주와 지민, 나에게 초점이 맞춰져 있었다. 한 지상파 아침 방송에서 우리의 일상을 찍고 싶다는 연락을 받은 뒤, 여섯 시간 만에 펼쳐진 풍경이다. 집 안 구석구석에 카메라가 설치되었고 담당 피디는 작가가 준비한 각본대로 우리를 이끌었다. 요리하고, 밥 먹고, 빨래 개고, 강아지들과 산책하고, 가족회의 하는 모습이 카메라에 차곡차곡 담겼다. 처음엔 카메라가 어색해서 쭈뼛댔어도 점차 익숙해지고 있었는데, 예상치 못한 부분에서 촬영이 지연되었다. 그놈의 '알콩달콩' 때문이다. 피디는 우리에게 계속 연인처럼 행동해 달라고 요구했고, 우리는 그 요구 앞에서 버벅거렸다. 어색하게 서로의 머리를 쓰다듬다가 NG가 나길 반복. 몇 번의 NG 끝에 내가 물었다.

"근데 연인처럼 행동하는 게 뭐예요? 저희 원래 이렇게 사는데……."

"음, 연애를 떠올릴 때 사람들이 기대하는 모습이 있잖아요."

"그게 뭘까요……?"

대화는 점점 미궁에 빠졌고, 결국 피디는 세 사람이 소파에 앉아 서로 기댄 자세로 영화를 보는 장면(간간이 서로 과자를 먹여 달라고 요구했다)으로 부족한 '알콩달콩' 분량을 채웠다.

이틀간의 촬영 대장정이 끝난 후, 나에게는 질문 하나가 남았다. 사람들이 기대하는 연애의 모습이란 어떤 것일까. 우리의 관계가 연인이 아닌 공동체로 보인다는 말은 무슨 의미일까. 마음 한편에서는 '혹시 우리 권태기인가?' 하는 의심이 슬금슬금 올라왔다. 의심을 누르고, 내가 두 사람에게 사랑을 느끼는 순간을 떠올려 보았다. 각자의 하루를 살아 내고 저녁에 둘러앉아 맛있는 음식과 함께 술잔을 나누고, 새로 배운 인식을 나누고, 가사노동을 분담하고, 끊임없이 대화하는 관계 속에서 나는 사랑을 느껴 왔다. 내게 '사랑한다'는 감정은 몇 장면으로 요약될 수 없는 일상에 무수히 녹아 있다.

미디어에 그려지는 연인의 모습은 각종 이벤트와 스킨십, 사랑스러워 죽겠다는 눈빛과 질투로 표현되곤 한다. 그 모습과 비교하면, 우리의 모습이 왜 꽁냥하게 보이지 않는지 이해할 것 같았다. 물론 우리도 서로를 사랑스러워하고 쓰다듬고 이벤트를 준비하기도 하지만, 그것이 전부는 아니었기에 피디의 주문에 충분히 응답하기 어려웠다. 알랭 드 보통이 『낭만적 연애와 그 후의 일상』에서 말하듯, 연애에 관한 이야기는 주로 '처음'에 쏠리는 경향이 있다. 시간과 공간이라는 변수와 각종 난관과 무수한 가능성 속에서 어떻게 두 사람은 서로를 사랑하게 되었나. 둘은 얼마나 뜨겁게 사랑을 느끼며(질투는 덤) 뒤섞이는가(주로 살이 뒤섞이는 데 초점이 맞춰져 있음)에 말이다.

우리에게도 서로에게만 온전히 집중했던 처음의 시간이

있다. 우리의 관계를 시간 순으로 이해하려면 어떻게 만나서 함께하게 되었는지 기록해야 할 필요를 느끼면서도, 사랑을 설렘이나 열정, 이벤트로만 상상하는 태도에 대한 저항감 탓에 미루고 미뤄 왔다. 그래도 처음이 있었기에 지금이 있는 걸 테니 기억을 꺼내 보기로 한다.

우주를 처음 만난 건 2014년 초가을이었다. 당시 나는 춘천에서 '인문학카페 36.5°'를 운영하고 있었다. 평생 수도권에서 살다가 직장 때문에 잠시 춘천에 머물게 된 우주는 동네 술친구가 없어서 매일 밤거리를 헤맸다. 그는 퇴근 후 헛헛한 마음을 달래기 위해 춘천의 문화 공간들을 찾아다녔고, 우연히 내가 운영하는 인문학카페에도 오게 되었다. 처음 카페 문을 열고 우주가 들어왔던 순간을 기억한다. 보라색 반팔 티에 초록색 바지를 입었던 우주는 내 기억에 '가지'로 남아 있다. 동그란 안경과 동그란 얼굴, 낮은 목소리, 책장을 기웃거리며 유심히 책등을 살피던 모습이 떠오른다. 사뭇 진지한 모습과 대비된 튀는 옷차림 때문에 나는 처음부터 우주에게 호기심이 생겼다. 그 뒤로 우주는 주황색 반팔 티에 초록색 바지를 즐겨 입었고, 그때마다 나는 우주를 당근이라고 놀렸다. (우리가 사귀고 나서 얼마 후, 우주의 옷장 정리를 도와준 적이 있다. 나는 제일 먼저 초록 바지를 의류 수거함으로 보냈다.)

"저 초상화 써 주실 수 있어요?"

커피를 마시던 우주가 물었다. '초상화 쓰기'는 손님의 이미지를 글로 적어서 전달하는 이벤트였다. 나는 카페 책장을 서성이는 우주의 옆모습을 주시하면서 글을 썼다. 우주에게 쪽지를 건네면서 부끄러우니까 지금 읽지 말고 꼭 집에 가서 읽으라고 신신당부했다. 우주는 말을 잘 듣는 사람이어서 정말 집에 가서 쪽지를 읽었고, 그날 밤 다시 카페에 찾아왔다. 맥주 한 병을 주문하곤 카페 구석에 앉아 조용히 책을 읽었다. 우주의 표현을 빌리자면, 우주는 카페에 처음 들어온 순간 나에게 첫눈에 반했고(제 입으로 말하기 부끄럽군요), 초상화 글을 보고 두 번 반했고, 카페에서 흐르는 들국화 노래에 세 번 반했다고 한다. '앗, 들국화 노래를 듣다니. 이 사람, 뭘 좀 아는 사람이구나!' 그 뒤로 단골이 된 우주는 인문학카페의 각종 모임에 참여했고, 내 생일에 책과 함께 마음을 담은 카드를 선물했다. 그렇게 내 일터이자 일상이었던 공간에 우주가 스며들면서, 우리는 서로를 향한 마음을 키웠다.

지민을 처음 만난 건 2016년 늦가을이다. 그때의 나는 인문학카페 운영을 정리하는 중이었고, 글쓰기를 시작한 시기이기도 했다. 처음으로 페미니즘 강연 의뢰가 들어온 곳은 포항의 한동대학교였다. SNS에 한동대에서 페미니즘 강연을 하게 되었다고 글을 올리자, 평소에 나를 팔로우하던 지민이 메시지를 보냈다. "승은 님, 안녕하세요. 포항에 오신다는 소식을 들었어요. 제가 포항의 맛집과 숙소 등을 추천해 드려도 괜찮을까요?"로 시작하는 다정한 메시지였다. 내가 소개해 달라고 답하자 지민은 A4용지 네 장 분량의 글을 보냈다. 포항의 맛집, 숙소, 술집, 카페, 볼거리가 꼼꼼하고 단정하게 정리된 글이었다.

강연 날 나는 우주와 함께 포항으로 갔다. 강연장에 도착했을 때, 50여 명의 청중 중에 오른쪽 맨 뒤에 앉은 얼굴이 눈에 띄었다. 지민이었다. 온라인에서 이야기를 나눠서인지 낯설게 느껴지지 않았다. 강연이 끝난 밤, 지민에게 메시지가 왔다. "승은 님, 강연 정말 잘 들었어요. 내일 춘천으로 돌아가시지요? 조심스러운 제안인데, 제가 오늘 빵을 많이 사 뒀거든요. 혹시 내일 돌아가는 길에 드실 수 있게 아침에 잠깐 뵙고 전달해 드려도 괜찮을까요?" 나는 감사하다고 답했고, 지민은 다음 날 아침 7시에 우리가 머물던 숙소 앞으로 찾아왔다. 우주와도 인사를 나눴다. 지민이 건넨 종이봉투에는 샌드위치와 빵, 우유와 커피가 가득 담겨 있었다. 지금 생각하면, 평소에 아침잠 많은 지민이 그 이른 시각에 빵을 가지고 나왔다는 사실이 놀랍다. 그 뒤로 지민은 종종 메시지로 학교에서 느끼는 갑갑함을 상담하기도 하고, 가을 하늘 사진을 찍어서 보내기도 했다. 몇 번의 연락이 오가다가 지민이 포항에서 춘천으로 찾아왔고, 그 뒤로 우리는 서서히 가까워졌다. 나중에 알게 된 사실이지만, 지민은 처음에 나를 향한 마음이 강연자에 대한 동경인지 좋아하는 감정인지 헷갈렸다고 했다. 더 나중에 알게 된 사실은 강연이 끝난 밤, 친구와 함께 편의점 앞에서 맥주를 마시면서 나에게 어떻게 메시지를 보낼지 하나하나 조언을 구했다는 것. 나에게 답장이 오면 지민은 "꺄, 답장 왔어!"라며 호들갑을 떨었다고 한다. 빵을 많이 샀다는 것도 거짓말이었고, 아침에 부랴부랴 사서 가져다준 거였다.

지민을 처음 본 그날 새벽, 지민과 인사를 나눈 뒤에 우주가 나에게 했던 말이 떠오른다. "허허, 참 친절한 청년이다. 그런데 뭘까~ 왜 이렇게 친절해~". 지금도 우주는 종종 그날을 회상하며 말하곤 한다. "내 이럴 줄 알았지. 웬 젊은 사람이 새벽부터 빵을 갖고 오더라니. 관심이 없을 리가 없잖아. 승은이 알고도 즐겼지!"

피디가 바라던 뜨거운 연애 서사…… 또 뭐가 있을까. 지금 떠오르는 건 우주와의 새벽 응급실행이다. 함께 술 한잔한 뒤 우주가 나를 집 앞에 바래다주었던 밤. 우리는 집 앞에서 진한 키스를 나눴다. 키스를 하던 중 우주가 갑자기 나를 번쩍 안아 올렸는데, 그 순간 '쾅' 하는 소리가 났다. 철문에 내 허벅지가 부딪쳐서 난 소리였다. "헉, 승은 씨 괜찮아요?" 당황한 우주는 황급히 나를 내려놓았는데, 나는 왼쪽 허벅지에 통증이 심해서 제대로 설 수가 없었다. 우리는 택시를 타고 응급실로 향했다. 어쩌다가 다쳤냐는 의사의 질문에는 "술 먹고 넘어졌어요"라고 둘러댔다. 지민과의 뜨거운 순간이라면, 서로를 만나기 위해서 4시간 반 거리의 포항과 춘천을 일주일에 두 번 이상 왕복했던 열정을 꼽을 수 있겠다. 평생 고기 없이 밥을 안 먹던 지민이 내가 채식을 실천하고 있다는 말에 곧바로 고기를 끊고 온갖 채식 요리로 식탁을 채우던 날도 떠오른다. 뜨겁고 설레는 순간들을 돌다리 건너듯 하나둘 지나다 보니 어느새 지금이 되었다.

과거의 나는 항상 지금보다 처음을 그리워하는 사람이었다. 처음 우리의 열정은 어디로 갔을까. 그 뜨거웠던 순간들은 왜 서서히 식어만 갈까. 이유 모를 외로움 속에서 사랑은 시간과 반비례하는 거라고 나름의 결론을 내리기도 했다. 내 결론은 일부분 사실이었다. 전 애인들과 나는 권태를 느꼈고, 관계를 유지하기 위해 필요한 감정노동을 점차 하지 않게 되었고, 서로를 당연하게 여겼고, 그래서 자주 무례해졌다. 그럴 때마다 처음을 떠올리며 지금을 견뎠다. 열정적인 몇 순간의 달콤함에 기대서 지금의 무례함을 용인해서는 안 되는 거였는데, 나는 미련하게 그 시간들을 견디다가 사랑 자체를 부정해 버렸다.

두 사람과 만나고 꽤 오랜 시간이 흐른 지금. 내가 처음보다 지금을 믿을 수 있는 이유는 우리의 매일이 서로를 향한 존중과 노력으로 채워져 있음을 알기 때문이다. 가끔 로맨스 영화를 보면서 가슴 뛰고 설렜던 과거를 그리워하기도 하지만, 그 감정마저도 숨기지 않고 대화하며 다른 가능성을 모색할 수 있는 연인이니, 충분하지 않은가! 나는 열정적인 처음보다 안정과 신뢰로 채워진 지금을 소중히 여기기로 했다. 모든 관계는 처음보다 지금이 중요하니까.

덧. 힘들게 찍은 촬영은 결국 방송으로 나오지 못했다. 방송 후폭풍을 두려워한 윗선의 결정이었다. 이 기회에 피디 님에게 전하고 싶다. 피디 님, 촬영하느라 고생하셨어요. 그리고 제가 말이 너무 길어질까 봐 다 전달하지 못했는데요. 이 정도면 부족한 알콩달콩 분량을 채울 수 있을까요?

# 제가 폴리아모리 감별사는 아니지만요

폴리아모리스트 채니와 대화하던 중 "세 분은 폴리아모리 모범 사례잖아요"라는 말을 들었다. 그 말을 들은 우리는 경악했고, 격하게 거부했으며, 모범이란 무엇인가를 화두로 밤늦게까지 머리를 싸맸다. 그날 밤 우리는 나대지 말자는 결론을 내렸다. 각자의 상황에 따라 N개의 폴리아모리 관계가 존재하는데, '감히' 대표성을 갖는 건 말도 안 되는 일이기 때문이다. 비슷한 종류의 질문도 자주 듣는다. "저는 진짜 폴리아모리스트가 맞을까요?" 그럴 때마다 나와 애인들은 선을 긋는다. "저희가 폴리아모리 감별사는 아니어서요……."

모범적인 폴리아모리. 진정한 폴리아모리는 뭘까. 폴리아모리는 모노가미처럼 수많은 관계의 형태 중 한 종류일 뿐이다. 모노가미가 중심인 세계이기에, 그 외의 관계는 '논모노가미'라는 큰 범주로 정리할 수 있다. 논모노가미 안에는 오픈 메리지, 캐주얼 섹스*, 폴리아모리 등 다양한 관계 맺음이 속해 있다. 그 안에 있는 범주들은 뚜렷한 경계가 나뉜다기보다는 겹치고 교차한다. 캐주얼 섹스를 즐기는 폴리아모리스트가 있고, 오픈 메리지 관계 속에서 한 사람은 모노가미일 수도 있다. '젠더'는 매 순간 경합하며 확장되고 변화하는 개념이라는 주디스 버틀러의 정의처럼, 폴리아모리도 몇 가지 단어로 정의할 수 있는 고정불변한 개념이 아니다. 그래서 나는 '진정한' 폴리아모리라는 개념은 존재하지 않는 신기루와 같다고 생각한다.

하지만 어떤 사례를 접할 때면 '이건 좀 아닌데' 싶은 순간이 있는 것도 사실이다. 그런 사례를 입 밖에 꺼내는 건 나대지 않겠다는 다짐을 어기고 감별사를 자처하는 일 같아 갈등하게 된다. 그럼에도 내 위치에서 긋게 된 나의 기준임을 밝히고 조심스레 이야기해 보려 한다.

나에게 폴리아모리의 개념을 처음 알려 준 사람은 추교수였다. 그는 내가 대학생 때 만난 시간 강사였다. 당시 40대 초반이었던 추교수는 나를 참 예뻐했다. 상담을 전공했던 그는 우리 집 가족 문제를 상담해 주겠다며 나에게 다가왔다. 주말마다 나를 불러내서 춘천의 변두리 음식점과 카페에 데리고

* 자유롭고 개방적인 섹스.

다녔다. 추교수가 하는 말의 80%는 자기 자랑이었으며, 2%는 나의 가정 상담, 나머지 18%는 '쎅쓰'에 관한 이야기였다. 입에 침을 가득 머금고 말하던 추교수의 "쎅, 쓰" 발음을 기억한다. 추교수는 나에게 궁금한 점이 많았다. 특히 잠자리에 관해서. 승은아, 쎅쓰, 해 봤니? 쎅쓰 남자 친구랑만 해? 어느 날, 나는 '폴리아모리' 개념과 아주 근접한 말을 그에게 듣게 되었다. "승은아, 연애한다고 한 사람과만 사랑하라는 법은 없어. 연애도 계약이다? 쎅쓰도 마찬가지고. 그러니까 한 사람만 만나려고 하지 말고, 여러 사람을 만나 봐. 너 젊고 얼마나 좋을 나이니. 나도 연애하고 싶다." 나는 "교수님도 연애하세요"라고 말했고, 교수는 자기가 맞선 본 여자들의 이력을 줄줄 읊으며, 그들은 교양 있는 여자들이지만 나이가 많고 허벅지가 가늘어서 싫다고 했다. 추교수와 내 대화는 딱 거기서 멈췄다. 추교수가 아파트 앞에 나를 데려다준 날, 차 안에서 갑자기 내 입에 자신의 입술을 가져다 댔기 때문이다. 그날 이후 나는 추교수에게 연락하지 않았다.

가끔 상상한다. 폴리아모리라는 언어를 장착한 세상의 수많은 '추교수'가 위계를 이용하여 상대에게 쎅쓰를 말하고, 쎅쓰를 유도하는 장면을 말이다. 내가 '건전한' 폴리아모리를 꿈꾸는 건 아니지만, 자신의 권력과 위치를 자각하지 못하고 (혹은 너무 잘 알고서) 휘두르는 언어적·신체적 접근을 폴리아모리라는 이름으로 포장해선 안 된다고 생각한다.

한번은 가까운 동료 연못이 나에게 미안하다며 고백한 적이 있다. "원래 저는 폴리아모리에 선입견이 있었어요. 예전에 애인이랑 잘 만나던 중에 갑자기 애인이 수업에서 '폴리아모리'라는 개념을 듣고 왔다면서 이제부터 자신은 폴리아모리를 하겠다는 거예요. 너무 일방적인 통보라 어이가 없고, 이게 뭔가 싶어서 저는 이별을 택했어요. 폴리아모리가 뭔지 제대로 고민하기도 전에 상대의 무례한 행동에 질려 버린 거였죠. 근데 승은이 폴리아모리를 한다는 얘기를 듣고 공부해 보니까 편견을 가질 일이 전혀 아니라는 걸 알게 됐어요."

나는 연못의 말이 공감되었고, 만약 일대일 관계를 맺던 연인이 갑작스럽게 폴리아모리를 일방적으로 통보하면 상대방이 받을 충격이 어떨지 상상해 보았다. 나에게 폴리아모리 관계의 '합의'는 무조건 다 털어놓고 상대에게 선택을 떠넘기는 게 아니다. 솔직하되, 그 과정을 차근차근 함께 밟아 나가는 노력에 방점이 찍혀야 한다고 생각한다. 준비되지 않은 상대에게 무조건 따라야 한다고 강요한다면 그건 폴리아모리 이전에 관계를 유지하려는 노력 자체를 포기하는 행동이다.

언젠가는 이런 상담을 들은 적도 있다. "제 존재의 본질에 관해 고민이 돼요"라는 말로 서두를 꺼낸 그는 곧 결혼할 애인이 있는데, 다른 여자들과의 섹스가 너무 좋아서 참을 수가 없다고 털어놓았다. 이게 존재의 본질에 관한 고민이라고요……? 그는 애인에게 이 사실을 꼭 밝혀야 하냐고 물었다. 그도 연못의 전 애인과 같은 말을 했다. "저 아무래도 폴리아모리스트 아닐까요?" 아마 그는 이미 답을 내리고 나를 통해 일말의 죄책감을 덜고 싶었던 것 같다.

나는 그의 질문이 잘못되었다고 생각한다. 그는 나를 찾아와서 '나 폴리아모리스트 아닐까요?'라고 묻는 게 아니라, 애인에게 자신의 상황을 어떻게 전달할지 고민해야 했다. 차라리 나에게 '어떻게 이야기를 꺼낼 수 있을까요?'라고 물었다면 훨씬 나았을 거다.

폴리아모리의 방식 중에 'DADT'가 있다. Don't Ask, Don't Tell. 서로 묻지도 말하지도 않기. 애초부터 서로에게 다른 애인이 생길 수 있다는 전제를 합의하고, 만나는 중에 어떤 끌림이 있어도 묻거나 알리지 않기로 약속하는 방식이다. 서로가 그 부분을 합의한 상태라면 굳이 말하지 않아도 괜찮겠지만, 자기 혼자 다른 사람을 만나면서 '내가 폴리아모리일까. 몰래 만나려니 괴롭다'는 식의 고민만 하고 있는 태도는 위험하다. 나는 그 고민이 부디 기존의 애인과 소통하고, 협상할 노력으로 이어지길 바란다.

언젠가 폴리아모리 정기 모임에 다녀온 뒤, 나는 이런 메모를 남겼다.

폴리아모리 커뮤니티 정기 모임에 다녀왔다. 시험을 앞둔 지민은 못 가고 승희, 우주와 함께 갔다. 'ㅁ'자로 스물다섯 명이 둘러앉아 무려 네 시간을 쉴 틈 없이 대화했다. 오픈 메리지 관계를 맺는 사람, 모노인 애인에게 아직 털어놓지 못한 사람, 좋아하는 사람이 폴리아모리스트여서 고민하는 사람 등 다양한 이들이 모였다. 역시 '폴리아모리'라는 기호로 뭉뚱그릴 수 없는 다채로운 이야기가 흘렀다.

자기소개 시간에 우주는 애인과 애인의 애인과 셋이 함께 살고 있다고 밝혔고, 나는 애인 두 명과 함께 산다고 했고, 승희는 공동체에서 함께 산다고 말했다. 그 말이 왜곡돼서 어떤 이는 나를 중심으로 승희와 우주가 내 애인이라고 짐작하고는 승희에게 진지하게 "질투는 안 나세요?"라고 물었다. 어떤 이는 우주를 중심으로 승희와 내가 우주의 애인이라고 생각하기도 했다.

모임에서 새삼 느낀 점은 내가 무척 안전한 세상에 살고 있다는 점이었다. 폴리아모리 관계를 드러내도 딱히 편견을 갖거나 간섭하는 사람 없는 환경에서 사는 건 나에게는 평범한 일이지만, 누군가에게는 기적 같은 일이었다. (물론 바깥은 여전히 시끄럽지만.) 대부분의 사람은 이상한 소문이 나거나 전혀 이해받지 못하는 상황이 반복되다가 지쳐서 이곳에 찾아왔다고 했다. 그만큼 아웃팅, 커밍아웃도 중요한 화두로 논의되었다. 외로웠던 만큼 서로의 존재를 갈망하고 고마워하는 사람들을 보면서 서로를 이해하는 안전한 공동체가 왜 필요한지 실감했다.

다만, 마음에 걸렸던 점은 그곳을 찾은 기혼자 대부분이 남성이었다는 사실이다. 기혼 여성은 왜 이곳을 찾지 못했을까. 한 참여자가 아내에게 말을 꺼냈는데 "당신은 남성이니까 가능하지. 남자라서 더 자유로울 수 있는 거야. 생각해 봐. 나는 정말 괜찮을까?"라고 되물었다는 이야기가 오래 남는다. 폴리아모리가 특정 성별, 혹은 특정한 조건을 가진 사람만 가능한 사랑 방식이 아니면 좋겠다. 여러 생각이 교차하는 날이다.

# 우리도 결혼할 수 있을까

급성 장염에 걸린 우주를 부축해서 응급실로 향했다. 응급실 입구에서 병원 관계자가 물었다. “환자와 어떤 관계세요?” 동거인이라고 답하자 아내냐는 질문이 돌아왔다. 아내가 아니라 애인이라고 답하자 결혼할 사이냐는 질문이 돌아왔다. 결혼할 생각이 없다고 하나하나 설명하기에는 우주가 너무 고통스러운 상태였다. 곧 결혼할 사이라고 얼버무리고서야 우주의 보호자로 인정받을 수 있었다. 함께 간 지민은 응급실에 들어오지 못한 채 병원 한쪽에서 한 시간 넘게 기다려야 했다. 관계를 설명할 언어가 없었기 때문이다.

비혼주의자 셋이 산다고 하면 “친구들이에요? 대학 동기? 직장 동료?”라는 질문을 듣는다. 둘이 아닌 셋은 연인이 아닐 거라는 확신에서 나온 말이다. 그럼 나는 최대한 담담하게 대답한다. “아니요. 제 애인들이에요.” 나와 우주와 지민은 결혼제도를 이탈하게 된 역사가 비슷하다. 부모님의 갈등, 정상 가족과 정상 연애 규범에 대한 반감, 우리에게 맞는 방식으로 사랑하고 싶다는 욕망이 모여서 다른 방식의 관계를 살게 되었다.

어떻게 애인이 둘이나 돼? 무책임한 거 아니야? 시간이 지나면 두 사람 중 한 명과 헤어지고 정상적인 관계로 돌아오겠지. 자주 듣는 염려와 비난은 내가 애인 한 명을 만나며 동거할 때 들었던 말과도 비슷하다. '아무리 세상이 변해도 그렇지, 무슨 동거야. 나중에 결혼할 거지?' 애인 없이 혼자 지낼 때 듣던 말과도 닮았다. '젊은 애가 연애도 안 하고 뭐 하니. 얼른 좋은 남자 만나서 시집가야지.' 결혼하지 않은 상태, 정상적인 혼인을 맺지 않는(못하는) 관계는 가볍고 불안정하고 일시적이고 무책임하다는 편견은 그때나 지금이나 변하지 않았다.

수군거림은 단지 소문에서 그치지 않는다. 제도와 관습에도 편견이 고스란히 녹아 있기 때문이다. 응급실에서의 상황처럼 우리는 서로의 의료 결정에 아무런 영향을 미치지 못한다. 만약 세 사람 중 누군가 갑자기 수술이라도 받게 된다면 남은 두 사람은 수술 동의서에 서명할 수도 없다. 동성 애인과 동거하는 D도 비슷한 경험을 토로했다. D가 수술을 받게 되었을 때 병원에서는 함께 사는 애인을 보호자로 인정하지 않았다. 서로에게 가장 긴밀한 관계였지만, D와 애인은 아무 사이가 아닌 것으로 취급되었다. 결국 D는 수술을 받기 위해 1년에 한 번 볼까 말까 한 부모님을 소환해야 했다.

집을 구할 때도 예상치 못한 어려움이 있었다. 대부분의 집은 부부 방(안방)을 중심으로 설계되어서 세 사람이 각자의 공간을 가지면서도 함께 살 조건을 찾기가 쉽지 않았다. 게다가 많은 경우 전세자금 대출은 가족 단위(특히 신혼부부)로 설계되어 있다. 지금 사는 월셋집의 재계약을 앞둔 요즘, 우리는 농담 반 진담 반으로 이런 이야기를 나누곤 한다. "그냥 둘 중 한 사람과 혼인신고 하고 전세자금 대출받을까?" 비슷한 고민은 셋이 아닌 둘이 사는 동거 커플이나 동거하는 지인 사이에서도 마찬가지인지, 서류상으로만 혼인신고 하고 대출을 받는 사례도 심심치 않게 볼 수 있다.

특히 사회보장제도 앞에 서면 한숨이 나온다. 30대를 통과하며 질병, 실업, 노후 등 삶의 다양한 변수를 생각하게 되는데, 한국의 사회보장기본법은 이렇게 명시하고 있다. '국가와 지방자치단체는 가정이 건전하게 유지되고 그 기능이 향상되도록 노력하여야 한다.' 여기에서 '가정'은 이성애 남녀의 혼인 관계를 전제한 친족과 혈족이 기본 단위로 설정되어 있다. 상속, 건강보험, 의료 결정 등 서로를 보호할 수 있는 권리와 권한이 우리 관계에서는 불가능하다는 걸 선명하게 확인하는 순간이다. '정상'의 틀은 수많은 '비정상'을 만들 뿐만 아니라 그 틀에서 벗어난 존재에게 당연하다는 듯 권리를 박탈한다.

나에게 비혼은 선택일까? '하지 않을 자유'가 없는 자유를 자유라고 말할 수 있을까. 애인과 일대일 관계를 맺을 때는 들지 않던 질문이다. 이전에는 주로 이성애 일대일 관계로 연애를 해 왔으니 결혼할 조건이 충족된 상태였다. 그때의 나는 결혼하지 않을 자유를 선택했다고 자신할 수 있었다. 그런데 법적인 혼인이 불가능한 상태에 놓이니 비혼이라는 화두가 사뭇 다르게 다가온다. 비혼을 '결혼하지 않을 자유'로만 정의하기에 정상 가족을 중심으로 짜인 사회의 각본은 촘촘하고 복잡하다. 건축, 문화, 제도 곳곳에 스며든 기준 앞에서 '비혼'은 어떤 의미를 가질 수 있을까.

비혼은 결혼하지 않을 자유와 더불어 누구든 원하는 상대와 결혼할 권리, 원하는 가족을 구성할 권리, 결혼하지 않아도 차별받지 않을 권리, 어떤 형태의 관계든 차별받지 않을 권리, 민주적이고 평등한 가족을 가꾸기 위한 약속, 나아가 가족 단위가 아닌 개인 단위로 시민권을 보장받아야 한다는 요구를 포함하는 운동으로 확장된다. 비혼이 품는 고민이 넓어질수록 정상 가족을 향하는 질문 또한 날카로워졌다.

지난여름, '지금, 성소수자에게 혼인평등과 가족구성권은 어떤 의미인가?'라는 주제의 토론회가 있었다. 혼인평등권, 가족구성권, 생활동반자보호법, 가족의 의미에 대해 폭넓은 이야기가 오가던 중, 청중석에서 질문이 나왔다. "앞으로 한국 사회의 가족을 변화하기 위해서는 어떤 운동 전략이 필요할까요?" 패널로 참여한 류민희 변호사가 답했다. "저는 시기상조라는 둥의 한가한 소리 하는 사람을 가장 싫어해요. 시기상조가 어디 있나요? 개개인의 위치에서 나오는 다양한 관계의 서사가 흘러나와야 한다고 생각해요. 결국 여기저기에서 난리를 쳐야죠. 운동은 가능한 일을 하는 게 아니라 가능하도록 만들어 가는 일이니까요."

그 말이 이 글을 쓰는 이유가 되었다. 기존의 언어가 설명하지 못하는 빈 곳을 채우려고 '난리 치는' 서사들. 그중 하나가 되고 싶었다. 그래서 결혼하고 싶다는 게 아니라, 왜 지금 이대로는 결혼이 불가능하냐는 질문을 던지고 싶었다. 나는 이렇게 관계 맺고 있다고, 이 관계를 없는 것으로 여기지 말라고, 내가 맺는 관계가 무엇이든 상관없이 개인에 대한, 관계에 대한 권리를 보장받고 싶다고. 나는 누구나 가능한 평등한 혼인을 꿈꾸면서도 개인으로 존재할 권리를 꿈꾸는 비혼주의자가 되기로 했다.

2019년 5월 17일, 대만은 아시아 최초로 동성 간 결혼을 법제화했다. 이제 대만의 동성 커플은 자녀 양육권, 세금, 보험 등과 관련한 권리를 가질 수 있다. 뉴스에 따르면 결혼 등기를 받기 시작한 24일 하루 동안 대만 전역에서 총 526건의 동성 간 결혼 등기가 이뤄졌다고 한다. 거리에서 커플들이 부둥켜안고 울고 웃는 사진을 보았다. 얼마나 많은 차별을 꾸역꾸역 삼키며 이날을 기다렸을까? 내가 상상할 수 없는 시간이 아득하게 느껴져서 울컥했다. 증명하거나 숨기거나 해명하지 않아도 되는 상태, 아무도 차별받지 않으며 누구나 각자의 방식으로 살아가는 세상은 아주 먼 미래에나 가능하다고 생각해 왔다. 이제는 그렇게 생각하지 않기로 했다. 시기상조라는 말은 한가하고 무책임한 말이고, 우리는 이미 많이 늦었으니까.

# 세상에서 제일 큰 내 작은 식구들

사람 셋이 식탁에 둘러앉아 밥을 먹으면, 거실 한편에 놓인 작은 식탁도 분주해진다. 달, 부엉이, 참새, 커리도 우리의 끼니에 맞춰 밥을 먹기 때문이다. 표준국어대사전은 '식구'를 한집에서 함께 살면서 끼니를 같이하는 '사람'으로 정의한다. 달걀부리 국어사전에 따르면 식구는 한집에 함께 살면서 끼니를 같이하는 '존재'이다.

3kg의 작은 체구와 하얀 털, 바둑알 같은 까만 눈 코 입을 가진 넷은 7년째 한 지붕 아래에서 함께 살고 있는 반려동물 식구들이다. 사랑이 상대를 위해 내 일상을 기꺼이 내어주는 노동이라면, 내가 가장 사랑하는 존재는 이들이라고 나는 자신 있게 말할 수 있다. 우주와 지민과는 각방을 쓰고 있지만, 나는 멍멍이들과 혼방을 한다. 밤마다 내 얼굴 옆에는 부엉이의 포동포동한 엉덩이가 있고, 두 다리 사이에는 커리가 누

워 있다. 배 위에는 참새가 있고, 독립적인 달이는 침대 끄트머리에서 약간의 거리를 유지한 채 잠을 잔다. 아침에는 주로 참새의 뽀뽀를 받으며 눈을 뜬다. 가끔은 네 마리가 동시에 내 배를 짓밟아서 깨는 경우도 있다.

눈을 뜨자마자 밤새 작은 식구가 싼 똥오줌을 치운다. 사료와 물이 떨어졌는지 확인하고, 밤새 잘 잤냐고 눈 맞추고 뽀뽀하면서 간밤의 그리움을 달랜다. 우리는 자느라 못 본 시간까지 서로 그리워하는 사이다.

나는 하루 에너지가 아침에 주로 몰려 있는 편이어서 최대한 오전에 일을 처리해야 한다. 얼음 가득 채운 컵에 커피를 내리고 나면 고민의 시간이 찾아온다. 침대에 앉을까, 의자에 앉을까. 의자에 앉아도 되지만, 기어코 내 무릎에 올라와 앉는 흰둥이들의 온기를 포기할 수 없어서 오늘도 침대에 앉기로 했다. (지금도 참새는 내 무릎에 앉아서 왼팔에 자신의 턱을 괴고 있다.) 오후에는 슬슬 집 근처 공원으로 산책을 나간다. 일주일에 한 번 있는 가족회의는 흰둥이들이 가장 싫어하는 시간이다. 회의가 끝나면 발톱과 발 털 깎기, 귀 청소, 항문낭 짜기 행사가 다가오니까. 유독 엄살이 심한 부엉이 털을 깎으려면 최대한 편한 옷으로 갈아입고, 맨살에 발톱 자국이 남는 것쯤은 각오해야 한다.

"너 그렇게 개들 예뻐하는데, 니 애를 낳아 봐라, 얼마나 예쁘겠니?"

흰둥이와 함께 있는 내 모습을 보는 엄마는 매번 같은 잔소리를 한다. 그럼 나는 "네에~" 하고 건성으로 답한다. 엄마가 얼마 안 가 흰둥이들의 치명적인 매력 앞에서 무장해제될 걸 알기 때문이다. 세상의 모든 사랑을 끌고 품으로 안기는 강아지들을 어찌 사랑하지 않을 수 있단 말인가! 애 타령하는 엄마는 서서히 개 타령하는 사람으로 변하고 있다. 얼마 전에는 불쑥 나에게 개의 수명을 물었다. 평균 15년 정도라고 답하니, 엄마는 울상이 된 얼굴로 부엉이를 보며 탄식했다. "수명이 왜 이렇게 짧아. 부엉아, 넌 왜 사람으로 안 태어났니? 너 가면 슬퍼서 어떡해. 네가 사람으로 태어났으면 좋았을 텐데. 그럼 나도 좀 덜 외로웠을 텐데……. 나한테 누가 이런 사랑을 주겠어."

엄마는 개들에게 받는 사랑이 얼마나 신비롭고 소중한지 이미 알고 있다. 김현진 작가는 『동물애정생활』에서 비인간 동물에게 받는 사랑을 이렇게 표현했다.

> "구겨진 신문지 같은 나에게도 애정이란 것이 있다면, 그것을 어딘가에 준 적이 있다면, 그것은 모두 나를 스쳐 간 동물들에게서 배운 것이라고 말하고 싶다. 그들이 아니었다면 나는 있는 모습 그대로 무언가를, 누군가를 사랑한다는 것,

조건과 대가 없이 사랑한다는 것을 일평생 알지 못했을 것이다."

내 곁에 각자의 방식으로 누워 있는 달, 부엉이, 커리, 참새를 바라본다. 총명한 눈을 가진 달이는 우리 집에서 '달 박사'로 통한다. 산책을 나갈 때마다 세상 모든 것을 탐구하겠다는 듯이 어디든 코를 박고 냄새를 맡기 때문이다. 달이와 걸을 때면 그 리듬에 맞춰 걸음을 늦추게 된다. 깊고 느린 달이의 속도로 바람과 계절의 변화를 느낀다. 달이가 가장 좋아하는 단어는 '산책'과 '간식'이다. 무심코 이 단어를 입 밖에 냈다가는 눈이 뒤집어진다. "(산책) 빨리 가자! (간식) 빨리 줘!!" 그래서 달이 앞에서 대화할 때는 "오후에 산책 나갈까?"라고 말하지 않고, "오후에 나들이 고?"라는 식으로 돌려 말한다. (비슷한 버전으로 간식 대신 후루룩, 춥춥이 있다.)

부엉이는 최근 병원에서 비만 진단을 받고, 다이어트를 명령받았다. 오동통한 부엉이가 가장 좋아하는 간식은 따끈따끈한 똥! 자기 똥은 물론, 다른 멍멍이의 똥을 먹기도 한다. 덕분에 나는 부엉이가 눈앞에 안 보이면 어딘가 똥이 있을 거라는 예감에 재빨리 이곳저곳을 살피는 습관이 생겼다. 똥을 사랑하는 취향과는 어울리지 않게 부엉이는 우리 집 최고의 로맨티스트이기도 하다. 달이는 입술이 아닌 콧구멍에 자꾸 혀를 집어넣는데, 부엉이는 정확하게 입술에 부드러운 템포로 할,짝,할,짝 뽀뽀한다. 개들과 사는 걸 꺼리던 엄마도 부엉이의 간지러운 뽀뽀에 홀딱 넘어갔다. 우리 로맨티스트는 눈치가 엄청 빨라서 발톱깎이가 들어 있는 빨간 상자만 보면 슬금슬금 뒷걸음질로 도망쳐서 소파 뒤로 숨곤 한다.

커리는 이전 반려인이 젊은 남성이어서 그런지, 산책길에서 키 크고 검정 옷을 입은 사람만 보면 꼬리를 흔들며 따라가려고 아우성이다. 우리는 커리를 '그리움을 품은 아이'라고 부른다. 커리는 코 고는 소리가 워낙 커서, 어떤 날에는 우주나 지민이 내 방에서 자고 있는 줄 착각할 정도다. 커리는 코 고는 소리뿐만 아니라 각종 소리를 통해 자신의 감정을 표현한다. 서운하면 끼잉, 불만이 생기면 끄앙, 배고프면 끄엉, 자기 좀 봐 달라고 꺙꺙, 나가고 싶으면 끽끽 소리를 낸다. 처음 집에 왔을 때 의기소침해 보였던 커리가 점점 자기감정에 솔직해지는 모습이 나는 좋다.

참새는 어릴 때부터 몸이 많이 아팠다. 태어나고 채 2년이 안 되었을 때, 갑자기 항문낭이 터져서 급하게 입원을 하게 됐다. 그때 나는 눈물콧물을 쏙 빼며 매일 참새의 병문안을 갔다. 넷 중에 체구도 가장 작고 약해서 살뜰하게 보살피다 보니, 어느새 참새는 작고 매운 독불장군이 되었다. 우리는 참새를 '귀여운 양아치'로 부른다. 지민과 우주는 내가 너무 참새를 감싸서 버릇이 나빠지는 거라고 잔소리하면서도 참새가 다가가서 뽀뽀 습격을 하면, 뭐…… 나와 크게 다르지 않다. 앞으로도 참새는 우리 집 귀여운 양아치로 남을 것 같다.

때로 나는 폴리아모리라는 이름표보다 반려동물 가족이라는 이름표가 더 무겁게 느껴진다. 개와 함께 사는 일은 사회가 얼마나 인간 동물 중심으로 돌아가는지 알아차리는 일상의 연속이기 때문이다. '노키즈존'이 차별이라는 사회적 논의는 그나마 조금씩 나오고 있지만, '노애니멀존'은 논의조차 되지 않는다. 도시와 건물, 상점, 도로와 공원까지 대부분 인간 중심으로 구획되어 있기에, 애초에 소수의 공간이 아니면 동물 출입 불가는 당연하게 여겨진다. 포항에서 지내던 몇 년 전, 지진을 경험한 적이 있다. 집에 들어갈 수 없는 급박한 상황에서 우리는 멍멍이들과 함께 우주의 차에서 밤을 새웠다. 그나마 우리에겐 '자동차'라는 동물 수용 공간이 있었다. 당시 포항의 커뮤니티에는 이재민 대피소에 들어가지 못하는 반려동물을 잠시 맡아 달라는 호소와 반려동물은 대중교통을 이용하지 못하니 이동을 도와달라는 글이 끊이지 않고 올라왔다. 위기의 상황에서 차별은 선명해진다. 살을 비비고 사는 식구인데, 재난 상황에서 이 관계는 한쪽이 인간이 아니라는 이유로 간단하게 지워진다.

게다가 인간은 인간에게도 그렇지만, 비인간 동물에게는 얼마나 잔인할 수 있는 존재인지. 반듯하게 닦아 놓은 도로 위에서 로드킬당하는 동물, 매일 버려지는 유기 동물, 학대당하고 살해되는 길고양이, 평생 비좁은 공간에서 부리가 잘린 채 살아가는 닭과 식용으로만 사육되는 돼지와 소, 동물원에 갇힌 동물들……. 수많은 다른 종이 인간 중심 세계에서 고통을 겪고 있다. 이전까지는 머리로만 종 차별을 해선 안 된다고 생각했지만, 고유한 이름을 가진 동물과 함께 사는 지금은 머리가 아닌 몸이 먼저 반응하게 된다.

지난가을, 가족구성권연구소에서 진행하는 '법 밖의 가족이 경험하는 차별의 긴 목록' 포럼에 참여했다. 다양한 관계가 평등하게 살아가는 도시는 어떻게 가능할지 섹션별 모둠 활동을 진행했는데, 나는 '돌봄' 모둠에 참여했다. 장애인 탈시설 운동을 하면서도 나이 든 부모를 요양원에 보낼 수밖에 없었던 사연, 이주민이어서 복지 제도 바깥으로 밀려났던 사연. 다양한 사연이 이어지던 중에 한 분이 고백했다.

"최근에 저는 함께 살던 강아지, 행복이를 먼저 하늘나라에 보냈어요. 솔직히 말하면 저는 할머니의 죽음보다 행복이의 죽음이 훨씬 마음 아팠거든요. 늘 제 곁에 있던 존재였으니까요. 그런데 행복이가 나이 들고 아프게 되었을 때 행복이를 돌보는 명목으로 회사에 휴가를 낼 수가 없었어요. 행복이를 보내고 내내 밥도 안 넘어갔는데도 저는 꾸역꾸역 직장에 나가야 했어요. 만약 인간 직계가족이었다면 달랐겠죠. 상을 치르기 위해 시간을 줬을 거예요. 하지만 행복이의 죽음을 애도할 시간은 주어지지 않았어요."

내밀하게 교감한 존재의 죽음 앞에서도, '개 하나 죽었다고 유난'이라고 손가락질받는 게 반려동물 가족이 겪는 차별 중 하나다. 인간 중심인 세계는 돌봄뿐 아니라 애도조차 막아버린다.

몸과 마음이 축 가라앉을 때면 손가락으로 작은 식구들의 털 결과 숨결을 느끼고, 배에 귀를 댄다. 작은 몸에서는 내 맥박보다 조금 빠른 심장 소리가 들린다. 너도 나처럼 살아 있구나. 너에게 나와 함께 사는 지금은 어떤 의미니? 내가 너로 인해 행복을 느끼듯, 나도 너에게 행복을 줄 수 있을까. 이런 저런 생각을 하다 보면 어느새 마음이 무겁게 내려앉는다. 이들처럼 순간에 집중하며 살아가고 싶은데, 불완전한 인간은 어쩔 수 없이 미래에 대한 불안감과 과거에 대한 죄책감에 눌려 버리곤 한다. 나는 내 작은 식구들을 따라가려면 한참 멀었다.

최근 집 근처에 작은 상점이 생겼다. 멀리서 뼈다귀가 그려진 간판을 발견하곤 반려견 간식이나 옷을 파는 곳인가 싶어 호기심이 생겼는데, 가까이 가서 보니 '상위 1% 명품 자견 분양'이라는 홍보문이 눈에 띄었다. 너비 50cm도 안 되어 보이는 작은 칸막이에는 손바닥 크기의 강아지들이 전시되어 있었다. 달, 부엉이, 참새, 커리와 차마 그 앞을 걸을 수 없어서 서둘러 다른 골목으로 빠져나갔다. 나와 내가 사랑하는 크고 작은 식구들은 폴리아모리라는 경계, 비인간 동물이라는 경계 위를 아슬아슬 살아간다.

## 투명한 존중과 사소한 소망

흰 티에 청바지, 세미 정장, 복고, 드레스와 턱시도. 일주일 전부터 우리는 어떤 옷을 입을지 고민하면서 저녁 시간을 보냈다. 다양한 후보군을 고심하다가 각자에게 잘 맞는 색감의 셔츠를 입기로 결정했다. 사진을 찍기 전에 조금이라도 다이어트를 해 보자는 이야기도 나눴지만, 말로 그쳤다. 촬영 전날까지 100g도 빼지 못한 셋은 컴퓨터 기술의 힘을 빌려 턱선을 살리면 된다며 서로를 위로했다. "그래, 요즘에 사진은 찍는 게 아니라 만드는 거랬어. 수아 씨가 잘해 주시겠지."

가족사진 촬영을 제안받은 건 한국일보 인터뷰 직후였다. 한동대에서 인연을 맺은 수아 씨가 자신이 일하는 스튜디오에서 가족사진을 찍어 보지 않겠느냐고 제안했다. 처음엔 얼떨떨했다. 그 흔한 가족사진도, 웨딩사진도 이번 생에는 없을 거라고 생각했는데, 가족사진이라니! 우주와 지민과 나는 폴짝 뛰면서 일정을 잡았다.

드디어 찾아온 촬영 날. 나는 연한 주황색 셔츠를, 지민은 하늘색, 우주는 연분홍 셔츠를 입었다. 반려견들에게도 분홍, 민트, 하늘색의 파스텔 옷을 입혔다. 달, 부엉이, 커리, 참새와 인간 셋이 설레는 마음으로 집을 나섰다. 촬영을 예약한 날은 금요일이었다. 강아지 네 마리와 함께 금요일 저녁 강남 도심을 뚫는 건 힘든 일이었다. 가는 길에 멀미가 나서 진이 쏙 빠졌다. 스튜디오에 도착하자 환한 조명과 큼직한 거울, 소파와 음료가 마련된 깔끔한 대기실이 우리를 반겼다. 그제야 촬영한다는 실감이 난 우리는 급하게 어떤 포즈로 사진을 찍을지 이런저런 아이디어를 짰다. 잠시 후 커튼 뒤로 수아 씨 목소리가 들렸다. "이제 촬영 시작할게요. 나오시면 돼요."

하얀 조명, 하얀 배경의 포토 존에 일곱 식구가 나란히 자리를 잡았다. 셋은 어색해서 쭈뼛거리고, 멍멍이들은 품에서 빠져나오려고 발버둥 치고. 셔터 소리가 반복될 때마다 혼이 쏙 빠지는 것 같았다. 카메라를 든 수아 씨는 차분하게 우리를 다독였다. "지금 아주 잘 나와요. 좋아요. 세 분 정말 예쁘고, 아이들도 잘 나오고 있어요. 더 편하게 웃으셔도 돼요." 수아 씨 뒤에서는 다른 직원이 멍멍이들의 시선을 끌기 위해서 '빽빽' 소리가 나는 장난감을 연신 흔들었다. 멋진 포즈를 취하고 싶다는 욕심을 버리고 편안하게 이 상황을 즐기기로 했다. 잘 나와야 한다는 강박을 버리자 긴장 너머에서 숨죽이고 있던 웃음이 터져 나왔다.

"사진 인화해서 액자에 넣어 드릴게요. 잠시만 기다리세요. 세 분에게 꼭 드리고 싶었어요."

20여 분 동안 이어진 촬영이 끝났다. 표정이 상기된 우리를 보면서 수아 씨는 사진 편집과 인화, 액자까지 모든 과정을 선물하겠다고 말했다. 다시 순백의 대기실에 앉아 인화된 사진을 기다리는데, 뜬금없이 코끝이 시렸다. 불과 1분 전에 세상모르게 웃던 내가 눈물 콧물을 잔뜩 머금은 얼굴을 하고 있으니 우주와 지민이 걱정 반 놀림 반으로 물었다.

"왜, 왜 그래."

"나 그동안 괜찮지 않았다는 걸 오늘 알았어. 평범하지 않으니까, 정상 연애 이데올로기가 강력한 사회니까. 내가 선택한 관계고 일상이니까 타인이 뭐라 하든 우리는 괜찮을 거고, 괜찮기 위해서 각자의 자리에서 노력하고 있으니까 괜찮다고 믿었다? 근데 막상 이렇게 존중받으니까 감정이 이상해지는 거야. 이게 뭐라고. 다들 자연스럽게 하는 거잖아. 근데 왜 이게 이렇게까지 감동적으로 느껴져야 해?"

사진 선물이 고맙다. 수아 씨가 턱을 날렵하게 만들어 줘서 고맙다. 일곱 식구가 함께 사는 지금을 사진으로 기록할 수 있어서 다행이다. 다양한 이유가 머리에서 맴돌았지만, 나를 무너뜨린 것은 조건 없는 환대였다. 스튜디오에 있던 누구도 우리 관계에 대해 아무것도 묻지 않았다. 우리는 그 자리에 자연스럽게 존재할 수 있었다. 그 사실이 놀랍도록 새삼스럽게 다가왔다. 내 말을 들은 지민의 눈에도 눈물이 그렁그렁 고였다. 우리는 훌쩍훌쩍 눈물을 훔치다가 수아 씨에게 고맙다는 인사를 거듭하고 스튜디오를 나왔다. 각자 액자를 하나씩 품에 안고서.

집에 도착하자마자 거실과 부엌, 2층에 액자를 하나씩 세워 두었다. 세 사람은 나란히 서서 흐뭇하게 사진을 봤다. 작은 액자 속에는 서로 살짝 기대어 같은 곳을 바라보며 미소 짓는 지민, 나, 우주가 있다. 커다란 액자에는 바닥에 나란히 앉은 지민, 나, 우주와 무릎 위에 앉은 달, 부엉이, 참새, 커리가 웃고 있다. 하얀 배경에 둘러싸인 일곱 식구. 우리가 담긴 액자가 빛에 반사되어 반짝였다.

"아, 이렇게 사진 찍으니까 우리 정말 식구 같다."

그날 밤 나는 SNS에 따끈따끈한 가족사진을 올렸다. '우리도 가족사진이라는 걸 찍었습니다!' 사진을 본 사람들은 따뜻한 말을 아낌없이 전해 주었다. 축하의 말들을 한 글자 한 글자 소중하게 곱씹었다.

'얼마 전, 제가 사는 지역의 섹슈얼리티 워크숍을 통해 폴리아모리에 대해 더 자세히 그리고 새롭게 알게 되어 너무 좋

았습니다. 올려 주신 사진은 제가 본 가족사진 중에서 가장 아름다운 사진입니다. 진심입니다.'

'이 가족사진 겨울날 포근한 수프와 빵처럼 따끈해서 보는 이마저 미소 짓게 되네요. 그간 애 많이 쓰셨어요. 토닥토닥. 예쁜 가족.'

한 지인은 자신도 오래된 동성 연인과 가족사진을 꼭 찍겠다는 다짐을 남겼다. 나는 사진을 찍으면 꼭 보여 달라고 댓글을 달았다. 오랫동안 함께 살면서도 사진 한 장 드러내지 못하고 숨죽여야 하는 주위의 여러 관계가 떠올라서 다시 마음이 축축해졌다.

반짝이는 액자를 앞에 두고, 나는 사소한 소망을 빌었다.

'이런 순간이 새삼스럽게 느껴지지 않으면 좋겠습니다. 누구나 자신이 원하는 인간 동물 혹은 비인간 동물과 관계 맺고 살아갈 수 있길 바라요. 그 관계가 어떤 판단 없이 사회에서 포근하게 감싸질 수 있으면 좋겠습니다. 더 많은 관계와 삶의 형태가 투명하게 존중받으면 좋겠습니다.'

# 바람처럼 사랑하기

스물한 살에 잠깐 만난 인연이 있다. 어깨가 운동장처럼 넓어서 나는 그를 '어깨 씨'로 부르곤 했다. 어깨 씨는 나를 애인으로 점찍었지만, 나는 그의 애인이 될 생각이 없었다. 연인이 아니라면 친구도 될 수 없다는 어깨 씨의 말에 내가 작별을 고하자, 그는 마지막으로 이런 말을 남겼다.

"그물로는 바람을 잡을 수 없다고 하더라고요. 승은 씨는 바람 같은 사람이네요……."

나는 그 말을 기억 속에 저장하고, 가끔씩 꺼내 읽으며 웃곤 했다. 그는 나를 좋아하는 감정을 그물과 바람으로 묘사했다. 그는 그물, 나는 바람. 비슷한 버전으로 '나는 낚싯대, 너는 물고기', '너는 어장, 나는 어부'도 있다. 대부분의 연애는 무수한 타자 속에서 '너를 낚는다, 잡는다, 내 것으로 만든다'고 표현된다. 위험한 세상에서 서로를 지키는 약속, 세상과 분리된 환상의 섬으로 떠나는 모습으로 묘사되기도 한다. 연애만 시작하면 모든 사회적 관계에서 사라지는 지인에 대한 경험담이 끊이지 않는 것도 같은 굴뚝에서 피어난 연기와 같다.

어느 정도 서로에게 몰입하는 시간은 필요하겠지만, 모든 관계를 단절하고 둘만의 세계에 갇혀 버리는 연애는 정말 괜찮을까. 촘촘하게 서로를 감시하고 통제하는 방식이 연애라고 알려져 있기에 연애 호구가 되지 않으려면 잘 관리하는 사람(그물이나 어장에 가두는)이 되어야 한다는 조언도 심심찮게 들을 수 있다. 그것만이 사랑의 방식이라고 알려진 시대의 주술 탓이다. 너는 나 아닌 다른 관계에서 만족을 얻으면 안 된다는 독점적 심리도 거든다.

세상에 '자연스러운' 감정이나 관계란 없지만, 호흡처럼 내 몸에 침투해서 '자연'이라고 믿게 된 감정과 관계는 있다. 그게 하나의 이데올로기라면, 나 역시 학습된 이데올로기에서 처음부터 자유로운 사람이었을 리 없다.

한때 나는 과거 사냥꾼이었다. 연애만 시작했다 하면 상대의 싸이월드 미니홈피와 옷장 깊이 숨겨 둔 연애편지와 커플링을 찾아내서 기어코 서운한 티를 냈다. "왜 아직도 간직하고 있어? 혹시 그 사람 못 잊었어?" 상대도 마찬가지였다. 휴대폰을 검사하고, 책상 서랍 깊숙한 곳에 잠든 오래된 스티커 사진이나 편지를 기어이 찾아내고, 일기장에 적힌 전 애인에 대한 글을 찢어 버리라고 보채기도 했다. 우리는 서로에게 유일한 존재가 되기 위해 안간힘을 썼다. 일기장을 찢었고, 커플링을 버렸고, 지난 사랑의 흔적과 시간을 지웠다.

"나 버리고 누굴 만나? 내가 중요해, 그게 중요해?" 나는 과거뿐 아니라 현재와 미래 사냥꾼이기도 했다. 상대가 내가 아닌 다른 관계에서 만족감을 느끼는 상황이 불안했다. 어떤 상황에서든 내가 가장 우선해야 한다고 믿었고, 내가 없는 곳에서 그가 즐거워할 걸 상상하면 질투심이 올라왔다. 기꺼이 서로를 가두고 갇히는 방식이 사랑이라고 믿었다. 들국화의 〈제발〉이라는 노래 가사를 들으면 당시의 내 모습이 떠올라 얼굴이 달아오른다. '제발 그만해 둬. 나는 너의 인형은 아니잖니. 너도 알잖니. 난 네가 바라듯 완전하지 못해. 한낱 외로운 사람일 뿐야. 제발, 숨 막혀. 인형이 되긴. 제발, 목말라. 마음 열어 사랑을 해 줘.'

사람으로 구원받을 수 없다는 걸 알면서도 나는 사람에게 구원받고 싶었다. 상대가 내 외로움과 욕망을 완벽하게 충족해 주길 바랐다. 하지만 나와 상대, 우리는 끊임없이 변화하는 존재였다. 환경도, 가치관도, 관계도 변했다. 여러 사회적 요인과 시간의 흐름에 영향받지 않을 수 없었고, 세상과 동떨어진 환상의 섬은 존재하지 않았다. 상대가 영원히 그 자리에 남아 주길 바라던 마음은 끝내 실패했고, 유연하지 못한 관계는 작은 변화 앞에서 부질없이 꺾여 버렸다. 너는 나의 인형이 아니고, 한낱 외로운 사람이라는 말. 너도 나와 같이 혼자만이 감당해야 하는 괴로움을 안고 사는 사람이라는 사실을 그때의 나는 참 몰랐다.

달걀부리 식구들은 일주일에 한 번 가족회의를 한다. 서로 지난 일주일을 어떻게 보냈는지, 어떤 책을 읽었는지 나누고, 가사노동과 회계 상황을 점검한 뒤에 다가오는 일주일 일정을 공유한다. 우주는 퇴근 후 개인 스케줄이 많다. 월요일은 영어 수업, 수요일은 회사 회식, 목요일은 활동하는 단체 워크숍 및 뒤풀이, 금요일은 불금을 위한 술 약속이 있다. 수험생인 지민은 일주일이 빽빽하게 공부로 채워져 있지만, 이따금 활동하는 단체 1박 2일 워크숍이나 강연, 포항에 다녀오는 일정이 있다. 나는 다른 지역으로 강연을 하러 가거나 글 쓰는 동료들과의 술 약속이 자주 있다. 누군가 집을 비우는 시간에 남은 사람이 멍멍이 산책과 돌봄, 가사노동을 하기로 약속하고 조율한다. 가족회의처럼 꼭 지켜야 할 일정을 제외하면 최대한 개인 일정을 존중하는 편이다. 자기만의 시간과 관계가 보장되지 않으면 언제든 권태가 침투할 수 있으니까. '우리' 안에 모든 걸 포함시키려고 하면 '우리'는 어느새 서로를 가두는 우리(cage)가 될 테니까. 무엇보다, 다른 관계에서 즐거운 시간을 보내고 난 뒤에 집에 돌아온 한 사람의 에너지는 함께 사는 구성원에게도 기분 좋게 전염되기 때문이다.

세 사람 모두 손님을 집에 초대하는 걸 즐기는 편이라 지난 몇 달 동안 적어도 일주일에 한 번 이상 손님을 맞이했다. 요리를 잘하는 우주는 음식을 준비하고, 지민과 나는 집 안 구석구석을 청소하고 음악을 선곡한다. 달걀부리 집에 오는 사람 중엔 채식인이 많아서 냉장고에 각종 비건 음식과 재료가 가득해졌다. 사람들이 하나둘 챙겨 온 칫솔과 잠옷, 개인적인 물건도 집 안 곳곳에 쌓여 간다. 이 공간에 속한 '우리'는 매일 한 뼘씩 확장되고 있다.

지난겨울, 폴리아모리 토크쇼에서 누군가 물었다. "저는 둘이 만나도 연애를 오래 이어 가기 어렵던데, 어떻게 세 분은 오래 잘 만날 수 있었나요?" 강연이 끝나고 객석에서 나온 질문이나 말 한마디가 집까지 쫓아오는 일이 종종 있는데, 그날은 이 질문이 나를 따라왔다. 우리가 오래 만날 수 있었던 이유가 뭘까. 질문을 받았을 땐 제대로 답하지 못했지만, 중심 태도를 고민하니 '바람'이라는 단어가 떠올랐다. 늦은 답을 글로 옮긴다.

"요즘 저는 어떻게 오래 만날 수 있는지보다는 어떻게 관계를 확장할 수 있을지 관심을 기울이고 있어요. 연애라는 관계에 부여된 특별한 기대와 그만큼의 통제에서 벗어나 바람처럼 매번 변화하는 서로를 인정하는 법을 고민해요. 어떤 마음과 태도로 함께 살아갈 수 있을지요. 우리는 모두 바람 같은 존재잖아요. 저희가 오래 만날 수 있었던 건 여러 요인이 있지만, 서로가 '바람'이라는 걸 인정하는 태도가 컸다고 생각해요. 오래 한결같은 마음이어서가 아니라, 오랫동안 서로의 변화를 지켜봐 주었기 때문이죠. 당신이라는 바람을 내 손에 잡아 두지 않으려 했고, 나라는 바람을 상대도 움켜쥐려고 하지 않았어요. 저는 잊지 않으려고 노력해요. 단지 연애 관계에만 갇혀선 안 된다는 것. 익숙한 안락함을 넘어서야 한다는 것. 관계의 확장이 우리를 더 풍요로운 사랑으로 이끈다는 사실을요."

# 거품이 되지 않고 사랑하는 법

"엄마는 어릴 때 꿈이 뭐였어?"

"나는 농사꾼이랑 결혼하는 거."

"되고 싶은 게 농사꾼이랑 결혼하는 거밖에 없었어?"

"응, 엄마는 아버지 같은 사람하고 결혼하고 싶었어. 자연에서 살고 싶었고. 그러니까 농사꾼이랑 결혼하고 싶었지. 농사짓고, 강 따라 산책하고, 떨어진 밤 주워서 군밤 해 먹고, 그렇게 가진 거 없어도 풍요롭게 살고 싶었어."

오래전 나눴던 대화가 불현듯 물음표로 변하는 순간이 있다. 엄마는 아버지 같은 사람, 농사짓는 사람을 만나 자연에서 살고 싶다고 말하곤 했다. 왜 엄마의 꿈은 결혼을 경유했을까? 엄마가 직접 농사지으면서 사는 미래는 상상하지 않았을까? '여자 팔자 뒤웅박 팔자다', '어떤 남자를 만나느냐에 따라 여자 인생도 달라진다.' 이런 고정관념이 진리로 여겨지던 때여서, 누구도 엄마에게 아내나 엄마가 아닌 다른 미래를 알려 주지 않아서 그랬던 건 아닐까, 나는 생각한다.

엄마는 꿈을 이루지 못했다. 농사꾼이 아닌 군인과 결혼했고, 젊은 시절 아빠는 엄마의 아버지처럼 온화한 사람이 아니었다. 농부와 달리, 군인이었던 아빠는 이동이 잦았다. 결혼하고 10년 동안 많으면 1년에 서너 번 이사하면서 엄마는 이사의 달인이 되었다. 한 지역에서 오래 정착하지 못하니 자연은 고사하고, 이웃과도 정을 나누기 어려운 환경이었다.

결혼과 동시에 엄마는 아빠의 자리로 흡수됐다. 마치 결혼 전 자신은 원래 존재하지 않았던 것처럼. 그렇게 5년, 10년, 15년이 지나면서 엄마의 관계망은 점점 좁아졌다. 아빠 동기 가족, 아파트에서 어울리던 이웃과도 잦은 이사로 금방 헤어져야 했다. 엄마가 맺는 관계의 변수는 온전히 아빠의 삶에 좌우되었다. 아빠의 발령과 이직 경로에 따라 엄마는 만남과 헤어짐을 반복했다. 아빠와 다툰 아침이면 엄마는 그릇 소리가 요란하게 설거지하면서 설움을 토했다. "네 아빠 따라다니느라 내 동창들, 친구들 다 연락이 끊겼어. 다들 어떻게 살고 있는지도 몰라. 내가 대체 뭘 하면서 사는 건지 모르겠다."

엄마가 꿈을 이룬 건 결혼이 아니라 이혼을 통해서였다. 아빠와 이혼하고 엄마는 시골에서 혼자 사는 외할머니 집으로 돌아갔다. 엄마는 그곳에서 몸이 아픈 할머니를 돌보며 밭을 일구고, 강 길 따라 산책하고, 계절을 느끼며 살았다. 이혼 후, 엄마와 내가 나누는 꿈 얘기는 바뀌었다. "막내 오빠 말을 들었어야 했는데. 나보고 간호대학 가라고 그렇게 부추겼거든. 간호사가 됐다면 혼자 뭐라도 했을 텐데. 왜 그땐 그 말이 그렇게 안 들어왔는지 모르겠어. 요양보호사 일이 정말 재미있어. 어르신들이 엄마를 얼마나 좋아하는지 몰라."

과거형으로 '엄마 때는 그랬다'고 단정하자니 가슴 한편이 콕콕 찔린다. 나는 엄마와 얼마나 다른지 돌이켜보면 선뜻 그렇다고 단언하기 어렵다. 나는 어떤 면에서는 무척 주체적인 사람이지만, 어떤 면에서는 그렇지 못하다. 사랑하는 사람이 생기면 나는 제일 먼저 그 사람과의 미래를 상상했다. 그 사람의 삶의 자리(직장, 거주지, 앞으로의 계획)와 내 삶의 자리 중 무게 추는 자주 상대 쪽으로 기울었다. 그가 시골에서 살길 꿈꾸면 시골에 사는 내 모습을 상상했고, 그가 해외에 나가길 꿈꾸면 영어 공부를 시작했다. 마치 내 자리에는 지켜야 할 것이 없다는 듯 상대의 자리에 흡수되길 바랐고, 내 모든 게 새롭게 태어나는 것 같은 일탈을 사랑이라고 믿었다. '백마 탄 왕자'의 구원을 사랑과 같은 말로 여겼던 거다.

얼마 전, 우주에게 물었다. "우주는 누군가를 사랑할 때, 상대의 삶에 확 흡수되고 싶다는 생각을 해 봤어? 내 모든 토대를 다 내려놓고 상대를 따라나서고 싶은 마음 말이야." 우주는 내 질문을 이해하지 못했다. "그러니까…… 상대방이랑 함께하고 싶어서 내 직업이나 살던 지역이나 관계 같은 것들을 통째로 옮기려는 생각." "아…… 만약 상대가 일을 한다면 존중하겠다는 생각은 했어." 삶을 통째로 이동하는 방식의 사랑은 우주에게는 해당되지 않았다. 우주는 현실에 발을 딛고, 서로 존중하며 사랑하는 법을 고민하는 사람이었다.

살아가는 일은 타자와 영향을 주고받는 과정이라는 걸 받아들이면서도, 연애와 결혼에서 한쪽 성별만 상대에게 흡수되는 모습은 자연스럽지 않다. 남성에게 기대지 않는 여성에게는 '독립심 강한 여성'이라고 꼬리표가 붙지만, 여성에게 기대지 않는 남성에게는 애초에 그런 수식어가 필요하지 않다. 이미 독립적이라고 전제되어 있기 때문이다. 초등학생 때부터 장래희망을 적으라는 빈칸이 내 앞에 주어졌고, 꿈을 크게 가지라는 조언도 수없이 내 귀를 통과했는데, 왜 나는 내 토대, 내 관계를 더 소중히 여기지 않았을까.

이탈리아 영화 〈여자라는 이름으로〉는 가톨릭의 조직적인 성폭력에 대항하는 여성들의 투쟁기를 그린 작품이다. 주인공은 혼자 아이를 키우는 '니나'. 니나의 애인은 니나를 끊임없이 설득한다. 자신이 니나와 아이를 책임질 테니 힘들게 일하지 말고 자기 집으로 들어오라고. 그때 니나는 내 일이 하찮은 일이라서 그렇게 말하는 거냐고 장난치듯 묻다가 단호한 표정으로 말한다. "사랑이 영원하란 법 없잖아. 나는 정착하고 싶어. 이곳에서는 그게 가능할 것 같아." 니나는 자신의 일터와 관계를 소중하게 여기는 사람이었다. 혼자 서고 싶다고 말한 니나가 부딪히는 세상은 성폭력과 비리로 얼룩진 곳이지만, 니나는 애인에게 흡수되는 대신 자기 자리에서 다른 여성들과 연대한다. 그 모습이 나에게 위로가 되었다.

요즘 나는 다르게 사랑하는 법을 배우는 중이다. 내밀하게 섞이면서도 서로에게 적절한 영향력을 행사하는 사랑의 온도를. 애인이 다른 지역으로 이동한다면 언제든 서로 다른 공간에서 살 수 있음을 확인하고, 2층에 나만의 방을 마련해서 혼자만의 시간을 즐기고, 함께하면서도 내가 지키고 싶은 인연과 어떤 것들을 꾸준히 채워 가고 있다. 엄마가 그랬듯, 나도 조금씩 질문을 키우고 있다. 엄마의 꿈은 정말 당신의 꿈이었는지, 나는 어땠는지.

나는 인어공주가 되고 싶지 않다. 왕자를 사랑한다는 이유로 지느러미를 다리로 바꾸고, 목소리를 잃고, 정든 바다를 떠나 육지를 선택하고, 결국 물거품이 되는 인어공주처럼 사랑하고 싶지 않다. 나를 지우는 사랑이 아닌 나의 토대에 단단하게 발 딛고 걸어가는 사랑을 하고 싶다.

# 요즘의 저녁

저녁 6시가 되면 공부를 마친 지민이 집에 온다. 손에는 저녁 장거리가 잔뜩 들려 있다. 내가 생리를 시작했으니 미역국을 먹어야 한다며 바지락과 미역을 사 왔다. 지민이 요리하는 동안 퇴근하는 우주에게 전화해서 지민이 밥하는 중이니까 빨리 오라고 보챈다. 우주는 지금 퇴근하고 들어가는 중이라며 “아, 이게 말로만 듣던 퇴근하고 들어갈 때 된장찌개 냄새나는 그런 느낌인가?”라며 웃는다. 요리를 하지 않는 나와 둘이 지낼 때는 상상도 못 할 풍경이었으니까.

우주가 도착할 때쯤, 저녁상에는 고소한 바지락 미역국과 버섯전, 엄마가 싸 준 깻잎 김치와 풋고추가 차려져 있다. 셋이 둘러앉아 밥을 먹으면서 하루 동안 있었던 일을 나눈다. 우주가 “음, 진짜 맛있어요. 역시 지민 최고”라고 말하면 지민은 “아이고, 제가 우주만 하겠어요”라며 웃는다. 저녁을 먹고 설거지를 한 뒤에 각자 할 일을 한다. 지민은 노무사 시험 준비와 더불어 여러 성소수자 단체에서 활동하느라 각종 문서를 정리하고, 우주는 강의를 준비하느라 노트북 앞에서 씨름한다. 나는 책장에서 집어 든 장편소설 『붕대 감기』를 펼쳤다.

잠시 후 나처럼 생리를 시작한 강아지 달이의 스트레스를 풀어 줄 겸 산책을 나갔다. 영상 편집에 열중하는 우주는 놔두고 지민, 달이와 함께 집 앞 편의점에서 캔맥주와 불닭볶음면을 사 왔다. 밤 11시쯤 됐을 때, 슬슬 술 한잔이 고파서 눈짓으로 신호를 보냈다. 불닭볶음면으로 간단히 1차를 하고 다음은 우주의 요리 시간. 우주는 모든 요리를 감으로 맛있게 뚝딱 만드는 능력이 있다. 지민이 찌개류를 비롯한 한식 전문가라면, 우주는 중식, 양식, 일식에 두루 능하다. 어제는 간단하게 먹자며 양파에 튀김가루를 입혀 양파링을 만들어 주었다.

어느덧 셋이 함께하는 저녁이 일상이 됐다.

우주와 지민은 내가 혹시 다른 애인을 만나게 된다면 자신들에게 허락을 받아야 한다며 내 애인의 조건을 줄줄이 읊는다. 요리를 잘해야 함, 술 잘 마셔야 함, 식성이 비슷해야 함, 소수자 감수성이 있어야 함, 운전을 잘해야 함, 엉덩이가 가벼워야 함 등등. 내가 아프면 두 사람이 나를 간호해 주고, 지민에게 안 좋은 일이 생기면 우주와 내가 머리를 모아 함께 전략을 짜고, 우주가 힘들면 지민과 함께 술 한잔을 기울인다. 기분 좋은 일이 생겨도 셋이 모여 축하한다.

여전히 두 사람은 내 사소한 말 한마디나 시선 같은 것에 질투와 서운함을 느끼기도 하지만, 서로를 받아들이려 노력한다. 이 관계에서 더 깊게 공감하는 사람은 어쩌면 승은보다 서로라며, 동료애를 다지기도 한다. 언젠가 우주가 나에게 진지하게 말했다. "예전에는 승은과 함께하는 미래만 생각했는데, 지금은 지민도 포함해서 생각하게 돼."

관계를 오픈한 뒤, 폴리아모리에 관한 글을 써 달라는 요청을 많이 받았다. 그때마다 써야지 마음먹으면서도 아득하게만 느껴졌다. 어디에서부터 어떻게 우리의 관계를 기록해야 할까. 두 사람이 사랑하는 일과 세 사람이 사랑하는 일은 어떻게 다를까. 타인과 일상을 공유하며 내밀한 관계가 되는 의미는 뭘까.

우리 관계는 폴리아모리로 불리지만, 특별하게 다르지 않다. 여느 사랑하는 사람들이 그렇듯 질투와 존중 사이에서 갈팡질팡한다. 모노가미와의 뚜렷한 차이점이라면 갈등의 양상이 다른 것. 가끔 내가 우주를 지민으로, 지민을 우주로 잘못 불러서 살짝 눈치 보게 되는 정도다. 그 과정에서도 갈등이 크게 번지지 않는다. 우리는 다만 서로를 소유하고자 애쓰는 에너지를 다른 곳에 쓴다. 소유할 수 없음을 인정하고 상대와 또 다른 상대를 존중하는 데 관심을 기울이면서.

지민이 오늘 저녁은 뭘 해 먹을지 묻는다. 저녁 메뉴를 고민하다가 익숙해진 지금에 웃음이 나온다. 언젠가 우리가 더 이상 저녁을 함께하지 못하는 날이 온다면, 그것은 폴리아모리의 실패가 아니라 사랑이 지나간 것일 뿐임을 안다. 오늘도 우리는 함께 저녁을 보낸다. 아슬아슬한 꿈같지만 단단한 관계 속에서.

# 인터뷰 ❷ | 당신의 이야기를 들려주세요!

**승은**

언젠가 우주가 저에게 말했죠. "나는 승은의 애인이나 폴리아모리스트가 아니라 나 자신으로 불리고 싶어." 사실 제가 이 책을 쓰면서 고민했던 부분도 같았어요. 책이 나온 뒤에 두 사람이 저의 애인으로만 호명되거나, 우리 셋이 폴리아모리로만 해석될까 봐 우려됐어요. 아쉽게도 두 사람이 각자의 사정으로 함께 글을 쓰지 못하는 상황이라 제가 원고를 쓰게 되었지만요. 제 위치에서의 어려움과 두 사람 위치에서의 어려움이 다를 거고, 폴리아모리에 대한 정의도 우리 셋 다 조금씩 다르잖아요? 오늘은 두 사람이 마음껏 이야기하는 시간을 가지려고 합니다. 폴리아모리를 처음 접하거나, 관계에 어려움을 겪거나, 고민하는 누군가에게 조금이라도 도움이 되는 이야기가 오가는 시간일 수도 있고요.

——— 우선, 제가 '폴리아모리'라는 주제로 책을 출간한다고 했을 때, 어떤 심정이었나요? 뜯어말리고 싶진 않았는지, 혹은 기대한 바가 있었는지 궁금해요.

**지민**

가장 먼저는 기뻤어요. 아무래도 승은이 좋아하고 잘하는 글쓰기의 기회와 환경이 마련되는 거니까요. 그런데 시간이 지나면서 곰곰이 생각해 보니까 걱정이 밀려오더라고요. 지나간 연인도 아니고, 현재의 관계를 그려 내는 일은 위험할 수 있잖아요. 솔직해지기보다 미화할 수도 있고, 반대로 너무 솔직해서 서로에게 상처를 줄 수도 있고요. 또, 드러내고 싶지 않은 내 모습이 영영 기록으로 박제되면 어떡하지 싶은 걱정도 있었어요. 그래도 뜯어말리고 싶진 않았어요. 폴리아모리에 대한 논의가 워낙 희소하기 때문에 살아 내며 쓰는 기록물이 필요하다는 데 의심의 여지가 없었고, 우리 각자 생각을 정리할 수 있는 기회라는 점에서도 좋았어요. 좋은 추억이 될 거라는 생각도 했고요. 실제로 이 작업을 계기로 우리가 더 많이 대화하게 되었잖아요? 가장 무서운 건, 어떻게 읽힐지가 미지수라는 점이죠. 그 영역은 우리 의지로 통제할 수 있는 게 아닌, 오로지 독자의 몫이다 보니…… 걱정이 완전히 사라지진 않아요.

**우주**

지민 말에 공감해요. 저 역시 뜯어말리고 싶은 마음과 대환영, 그 중간 어디쯤의 애매한 심정이었어요. 우리 이야기가 전해지면 좋겠다는 생각도 있었고, 한편으로는 불안한 감정도 있었어요. 지민 말처럼, 이야기가 드러났을 때 우리 안과 밖에서 여러 갈등이 있을 수 있겠다는 두려움도 있었지요. 무엇보다 저의 지질한 모습이나 태도가 드러날 게 걱정되었죠. 내가 드러나야 한다면 기왕이면 좋은 모습이면 좋겠다는 욕심 때문에요. 물론, 승은이 독단적으로 쓰지 않을 걸 알고 있고, 어느 정도 저희와 상의를 하고 있지만, 그럼에도 불구하고 쿨해 보이지 못할까 봐 원고에 대해 적극적으로 얘기하지 못한 부분도 있고요.

**승은**

혹시 어떤 부분에서 얘기 못 했어요?

**우주**

비~밀~.(웃음) 제 여러 모습 중에는 당연히 장단점이 있잖아요. 모든 모습이 좋을 수 없다는 걸 알고 있고, 그게 욕심이라는 것도 알고 있지만…… 다 예뻐 보이고 싶어서 그랬어요. 그리고 가까운 지인을 포함해서 우리를 아예 모르는 사람들의 시선도 신경 쓰였죠. 아무래도 폴리아모리 '남성'의 위치에서 받게 될 법한 편견이 있잖아요. 가령, 일부일처제에서는 한 여자를 독점하는 게 남성성을 드러내는 주요한 방법 중 하나로 여겨지잖아요? 그런데 제가 V관계의 꼬리 위치의 남성이라고 드러났을 때, 한 여성과도 제대로 관계 맺지 못하는 불완전한 존재로 비치면 어떡하나 하는 걱정도 있었죠. 이 관념과 싸워야 한다는 걸 알면서도요. 반대로 바람둥이처럼 보일까 봐 걱정도 됐어요. 실제로 폴리아모리 남성 중에는 바람을 정당화하는 경우가 더러 있고, 저 역시 그렇게 보일지 모른다는 걱정이 있었죠.

뭐, 셀 수 없이 많이 망설였지만, 이를 해명할 기회가 승은 입을 통해서 가능하다는 게 의미 있다고 생각했어요. 우리가 다른 방식으로 살아가고 있긴 해도, 다르기만 한 건 아니잖아요. 어떤 면에서 다른 사람들과 비슷하고 어떤 면에서 다른지 잘 드러날 수 있길 바랍니다.

——— '폴리아모리'가 아닌 방식으로 자신을 소개해 줄 수 있어요? 어떤 일을 하고 있으며, 무엇을 좋아하고, 무엇을 싫어하는지. 아주 사소한 소개라도 좋아요.

**우주**

저는 남성으로 살아가는데요, 지정 성별을 중요한 정보로 여기며 살지 않으려고 노력해요. 고양이 털 알레르기가 있어서 고양이 집사는 못 할 것 같고 멍멍이 네 마리랑 살고 있죠. 개를 아주 좋아해요. 사람을 성적으로 대상화하거나 수단화하는 걸 경계하는 편이지만, 만인의 성적 대상이 되고 싶은 욕구도 있어요.(웃음) 저는 뚜렷한 BDSM 성향자는 아닌데요, 어차피 인간은 모두 다 변태라고 생각해요. (승은: 본인이 변태라고 고백하는 거?) 맞아요, 저는 변태예요. 그런데 잘 드러내지 못해요. 소심해서요.

되도록 타인을 무해하게, 덜 폭력적으로 대하면서 살아가고 싶어요. 그런데 제가 종종 참지 못하는 상황, 가령 혐오 발언이나 차별적 시선에 욱하는 면이 있어요. 그런 점들을 어떻게 유연하게 바꿀 수 있을까 고민하고 있어요. 주로 독서나 주변 사람들과의 대화, 여러 단체 활동을 통해서 노력해요. 구체적으로 소개하면, 트랜스 평화교육 연구소에서 연구위원을 하고 있고요, 고양 녹색당에서 운영위원을 하고 있어요. 노들야학에서 스터디도 하고 있고, 주홍빛 연대 차차에서도 활동하고 있죠. 번역도 하고 있고요, 연구도 하죠. 회사도 다니고…… (지민: 많다, 완전 능력자다!) 하고 싶은 게 엄청 많고, 하고 있는 일도 많아요. 앞으로 해야 할 일도 많을 것 같고요.

**승은**

다른 사람들이 우주를 떠올리면, 어떤 이미지로 기억하길 바라나요?

**우주**

자유로운 귀요미.(웃음) 참, 중요한 걸 빼먹었다. 섹시하고 자유로운 귀요미.

지민

전 이미 섹시해서 섹시한 이미지는 됐고.(웃음) 저는 낯을 많이 가리고, 무기력과 우울과 함께 살아가고 있어요. 숨고 싶은 마음 탓에 어딘가 나서길 두려워하고. 그런데도 나설 일들이 생기게 되어서 최근에는 내적 갈등이 많아요. 저는 술도 좋아하고, 밤에 음식 만들어 먹는 거 좋아해요. 혼자 있을 때도 술이랑 음식을 정성스럽게 차려서 영화 보는 시간을 행복하게 여겨요. 주파수 맞는 누군가와 수다 떠는 것도 저의 큰 낙 중 하나예요. 함께 사는 멍멍이들 덕분에 함께 살아가는 법과 사랑하는 법을 배우고 있고요. 참, 당구도 좋아해요! 사람을 경계하면서도 사람을 좋아해요. 한편으로는 트랜스젠더퀴어 혹은 논바이너리 언저리 정도의 정체성을 갖고 있어요. 바이섹슈얼 혹은 팬섹슈얼 언저리의 성적 지향을 갖고 있고요. 고정된 이름이기보다는 저의 관계 맺음이나 삶의 과정에서 언어를 만나는 과정이라고 생각해요.

요즘 저는 노무사를 준비하고 있어요. 다른 한편으로는 퀴어 관련 논의나 성소수자 노동권, 트랜스 정치학에 관심을 두고 있고요. '성별이분법에 저항하는 사람들의 모임, 여행자'라는 트랜스젠더퀴어 단체에서 활동하고 있어요. 2017년에 한동대에서 부당징계 무기정학을 받고, 무효 확인 소송을 2년 넘게 이어 왔어요. 결국 '징계 무효' 판결을 받았는데, 재판이 끝나도 투쟁은 끝난 게 아니라고 생각해서 이와 관련된 책을 쓰고 있어요. 최근엔 장신대에서 유사한 일을 겪은 분들과 '갓길: 같이 걷는 사람들'이라는 단체를 만들어서 함께 활동하고 있어요.

저는 사람들이 저를 '섬세하고 담백하고 매력적인 사람'으로 기억하면 좋겠어요.

**우주**

아, 나만 너무 강렬한 언어로 말했다. 참, '청설모'도 넣어 주세요. 언급 안 하면 사람들 삐칠라.(웃음) 청설모는 국내 유일무이한 청년 평화 단체입니다.

——— 두 사람은 처음에 어떻게 폴리아모리를 결심하게 되었나요? 쉬운 결정은 아니잖아요. 저희 셋만 해도 폴리아모리에 대한 정의를 미묘하게 다르게 하잖아요. 저는 폴리아모리를 조금 추상적인 표현이지만, '사랑을 폭력이 아닌, 돌봄의 기능으로 바꾸는 관계'라고 생각하는데요. 두 사람이 생각하는 폴리아모리란 무엇인지도 연결해서 말씀해 주세요.

**지민**

제 시작은 단순하죠. 승은의 제안이었어요. 서로 연락을 주고받던 초창기에 승은이 말했죠. "저는 폴리아모리 관계를 지향하고 지금 함께 사는 애인이 있어요." 처음엔 멍했어요. 폴.리.아.모.리? 그런 단어도 처음 들었고, 그게 뭔지 공부할 시간도 필요했어요. 이미 승은에 대한 호감이 컸던 상황이라 공부해 봐야겠다는 생각이 먼저 들었어요. 그래서 관련 자료들을 찾아보고 고민을 이어 갔는데…….

**우주**

잠깐, 대화 도중 끼어들어도 되나요? 비록 승은이 물건은 아니지만, 비유하자면 당시 저에게서 승은을 뺏을 수 있다는 생각은 안 했어요?

**지민**

처음엔 없었어요. (우주: 나중엔 있었다?) (웃음) 저는 순서가 달랐어요. 폴리아모리라는 개념, 인터넷에 나온 '비독점적으로 관계를 맺는다'는 설명이 개념적으로 먼저 다가와서 오히려 단순했어요. 어? 더 좋은 방식이겠다. 생각해 보면 그때 이미 승은에 대한 어떤 신뢰가 있었어요. 그 전부터 글과 활동을 통해 승은을 알고 있었기 때문에 받아들이기 더 쉬웠겠죠.

여하간, 결심이나 시작은 의외로 간단했어요.

이후가 복잡했죠. 만나고 3개월 지났을 때부터 사랑이 깊어지고 기대감이 커졌을 때, 나한테 집중했으면 좋겠다는 마음에 우주를 경쟁 상대로 인식했던 것 같아요. 그때는 매일 갈팡질팡했어요. 우주와 사소한 다툼이 있었다는 소식을 들으면 힘들어하는 승은을 위로하면서도 다른 한편으로는 더 싸우면 좋겠다는 생각도 들었고. 이럴 때 나한테 기대면 나한테 감정이 커져서 정리하고 포항으로 오지 않을까? 하는 생각도 있었고요.(웃음)

우주

아, '뺏을 수 있다'와 '뺏고 싶다'는 다른 거잖아요? 그 점이 궁금했어요.

지민

아무래도 '뺏으면 좋겠다'는 마음이 들었던 건 '뺏을 수 있다'는 가능성을 봤기 때문이지 않을까.(웃음)

다시 질문으로 돌아와서, 제가 생각하는 폴리아모리 관계는 정의가 어려운데…… 아마 100개의 폴리아모리 관계가 있다면 모두가 다 다르겠지만, 적어도 제가 맺는 폴리아모리 관계는 서로가 잘 의지하고 평등하게 연립하기 위해 노력하는 관계? 당연한 거라 믿어 왔던 일대일 관계의 암묵적인 동의, 무수한 전제를 의심하는 과정? 정도가 아닐까 싶어요. 사실 아직도 정의 내리기가 쉽지 않네요.

**우주**

저는 폴리아모리를 강하게 결심했던 적이 없어요. 승은이 지민을 만나기 전까지 저는 폴리아모리를 관념적으로만 생각했었죠. 괜찮을 수도 있겠다고 생각할 뿐이었지 적극적으로 하고 싶다는 생각은 없었어요. 승은과 제가 연애할 당시에 폴리아모리에 관한 이야기를 워낙 자주 나눠 왔기에 별문제 없을 거라 여겼던 것 같아요. 지민에게 '뺏을 수 있다고 생각했느냐' 질문한 이유는 당시에 제가 가졌던 생각이기 때문이에요. '구관이 명관이다, 한번 겪어 봐라. 결국 나한테 돌아올 거다' 이런 마음이 있어서…… 처음에 승은이 누군가를 만난다고 했을 땐, 화나고 질투 나고 경쟁심, 불안감 등이 생겼죠. 지민에게 뺏길 수도 있겠다 VS 그래도 나는 뺏기지 않을 거다 하는 이중적인 감정이 있었어요.

저는 폴리아모리가 완성된 어떤 상태라고 보지 않아요. 당시에도 폴리아모리에 대해 무수한 이야기를 승은과 나눠 왔지만, 막상 폴리아모리 관계를 시작하니 불쑥불쑥 튀어나오는 감정은 독점욕에 기반한 것이었어요. 저에게 폴리아모리는 제 감정을 끊임없이 생각하고 돌아보고 반성하는 과정이었어요. 그래서 저는 폴리아모리를 어떤 성향보다는 노력과 과정으로 이해하고 있어요.

제가 이 폴리아모러스 관계를 해 나갈 수 있게 만든 계기는 두 분의 만남이었죠. 그때부터 내 피부로 실감하는 경험을 했으니까. 그 전까지 승은과 나눴던 대화는 일종의 사고 실험과 같았죠. 실제로 피부로 겪어 보니 전혀 다른 세계가 펼쳐졌고요. 그걸 극복해 나가는 과정이 폴리아모리에서 중요한 지점이라고 생각해요. 그래서 저 역시 지민 말처럼, 폴리아모리란 서로에게 상처 주지 않고, 덜 폭력적인 관계를 위해 고민하고 노력하는 과정이라고 생각해요. 완성된 상태가 아니라.

—— 우리가 V관계라서 그런지 우주와 지민이 같은 종류의 어려움을 겪을 거라고 예상하는 분이 많더라고요. 질투 같은 감정은 공유했겠지만, 각자의 위치에서 고유한 어려움이 있었을 것 같아요. 어떤 어려움이 있었고, 해소하기 위해 어떤 노력을 했는지 알려 주시겠어요?

**우주**

너무 많아서 당장 떠오르지 않네요.(웃음) 시간 순으로 말하자면 저는 초기에 특히 힘들었어요. 승은은 저와 동거하고 있었고, 지민을 만나면서 포항을 오갔잖아요. 기존에는 저와 일주일에 7일 붙어 있었다면, 그 시간이 반으로 줄어들었고. 그 시간만큼 눈에 보이는 노력과 에너지 교환이 줄어들어서 서운했죠. 질투심을 느꼈고요. 그때부터 온갖 이유를 갖다 붙이기 시작했던 것 같아요. 당시 승은에게 썼던 편지를 보면 제가 이런 감정에 휩싸여 있었더라고요. '내가 돈 벌어서 사준 옷과 내가 빨래한 옷을 입고 지민에게 간다. 내 노동을 승은은 모두 지민에게 쓰고 있다!' 피해의식과 불만이 쌓였죠.

이거 어떻게 극복했을까. 결국 시간일까요? 근데 그 시간 동안 다들 엄청나게 노력했죠. 승은의 노력도 있었고, 지민의 노력도 있었고. 저도 그 자존감 뚝뚝 떨어지는 상황에서 어떻게든 우울하게만 남지 않으려고 안간힘을 썼어요. 저는 말의 무게를 중요하게 생각하는데, 폴리아모리라는 말도 승은과 합의한 거였으니까 그 말을 지키려고 노력했어요. 폴리아모리스트로서 내가 어떤 마음가짐을 갖고 사는 게 좋겠다고 계속 각인해 왔기 때문에 오히려 부정적인 감정이 들 때마다 자책했던 것 같아요. 이래선 안 된다고요.

돌이켜보면, 그때 제 주량이 늘었어요. 술을 많이 마셔서…….(웃음) 친구들한테 상담도 많이 받았고요. 근데 아무래도 대부분의 친구들은 대번 "헤어져라, 여자가 나쁜 년이다" 라고 말하니까, 오히려 제가 승은이나 폴리아모리를 변호하게 되었어요. 그런 말을 들으려고 상담한 건 아니었으니까요.

셋이 함께 살기 시작하면서는 독립적인 공간이 보장되지 못할까 봐 걱정되었어요. 저는 제 공간을 너무나 중요하게 여기는 사람이고, 공부를 하거나 책을 보거나, 뭐든 혼자 틀어박혀서 하는 걸 좋아하니까요. 승은과 동거할 때도 어느 정도 감수하는 부분이 있었지만, 지민이 함께한다고 생각했을 때는 더 어려움이 있겠구나 싶었죠. 그 밖에 여러 가지 상상할 수 있을 법한 것들. 성생활, 가사 분담, 돌봄노동에서의 조율과 어려움이 있었죠. 모두의 노력이 필요했고…….

**승은**

모두의 노력이라면, 조금 더 구체적으로 어떤 노력이 있었을까요?

**우주**

일단, 집을 잘 구했다! 그 덕에 각자의 사생활이 비교적 잘 보장될 수 있었던 게 크죠. 직업상 제가 저녁 6시까지 자리를 비우니까 시간 분배도 가능했고요. 지민, 승은과 노동 분배가 잘되기도 했고요. 물론, 가사노동을 잘 못해서 서로 불편함을 느끼기도 했지만, 그것도 계속 대화하면서 해결해 나가는 중이라고 생각해요. 승은의 진두지휘 아래서 굉장히 나아지고 있다! 성생활은 여전히 물음표입니다. 이게 섹스리스인지, 하지 않는 것인지, 하지 못하는 것인지 알 수 없는…….

**승은**

사람들이 셋이 한집에 산다고 할 때 가장 궁금해하는 부분이 섹스더라고요. 셋이 살면 도대체 섹스는 어떻게 하나? 하는 질문을 자주 들었어요.

**우주**

솔직히 우리가 섹스를 하지 않았던 건 아니잖아요? 그렇지만 왕성한 성생활을 누리고 있진 않다는 것.(웃음)

**승은**

저랑 둘이 살 때보다 줄었다고 생각하나요?

**우주**

줄었다고 생각하죠. 그런데, 그건 어쩌면 시간의 변수 때문일 수도 있다고 생각해요. 아무래도 초기보다는 열정이나 설렘이 줄어서……? 그래서 최근에는 새로운 방식의 성적 실천을 탐구하고 있잖아요. 우리 모두가. 다양한 정보와 방식을 셋이 나누기도 하고요. 우리 안에서 재미있는 요소들을 찾아보려고 노력하지 않나요?

지민

사실, 저는 관계를 맺으면서 겪는 어려움이 무수히 많은데, 유독 섹스에 관한 어려움을 짐작하는 태도에 답하기가 망설여져요. 설명할 필요를 느끼면서도 질문 자체가 별로라는 생각도 들고요. 그래서 저는 이 질문에 대해서는 답하고 싶지 않아요.

승은도 한 권의 책을 쓰면서 무수히 많은 에피소드와 다양한 감정을 썼을 거잖아요? 아마 저희를 인터뷰하는 이유도 승은이 쓸 수 없었던 이야기를 담기 위해서겠지요. 각자의 어려움이라…… 이걸 제대로 답하려면 책 한 권이 새로 나와야겠죠.(웃음)

저도 시간 순으로 가 보자면, 초반 3개월은 오히려 개념이 저를 압도한 시간이었어요. 그래서 질투보다는 컴퍼션*이라고 하죠? 승은이 더 행복하면 좋겠다는 맥락에서 힘들지 않았어요. 그런데 기대감이 커지는 순간부터 힘들어졌어요. 질투라는 단어만으로 표현이 안 되는 소외감, 상실감, 슬픔, 외로움 등의 감정을 느꼈죠.

제가 느끼기에 저희 만나고 3개월부터 12개월까지, 약 9개

* Compersion. 폴리아모리 관계에서 사용되는 용어. 자신이 사랑하는 연인, 아내 혹은 남편이 다른 사람과 사랑하는 것을 기뻐해 주는 마음. 독점적 관계에서의 '질투'의 반대 개념이라고 할 수 있다.

월 정도는 거의 지옥 같은 시간이었어요. 일주일에 며칠을 울었는지 모르겠어요. 당시에 승은이 사흘은 포항에, 나흘은 춘천에 머물렀잖아요. 승은이 춘천에 가 있는 동안에는 하루에도 몇 번씩 감정 기복이 심했어요. 내 생활에 집중하고 싶으면서도 문득문득 서운해져 버리고. 사소하게는 연락이 안 될 때 제 상상력이 너무 발휘되더라고요. 우주는 절대적으로 멋진 사람이고, 세상 제일 거대한 사람, 침대의 왕…….(웃음) 열등감이 상상을 만들고, 상상이 열등감을 증폭시켰죠. 우주와 함께 행복할 승은을 상상하면, 나는 부족한 사람이 아닐까 하는 의심이 들었어요. 돌이켜보면 그 시간을 어떻게 버텼나 싶어요.

어떻게 극복했을까…… 극복은 못 했어요. 다만, 저는 힘든 걸 말해야 하는 사람이에요. 말하지 않으면 버티기 어려운 편이라 문자할 때의 뉘앙스라던가 연락의 빈도 같은 사소한 포인트까지 놓치지 않고 우선 스스로 질문했고, 다음은 승은에게 솔직하게 털어놨죠. 나중에는 승은도 지칠 정도로 엄청 쏟아 냈죠. 그런데 저는 그런 과정이 없었으면 아마 버티지 못했을 거예요. 극복은 못 하더라도 제가 버틸 수 있었던 건 소통하면서 감정을 풀어낼 수 있었기 때문 아니었을까요.

그다음 셋이 얼굴을 마주하고 교류하는 동안에는…… 그때도 힘들었죠. 우주를 직접 만나고 나서, 좋아진 점도 있었지만 오히려 관계의 역동이 실체화되었어요. 내 앞에 있을 때와 우주와 있을 때 승은의 차이가 보이면서 나의 부족함이 도드라지는 것 같고. 유독 열등감 때문에 힘들었어요.

당시에 저를 가장 힘들 게 했던 건 힘든 걸 힘들다고 말하지 못하는 상황이었어요. 나는 이미 힘든 시간을 통과하고 있는데, 다른 사람들에게 저는 힘든 것보다는 얻은 것 위주로 평가되곤 했어요. "그래도 넌 새로운 관계에 들어갔잖아? 힘든 건 너보다는 우주지" 이런 식으로요. 또, 승은과 우주는 확고한 신념과 사랑의 유대감과 신뢰 위에서 '중심 관계'로 보이고, 저는 주변 관계로 여겨지는 느낌. 둘은 나무의 기둥이고 나는 가지고, 가지는 언제든 잘릴 수 있다는 것. 남들이 그렇게 여기는 것도 싫었지만, 저조차도 그런 생각 때문에 힘들었어요. 저는 이런 감정조차도 승은에게 말했어요. 승은이 그걸 들어줬고요. 그래서 다행이에요.

함께 살게 된 이후로는 그 전만큼 강렬한 어려움은 크게 없어졌어요. 신뢰감이나 친밀감이 그만큼 쌓였기 때문이라고 생각해요. 저와 우주 사이에도 유대감이 형성되었고요. 승은이 중간에서 해 준 역할도 중요했지만, 저는 우주와 제 사이에서 서로에 대한 무수한 배려가 있었다고 봐요. 서로가 어떻게 느낄지 예상하고 조심스럽게 행동했기 때문에 힘든 점이 줄어들 수 있었죠. 힘든 점 위주로 얘기했지만, 이 관계가 힘든 것만은 아니었다는 점도 강조하고 싶네요.

**우주**

저도 동의합니다. 그런데 새삼 느낀 건데, 지민님 코가 참 예쁘네요.(웃음)

아, 제가 왜 이 질문에 답하기 어려웠을까 생각해 보니까 우리는 매일 다양한 감정을 느끼며 살잖아요. 책에 적을 만한 특별한 어려움을 말하라고 하니까 어려웠어요. 만약 반대로 행복감을 말하라고 해도 어려웠을 거예요.

——— 두 사람 말처럼, 우리의 '지금'이 가능한 이유는 각자의 노력이 있었기 때문이잖아요. 저는 지민이 솔직하게 자기감정을 말해 준 덕에 바로바로 오해를 풀 수 있어 좋았어요. 너무 많은 걸 토로했을 때 힘들기도 했지만요. 적당히 솔직할 필요를 느꼈달까?(웃음) 그렇지만 참으면서 오해를 쌓아 두지 않고 대화하려는 태도가 중요하다고 생각해요. 우주가 저에게 이런 말을 했었죠. "승은이도 참 힘들겠다. 고생한다, 승은아." 그 말을 들었을 때, 큰 힘이 됐어요. 저도 다 놓고 싶을 때가 있었죠. 특히 두 사람을 힘들게 한다는 죄책감 때문에 괴로웠어요. 다 정리하고 혼자 살거나 한 명만 선택하고 싶을 때도 있었고요. 우주의 말은 제 죄책감을 덜어 주는 말이었어요. 내가 이 관계에서 그저 누리기만 하는 사람이 아니라 노력하는 사람이라는 걸 알아주는 말이었지요. 제

위치에서는 상대가 어려움을 솔직하게 나누는 태도, 서로의 어려움을 알아주고 보듬어 주는 태도가 중요했다는 생각이 드는데요. 두 분 생각에, 꼭짓점과 메타무어가 어떤 태도를 가지면 좋겠는지 경험을 바탕으로 얘기해 줄래요? 같은 어려움을 겪는 사람에게요.

**우주**

지민이 승은에게 여러 어려움을 솔직하게 말해 왔다고 했잖아요? 저는 지민에게 직접적으로 불편함을 들은 적이 없어요. 오히려 그 부분을 승은이 중간에서 적절하게 녹여서 말해주는 편이었죠. 그런 점이 제 입장에서 지민의 입장을 공감적으로 상상하는 계기가 되지 않았나 싶어요. 저는 V관계에서 꼭짓점의 역할이 굉장히 중요하다고 생각해요. 메타무어가 쉽게 하지 못하는 이야기를 '잘' 전달하거나 질투를 완화하는 역할을 맡게 되니까요.

무엇보다 폴리아모리 관계에서 갈등의 원인을 폴리아모리로 귀결하지 않는 태도가 중요하다고 생각해요. 내가 이제까지 맺어 왔던 습관화된 감정과 관계 방식을 되돌아보는 과정이 같이 필요하잖아요. 폴리아모리는 누구에게든 생소한 방식일 테니까, 모든 걸 당연하게 여기지 않는 태도가 필요했어요. 그런 부분에서 지민은 굉장히 좋은 메타무어였어요. 지민은 섬세한 사람이잖아요. 항상 고민하는 사람이고. 적어도 제 앞에서 어떤 쉬운 판단이나 무례한 말이나 감정을 쏟아 낸 적이 없어요. 워낙 재능도 있는 사람이고요. 섬세한 감각으로 계속 배우고 활동하고 있잖아요. 서로 배울 점이 있고, 존중할 수 있었던 점이 유효했어요.

아까도 말했지만, 저는 폴리아모리에 본질이라는 게 존재한다면 노력과 과정이라고 생각해요. 그런 점에서 다른 누구도 아닌 지민이 메타무어여서 다행이라고 생각돼요. 일단 제가 지민을 인간적으로 좋아할 수 있었기에 이 관계가 가능했던 것 같아요. 그게 컸던 것 같아요. 정치적 성향이나 함께 고민하는 방향이 같았던 점도 컸고요. 주저하는 태도, 반성적이고 성찰적인 사고를 가진 사람이어서 좋았어요. 그리고 이건 모든 폴리아모리스트가 가져야 할 덕목이지만, 애초에 폴리아모리 관계를 맺으려면 개방성, 유연성이 필요하죠. 상대방의 생소한 언행과 생활 태도를 익숙하지 않다고 불편해하는 것보다 한 번은 재고해 보는 노력이 필요하죠. 판단하지 않으려는 노력. 일단은 그 사람에 대입해서 상상해 보려는 노력. 그런 면에서 두 분 모두 뛰어나시다.

**승은**

우리 앞이라서 좋은 말만 하는 건 아니죠?

우주

절대 아닙니다.

지민

저도 우주 말에 동의해요. 저는 관계를 조금 더 보편적으로 적용할 수 있을 것 같아요. 예를 들어, 친구 세 명이 만나는 관계에서도 무수한 감정이 역동적으로 오가잖아요. 친구 세 명이 만날 때 잘 만날 수 있는 방식이 무엇일까 고민해 보면 많은 부분 겹치지 않을까요? 세 명의 성향도 굉장히 중요할 테고요. 감정 표현을 잘 하거나 잘 들어주거나 중재하거나. 이런 역동 있잖아요? 서로 합이 잘 맞아야 한다고 생각해요.

조금 더 구체적으로 들어가서, 저는 기본적으로 저희 셋이 섬세했다고 생각해요. 상대의 감정을 눈치 보고, 그에 맞게 행동하고, 상대를 걱정하고. 단지 셋의 관계에만 매몰되지 않고, 더 좋은 방향의 관계를 어떻게 맺을 수 있을까 고민했다는 점이 저에게는 가장 중요한 부분이었어요.

각자를 나눠 본다면, 승은이 우주와 제가 가까워지는 과정에서 완충재 역할을 잘해 줬다고 생각해요. 충분히 오해가 생길 수 있는 부분이 많잖아요. 예컨대 메타무어라는 낯선 존재를 상상할 때, 그 상상이 엉뚱한 방향으로 흐르지 않도록 중간에서 언어를 잘 번역해 준 점이 고마웠어요. 가끔 폴리아모리 상담을 해 줄 때, 꼭짓점이 "재가 이거 싫대"라고 단순한 전달자가 되어 버리는 경우를 듣거든요. 모든 감정을 상대가 감수하라고 전가해 버리는 태도는 위험하죠. 스스로 노력을 포기해 버리는 거니까요. 꼭짓점은 일종의 번역자, 완충재 역할자로서 노동이 필요하겠죠.

또 한편으로는 번역이 수월할 수 있도록 1차 발화자의 역할도 크겠죠. 그런 점에서 우주가 말이 많은 편은 아니지만, 적은 말수 속에서도 단어나 생각이 신중했고 정중했기에 소통이 수월하지 않았나 싶어요. 우주의 말을 저도 곱씹게 되었던 거죠. 저는 솔직히 우주의 존재가 정말 든든해요. 의존하고 의지할 수 있는 존재예요. 우리 관계에서 우주의 태도는 핵심적인 역할이지 않았나. 관계를 사유화하지 않고, 사회적 맥락에서 고민하고 함께 공부하는 사람이었기 때문에 지금이 가능하다고 생각해요.

몇몇 관계를 보면 소위 텃세가 있죠. 먼저 만난 애인이 부리는 텃세, 혹은 권력 관계. 그런 경우도 많이 보거든요. 저는 한 번도 그런 경험을 한 적이 없어요. 좋은 메타무어를 만났기 때문이겠죠. '내가 먼저야, 내가 중전이야'라는 식의 태도를 가진 사람들 분명히 존재하죠. 아, 반대도 있어요. 기존 관계를 마치 똥차처럼 여겨 버리고 새 애인이 우월한 위치를 차지하려는 태도요. 기존 관계를 얼마나 존중하면서 관계를 맺을 것인가, 새로운 사람을 얼마나 존중하면서 관계를 맺을 것인가. 상호 가져야 할 태도이지 않을까요?

**우주**

승은이 그걸 잘해 줬어요. 저를 무척 소중한 똥차로 취급해 줬죠.(웃음) 오래 타서 정든 소중한 똥차라는 토닥임. 농담이 아니라, 저는 정말 그런 표현이 힘이 됐어요.

**지민**

하나 더 하면, 우주가 언어화해 준 점이 많았어요. 폴리아모리에 대한 레퍼런스가 부족한 상황에서 우주가 먼저 외국 문서를 번역하고, 언어를 접할 수 있게 해 줘서 우리의 고민을 언어화하며 나눌 수 있었죠.

**우주**

저 명색이 연구자잖아요.(지민은 우주를 사랑스럽게 바라보았다.)

──── 폴리아모리 관계에서 '질투'는 뗄 수 없는 화두인 것 같아요. 앞서 많은 이야기를 해 주셨으니까 간단하게 말하자면요, 지금 질투로 고생하는 폴리아모리스트들이 있다면 어떤 이야기를 전하고 싶나요?

지난날의 자신에게 해 주고 싶은 말일 수도 있겠죠. 어쩌면 지금의 자신에게 해당되는 말일 수도 있고요.

**지민**

우리 자조 모임 만들까요? 친구들이랑 연애 상담하잖아요. 그런 것처럼, 질투는 실재하는 고통이니까 얼마나 힘들어요. 함께 위로하고, 으쌰으쌰 할 수 있으면 좋겠어요.

**우주**

저는 할 말이 없습니다. 질투에 답은 없다.(단호) 다만, 그걸 스스로 잘 분석하면 좋겠어요. 제가 아는 어느 폴리아모리스트는 남 탓만 하더라고요. 내가 무엇을, 왜 질투하고 있는지를 명확하게 따져 볼 필요가 있다고 생각해요. 그런 노력을 해야 질투가 줄어들지 않을까요.

**지민**

격하게 공감해요. 어떤 질투인지에 대한 고민이 정말 필요해요. 분명히 위로받아야 하는 질투도 있지만, 스스로 의심하고 감내해야 하는 질투도 있다고 생각해요. 감정은 습관적이기도 하잖아요. 특정 상황에서 튀어나오는 질투나 관습화된 감정을 의심해 볼 필요가 있겠죠. 그러다 보면 실제로 해결되는 감정도 있더라고요.

승은

두 사람이 진짜 힘들었던 시기에 이런 말을 들었다면 위로가 되었을까요?

우주 지민

아니요!(절레절레) 답 없다. 어떤 말도 들리지 않을 겁니다.

지민

그래서 저는 자조 모임이 필요하다고 느껴요. 만약 저였다면, 힘들 때 누군가 '어느 정도 시간이 흐르고 그 사람과 관계를 맺으면서 이런 노력들을 하면 서서히 나아질 거야'라는 말을 해 줬다면 조금은 위로가 되었을 것 같아요.

우주

덧붙이자면, 시간이 지난다는 건 시곗바늘만 돌아가는 게 아니라, 그 시간만큼 우리가 어떤 경험을 축적했다는 의미인 것 같아요. 서로 어떤 노력으로 관계를 맺어 왔는지 연속성을 의미하는 거겠죠.

——— 우리 예전에 이런 지적을 받았었죠. "승은만 두 사람 만나고 있고, 지민과 우주는 애인이 한 명이니 진정한 폴리아모리가 아니다!"(웃음) '진정한 폴리아모리'란 무엇일까요? 존재한다고 생각하시나요? 가볍게 대답해 주시죠.

**우주**

저는 모든 관계에 '진정한 원형'이 있다고 믿는 것을 의심해 보는 관계가 진정한 폴리아모리라고 생각합니다.

**지민 승은**

오~ 언어술사다!

**지민**

저는 몰라요. '진정한'은 대체 무엇인가. 진정한 페미니스트, 진정한 폴리아모리, 진정한 진보, 진정한 인권…… 어우, 전 여전히 모르겠어요. 다만, 시간이 흐를수록 어떤 방식의 폴리아모리는 경계해야겠다는 생각은 들죠. 폭력적인 방식이거나 일방적이거나 오히려 더 독점적이고 통제적인 관계도 보이는 것 같아요. 비독점이 아닌 '다자'에만 방점을 찍는 관계에서 특히 위험한 양상이 나타나기도 하고요.

——— 말이 나왔으니까 말이죠, 두 사람의 다른 연애 가능성을 궁금해하는 분들도 많더라고요. "언제까지 승은만 두 사람을 만날 거냐!"는 식으로요. 앞으로 다른 연애의 가능성은 어떻게 생각하고 계신지요? 저 신경 쓰지 말고 편하게 말씀하세요. 아, 얘기한 김에 이상형을 살짝 언급해도 재밌겠어요.

지민

연애 가능성은 당연히 있죠. 그런데, 지금 내가 연애를 하고 싶은지 물으면 그건 아니에요. 저는 지금 제가 하는 일과 관계에 충분히 만족하고, 이것들을 잘 유지하는 것만으로도 많은 에너지를 쓰고 있어요. 만약에…… 무언가 '등장'해서 내 에너지를 더 끌어낸다면 또 모르겠지만.(웃음) 한편으로, 우리는 이제 함께 살고 많은 것을 공유하는 관계잖아요. 여기서 저나 우리 중에 누구든 새로운 관계가 생긴다는 건 기존 관계와 어떻게든 영향을 주고받을 수밖에 없기 때문에, 모든 상황을 조율하는 에너지가 상당히 들 것 같기는 해요. 그런 점이 고려되는 요소예요.

이상형은 따듯하고 섬세하면서도 품이 넓고 자상한 사람? 잘생긴 사람? 키는 상관없고요, 체형은 좀 어깨가 넓은 체형, 그렇다고 완전 근육질이 아닌 적당한 근육질이면 좋겠어요. 코가 예쁘면 좋겠고, 눈은 가능하면 무쌍이면……. (승은: 까다로우시네요.) 아 근데 뭐 이상형이니까.

우주

저는 언제나 항시 활짝 열려 있습니다.(웃음) 그리고, 지민이 앞서 단서를 달아서 우리 공동체가 무척 폐쇄적으로 여겨질 수 있는데, 우리가 그렇게 어려운 사람들이 아니라는 점을 말씀드리고 싶어요. 새로운 사람과 관계 맺는 것에 대해서 그렇게 까탈스럽진 않다. 적어도 대외적으로는요. 하하. 그걸 널리 알리고 싶고요.

제 이상형은 섹시한 사람! 그런데 여기서 부연할 점이 있어요. 저에게 섹스도 중요하고 연애도 중요합니다. 그런데 그것만이 중요하다고 절대 생각하지 않습니다. 제가 지금 다른 파트너와 관계 맺고 있지 않기 때문에 불만족스러울 거라고 보이지 않길 바라요. 우리 관계뿐만 아니라 저는 교류하고 관계 맺는 수많은 동료가 있거든요. 저는 이 모든 관계가 소중하다고 생각하고 있고, 이미 많은 에너지를 얻고 있기 때문에 제 말이 단순히 연애 관계를 더 확장하고 싶다는 식으로만 읽히지 않길 원해요. 그럼 제 이상형이 자연스럽게 설명되겠죠. 저는 기존의 제 삶에 균열을 내는 사람이 아니라 함께 어울릴 수 있는 사람을 만나면 좋겠어요.

**승은**

그럼, 제가 제3의 인물을 만날 가능성에 대해 두 분은 어떻게 생각하나요?

**우주**

대외적인 답변과 개인적 답변이 다르네요. 대외적으로는 만나라. 개인적으로는 어…… 나보다는 승은이 다른 사람을 만날 수 있을 가능성이 높기 때문에 적당히 했으면 좋겠다.(웃음) 뭔 말인지 아시겠죠? 저는 백 번 시도해도 한 명 될까 말까인데, 승은은 시도를 안 해도 백 명이 오잖아요. 그런 기울어진 운동장에서 우리는 똑같은 허용보다는 형평성을 지향해야 하지 않나. 저는 기계적 평등을 싫어합니다. 물론 파트너 수가 같아야 평등한 건 아니지만…… 아시겠지요?

**승은**

모르겠는디요.

**지민**

전 뭐, 만나세요!

우주

이거 봐, 쿨할 수 있는 자원을 가진 사람이 있다니까.

지민

만나기만 해 봐라.(웃음) 만나려면 가사노동 소홀히 하지 마시고요. 강아지 돌봄 잘 하시고요. 나도 잘 케어해 주고요. 하아…… 기왕 만날 거라면 괜찮은 사람이면 좋겠네요. 정말 누군가가 생겨 만나고 싶어지면 그때 가족회의 안건으로 올리세요!

우주

그 사람에게 착한 시누이 둘이 있다고 꼭 말하시고요!

——— 네, 꼭 말하겠습니다. 두 사람도 다른 사람이 생길 것 같으면 가족회의 안건으로 꼭 올리시지요! 다음 질문은요. 폴리아모리를 타고난 정체성으로 볼 건지, 선택 가능한 라이프스타일로 볼 건지 의견이 나뉘더라고요. 조금 다른 맥락이지만, 폴리아모리를 '퀴어'의 범주로 넣을 수 있는지에 대한 논쟁도 있고요. 이 부분에 대한 두 분의 생각이 궁금해요. 어려운 질문이지요?

지민

매번 이런 질문을 받으면 말하고 싶은 건 이런 거예요. 퀴어는 과연 정의될 수 있는 개념인가. 또 범주화할 수 있는 개념인가. 애당초 퀴어는 동적인 개념이 아닌가. 또 한편으로 폴리아모리가 퀴어의 범주에 들어가는지 마는지가 중요한가. 다시 말해 퀴어냐 아니냐를 왜 따져야 하는가, 같은 질문이 생겨요. 다만, 많은 사회적 소수자가 다르면서도 비슷한 차별의 경험을 공유하잖아요. 특히 성소수자 차별과 폴리아모리의 차별은 밀접해 보이고요. 성소수자라는 것이 성과 관련한 소수자 혹은 사회적 약자라고 한다면, 사회가 용인하는 일대일 관계가 아니라는 점에서 폴리아모리는 한편으로 성소수자이기도 하죠. 저는 그렇게 생각해요.

우주

지민의 문제의식에 동의해요. 폴리아모리가 퀴어인지 아닌지 고민하는 맥락이 중요하다고 생각해요. 이런 질문이 누구의 입장에서 자꾸 이야기되는지 세심하게 따져 봐야 할 필요가 있어요. 질문과 대답하는 과정 모두. 그렇기에 그 질문은 한계를 가지고 있다고 생각하고요, 우리에게 중요한 질문은 아닌 것 같다고 느껴요.

폴리아모리가 누군가에겐 정체성처럼 나를 설명하는 주요

한 정보가 될 수도 있겠고요. 반면에 내가 택할 수 있는 라이프스타일로 여겨질 수도 있겠죠. 다만, 저는 폴리아모리를 정체성으로 여기는 분이라고 할지라도 이것이 정체성이기 때문에 '다자' 관계를 반드시 맺어야 한다고 강변하거나, 그것만이 나에게 좋은 방식이라고 생각하는 사람이 없었으면 좋겠어요. 앞서 말씀드렸듯, 폴리아모리는 어떤 '상태'가 아니라 노력하는 '과정'이니까요. 폴리아모리라는 정체성은 이미 갖추어진 성향이 아니라, 상대방과 끊임없이 대화하고 협상하는 과정이나 태도라는 겁니다. 비록 같은 정체성을 가진 사람들이 만났다고 하더라도 평등하기 위한 노력이 당연히 필요하고요. 그래서 저는 폴리아모리를 단지 누군가가 선택하거나 버릴 수 있는 라이프스타일로 규정하는 입장에도 반대하고, 반대로 그것이 정체성이기 때문에 다자연애로 이어 나가야 한다고 여기는 입장에도 비판적입니다.

——— 우주와 지민에게 서로는 어떤 존재인가요? 흔히 메타무어 관계는 항상 대립하거나 경쟁하는 구도로 그려지잖아요. 제가 보기엔 두 사람은 저를 함께 씹는 동료로도 보이는데. 서로에 대한 진심이 궁금해요. 툭 터놓고 이야기해 주시죠!

지민

지금 저에게 우주는 든든한 식구예요. 때로는 아빠 같고, 때로는 오빠 같고,(웃음) 때로는 친구 같은 존재예요. 제가 많이 의지하는 존재. 그렇다고 질투를 전혀 느끼지 않느냐 하면 그건 아니에요. 어떤 경우에는 여전히 우주에게 큰 질투를 느껴요. 근데 그 질투가 우주의 탓인지 되물으면 거의 대부분 아니거든요. 제 탓이거나 승은 탓이에요. 그래서 우주와 함께 승은을 욕하기도 하죠. 다행히도 저희가 서로의 입장을 세심하게 이해하기 때문에 서로가 더 조심하는 부분이 있어요. 서로가 서로를 배려하는 상황들이 있는 거죠. 그런 점에서 나에게 우주는 동료이자 식구이자 든든한 존재이다.

우주

이하동문!

승은

인터뷰 길어져서 대충 말하는 거 아니죠? 이거 합리적 의심인데…….

우주

정말 동의해서 덧붙일 말이 없을 뿐이에요. 지민은 저의 가장 가까운 동료이자 식구이죠.

——— 두 사람 모두 이전에 모노가미 연애를 했었잖아요. 저는 둘의 과거를 다 알고 있지요.(웃음) 그때의 연애와 지금의 연애에 차이가 있을까요? 만약에 있다면 어떤 점이라고 생각하세요?

**지민**

하아…… 어려운 질문이네요. 저는 모노가미와 폴리아모리의 차이라기보다는…… 두 가지로 나눠서 말씀드릴게요. 첫째는 제가 변했고, 둘째는 관계 맺는 사람들이 변했죠.

**승은**

첫째, 둘째 또 나왔다.(웃음)

**지민**

두 번째부터 이야기하면, 앞서 말한 것처럼 제가 관계 맺는 이 사람들이 기존에 맺어 왔던 관계와는 비교가 안 될 만큼 좋고, 사랑스럽고, 어떤 때는 존경스럽고, 멋진 사람들이라는 점이 다르겠죠?

**승은**

전 애인이 읽으면 속상하지 않을까요?

**지민**

아마 읽을 사람 없을걸요?(웃음) 제가 변한 건 너무 많아요. 이전보다 확실히 나은 내가 되어 가고 있다고 생각해요. 잠시 저의 흑역사를 공개하자면…… 제가 폴리아모리 관계를 맺는다고 했을 때 제 중학교 때 친구들 첫마디가 "너 완전 질투쟁이잖아"였어요. 네가 어떻게 이런 걸 하느냐는 반응이었죠. 그만큼 저는 질투도 엄청 많았고, 그 질투를 어떻게 받아들여야 하는지, 상대와 어떻게 풀어 나가야 하는지를 정말 몰랐어요. 감정을 있는 그대로 여과 없이 드러내는 사람이었어요. 분명 때로는 폭력적이기도 했을 거고요. 그런 점에서 저는 더 나은 모습으로 변화하고 있다고 생각해요. 특별히 폴리와 모노의 차이보다는 이 부분에 집중이 되네요.

**우주**

저는 다른 무엇보다도, 더 많이 생각하고 대화하게 되었다는 점에서 차이가 있다고 생각해요. 모노가미 혹은 낭만적 연애라고 하는 관계가 가진 한계들이 몇 가지 있죠. 가령, 이심전심. 내가 상대방의 말을 듣지 않고도 상대의 의도를 먼저 파악해서 어떤 행동을 한다던가, 내가 생각하는 연애의 바람직한 상에 비추어 관계를 평가한다던가. 당연히 어떤 룰을 따라야 한다는 생각이 있잖아요. 돌이켜보면, 이전 관계에선 서로의 의사를 구체적으로 확인한 적이 별로 없었어요. 오해가 생긴 건 물론이었고요. 갈등을 해소해 나가는 방식도 서툴렀고요.

그래서 저는 이전에 만났던 분들에게 많이 미안해요. 만약 페미니즘이나 소수자에 대한 감수성을 키워야 한다는 내 이야기를 과거 제 애인들이 듣는다면 코웃음 치겠다 싶어서 부끄러울 때가 있어요. '나한텐 이렇게 안 해 줬으면서'라고 할 것 같아요.

폴리아모리라는 관계를 맺으면서 구체적인 상황에서 구체적으로 요구하는 게 굉장히 중요하다는 걸 배워 나가고 있어요. 일대일 관계에서도 당연히 그래야 하지만, 신경 써야 할 사람이 한 명 더 있을 때에는 더 복잡하고 다층적인 상황을 고민해야만 하잖아요. 이럴 때 내가 혼자 머릿속으로 추측해서 상대방의 의사를 미리 판단하는 건 위험할 수 있죠. 그래서 저희는 실제로도 서로 무언가를 이야기하고 요구할 수 있는 자리를 만들려고 노력해요. 가족회의 같은.

이 지면을 빌어, 과거의 애인들에게 미안하다는 말을 전하고 싶네요.

지민

저도 우주의 모든 말에 동의하고 공감하며, 전에 만난 애인들에게 고개 숙여 사과합니다. 죄송합니다.

승은

사실 저도 마찬가지……. 제가 상처 줬던 전 애인들은 제가 폴리아모리 관계를 맺는다는 사실을 알면 분명히 "이 썅년, 내 그럴 줄 알았지"라고 욕할 텐데. 미안했다고 전하고 싶네요. 미안했어요.

——— 폴리아모리에 대한 편견으로 비롯된, 여러 에피소드가 있었잖아요. 그중 떠오르는 몇 가지를 소개해 주시겠어요?

지민

또 순서대로 말해 볼게요. 첫째, 전 7년간 다닌 학교에서 무기정학을 당했어요. 징계 사유에 폴리아모리가 들어가 있었고요. 그 사실이 전교에 알려지면서 무수한 비난과 욕을 먹었죠. 더 자세한 이야기는 페이스북 페이지 '한동대 학생 부당징계 공동대책위원회'나 제 계정에서 확인하실 수 있습니다.

둘째, 기도를 많이 받았어요. 앞선 사건이랑 연결되는데, 제가 기독교 학교와 문화에 있었다 보니 불쌍한 어린 양을

'정상'으로 되돌리기 위한 눈물 어린 기도들이 저를 향했죠. 블로그 글이나 개인 메시지나 손 편지로 받기도 했어요. 부도덕한 방식의 관계를 맺지 말고, 다시 주님의 품으로 돌아오면 좋겠다는 내용이었죠.

셋째, 한번은 학교 교수가 찾아와서 저에게 사랑 강의를 장황하게 하면서 설득한 적이 있어요. 승은 씨와 헤어지라고. 진정한 사랑은 그런 것이 아니고, 사랑하면 절대 그렇게 할 수 없다며 헤어지라는 부탁을 간곡히 수차례 했던 기억이 납니다.

사례가 수두룩한데요. 저는 '걱정'해 줘서 참 감사합니다만, 본인 인생이나 걱정하고 기도하시길 바랍니다.

**우주**

저는요, 그 전에 겪어 보지 못한 잠자리 제의를 종종 받았습니다. 이렇게만 말하면, 어떤 이들은 무척 즐거운 경험이라고 생각하겠지만, 그것 역시 다분히 유성애주의적인 판단이 아닐까 싶어요. 동의 없이 손을 잡혔던 경험도 있고, 집에 함께 가자고 보채고, 나를 이대로 집에 보낼 거냐, 자신이 매력이 없냐며 재촉하던 사람도 있었고요. 별다른 감정적 교류가 없던 사람인데도요. 제가 이런 불편함을 이야기했을 때, 남성인데 무슨 성희롱을 당하느냐는 반응도 있었어요. 많은 사람이 폴리아모리스트들은 스킨십을 좋아하고 언제나 섹스를 탐닉할 거라고 생각하는 것 같지만, 누차 말했다시피 그럴 수도 있고 아닐 수도 있죠. 저는 제가 좋아하는 사람과 섹스하는 걸 꿈꾸지만, 그렇다고 해서 하루 종일 섹스에만 사로잡혀 있거나 연애에만 목매진 않거든요. 폴리아모리를 포함해서 많은 성소수자들의 삶이 섹스로만 상상되는 방식에 반대하고, 그렇게 되지 않길 바라요.

뿐만 아니라 남성 폴리아모리스트에 대한 편견이 무척 많은 것 같아요. 바람둥일 것이다, 남성성이 결여되어 있을 것이다, 대인배일 것이다. 이런 생각들 모두 그야말로 편견에 불과하다는 사실을 말씀드리고 싶어요.

——— 저희가 관계를 오픈한 상태잖아요. 자의적 혹은 타의적으로요. 그럴 때, 특히 가족과 주위 사람들의 반응을 궁금해하더라고요. 우리 관계를 오픈하는 데 어려움은 없었는지, 어떻게 소통했는지 알려 주세요.

**우주**

저는 고등학교를 졸업한 이후부터 제 삶의 독립성을 부모님에게 인정받기 위해 노력해 왔어요. 다행히 부모님은 제 욕구를 인정하려고 노력했고요. 저는 결혼을 하지 않을 수 있고, 아이를 갖지 않을 수 있다는 점을 누차 말씀드려 왔고. 종교, 성별, 인종, 나이, 상황에 관계없이 그 어떤 사람과도 만날 수 있다는 점을 지속적으로 각인시켜 왔어요. 이런 사전 작업이 있었기 때문에 부모님이 폴리아모리를 받아들일 준비가 어느 정도 마련되었다고 생각해요. 그래서 부모님께 저희 관계를 밝혔을 때 큰 저항이 없었어요. 특히 어머니는 매우 지지해 주셨고요.

저와 친한 친구들은 제 관계를 지지해 줘요. 그런데 지지하는 이유가 너무나 투명해서 찜찜하기도 해요. 걔네들은 폴리아모리를 여러 애인을 만들 수 있다, 여러 사람과 성관계를 맺을 수 있다는 식으로 이해하거든요. 그래서 제가 그런 관계를 맺고 있다고 했을 때, 그 부분만 부각해서 "넌 정말 멋있는 삶을 살고 있다"고 말하죠. 자기가 이루지 못한 판타지를 충족해 준다며 저를 부러워하고 추켜세워 줍니다. 저는 오히려 그 지지와 맞서 싸워요.(웃음)

모노가미가 기준이고 '정상'으로 여겨지는 사회에서 소수적 관계를 드러내는 일은 당연히 어려울 수밖에 없잖아요. 폴리아모리를 맺고 있다는 사실을 모두가 드러낼 수는 없죠. 누군가는 죽을 때까지 숨길 수도 있고요. 저는 모두가 폴리아모리를 인정받을 수 있을 만큼 안전한 관계 내에 존재하지 않는다는 걸 알고 있고, 그런 안전한 사람들을 만날 확률도 굉장히 낮다고 생각해요. 우리는 안전하다고 느끼는 사람들에게만 커밍아웃을 하잖아요. 그렇기에 저는 적당한 거리감을 유지하면서 상대를 존중할 수 있는 관계를 어떻게 만들 수 있을지 고민해 왔어요. 내가 그런 이야기를 할 수 있는 사람을 일단 만나야 어떤 말이든 꺼낼 수 있을 테니까요.

지민

저는 아직도 자유롭지 못해요. 밝히는 순간, 해명하거나 변명해야 하는 상황이 너무 많아서 지금도 선택적으로 고백하고 있어요. 커밍아웃은 늘 완성형이 아니라 진행형이잖아요. 그런 점에서 저는 여전히 매번 밝힐지 말지 고민하는 상황이에요. 아, 그 전에 제가 우선 친구가 많지 않아요. 그래서 밝힐 일도 많지 않았는데, 제 중·고등학교 친구들의 경우에는 별 반응이 없었어요. 이해하려는 생각도 없는 것 같고. 괜히 이상한 말 하면 제가 노발대발할 걸 알고 있으니까 제 앞에서 얘기를 잘 안 꺼내죠. 대학 이후에 만난 사람들은 대부분 이해도가 깊어요. 제 관계를 자연스럽게 받아들이거나 지지해 주는 편이에요.

문제는 부모님인데요, 이 책을 부디 읽지 않길 바라는데…… 또 한편으로는 읽으면 좋겠다는 바람도 있어요. 저희 부모님도 우리 관계를 알고 있어요. 근데 회피하는 게 느껴져요. 아마 받아들이기 힘들겠죠. 제가 이 일로 무기정학까지 당했으니……. 무기정학을 당하면서 제가 어떤 부당한 차별을 겪었는지 다 봤겠죠. 그 화살을 승은 탓으로 돌릴까 봐 걱정돼요. 하지만 부모님도 알아야 하죠. 그건 승은이 아니라 저를 차별한 학교와 사회의 책임이라는 걸요. 여전히 부모님은 제 앞에서 절대 연애에 관한 이야기를 안 꺼내요. 저 역시 이 상황을 굳이 깨고 싶지 않고요. 저는 원가족과 많은 걸 공유하지 않거든요. 서로 잘 모르는 관계라고 생각해요. 이해받고 싶은 마음도 없고, 터치하지 않는 지금이 좋습니다.

그런가 하면 불가피하게 맺는 관계들이 있잖아요. 직장이건 학교건. 이런 관계에서 밝혀졌을 때 많은 경우는 차별적인 반응을 마주하잖아요. 저는 본인이 감내할 수 있는 수준을 파악하고, 안전한 관계망을 찾아가는 게 중요하다고 생각해요. 아, 또 다른 맥락에서 누군가에게 끌림을 느낄 때, 상대에게 폴리아모리를 밝혀야 하잖아요. 그 과정은 특히나 쉽지 않겠다 싶어요. 각자의 위치에 따라 달라져서…… 제가 도움이 되는 말씀을 드리기가 참 어렵네요.

——— 각자의 맥락과 상황에 따라 다르겠죠. 공감해요. 마지막으로 어려운 질문을 투척하고 인터뷰를 마칠게요. 두 사람에게 사랑이란?

지민

아 진짜! 이걸 어떻게 알아. 저는 답할 능력이 없어요. 그냥 여기 있는 승은, 우주, 달, 부엉이, 참새, 커리와 관계 맺고 함께 느끼고 살아가는 이 모든 것이 사랑 아닌가 싶어요. 끝입니다. 정말 몰라요. 끝!

우주

(먼 산을 보며) 하…… 뭘까…….

기꺼이 내 경계를 허물고, 경계 안으로 서로를 들이는 관계. 경계 안으로 들어온다는 건 침범일 수도 있고, 정중한 노크가 선행된 방문일 수도 있겠죠. 그걸 모르기 때문에 내 안에 이질적인 게 들어왔을 때, 원래 가지고 있던 것과 불화를 일으키거나 나의 어떤 부분을 변화시키거나 밀어낼 수도 있겠지만, 그런 긴장과 불안을 기꺼이 감수하고 일단 들어오게 하는 것. 이때 그것을 억지로 감수해선 안 돼요. '기꺼이'라는 점을 강조해 주세요!

입김이 나오는 겨울, 저녁부터 새벽까지 무려 여섯 시간 동안 인터뷰를 진행했다. 인터뷰를 하며 두 사람은 서로의 이야기에 귀 기울였고, 이야기의 빈틈과 맥락을 놓치지 않고 새로운 주제로 이동하며 대화에 살을 붙여 갔다. 단언하지 않으려는 노력, 경청하는 자세, 더 섬세해지려는 집중이 긴 시간 내내 두 사람을 감쌌다. 그 모습에서 우리의 지난날이 압축적으로 보였다. 사랑이 뭘까? 내가 던진 마지막 질문에 대한 답은 나 역시 모르겠고, 아마 앞으로도 답할 수 없겠지만, 그래도 오늘은 조금 알 것 같았다.

인터뷰를 마치고 셋이 함께 언 손을 호호 녹이며 집으로 돌아왔다. 멍멍이들과 인사를 나누고, 따뜻한 차를 마시며 수고했다고 다독인 다음, 각자 방으로 들어갔다. 우리는 매일 밤처럼 같은 인사를 나눴다.

"잘 자요. 오늘 하루도 고생 많았어요."

"잘 자요. 오늘도 수고했어요."

**추천의 말**

# 더 나은 사랑의 관계를 위하여

김도현
'비마이너' 발행인, 『장애학의 도전』 저자

이 책에 대한 추천사를 요청받고 나서 몇몇 지인에게 이 얘기를 전하자, 그들은 대체로 다음과 같은 반응을 보였다. "너 폴리아모리에 관심 있었어?", "네가 폴리아모리에 대해 뭘 안다고 그에 관한 책에 추천사를 써?" 맞다. 나는 현재 일대일 연애 관계를 맺고 있고, 폴리아모리는 나에게 다소 낯선 무엇이다. 그런데 낯설고 잘 모르는 것을 대하게 될 때 우리가 취해야 할 기본자세는? 존중하고, 경청하며, 알고자 하는 것이다.

독점적 이성애 중심의 사회에서 살아온 사람들 대다수는 폴리아모리에 대해 어떤 '편견'을 지니고 있을 수 있다. 편견을 뜻하는 영어 단어 'prejudice'가 일종의 '사전(pre-) 판단(judgement)' 내지 '선험적 판단'을 의미한다면, 이런 의미에서는 폴리아모리에 대한 모노가미스트들의 편견에는 불가피한 측면도 있을 것이다. 직간접적으로 경험하지 못한 것에 대해서도 우리는 판단을 내려야 하는 순간이 존재하니까. 따라서 중요한 건 어쩌면 편견 그 자체가 아니라, 자신에게 편견이 존재할 수 있음을 아는 것, 그리고 소통과 배움을 통해 그러한 편견을 끊임없이 수정하고 변화시켜 나가려는 태도일 것이다. 이 책에 등장하는 사람들은 그러한 편견의 수정과 변화의 가능성을 잘 보여 준다.

지난 4.15 총선에서 이루어진 한 지역구 후보자들의 토론회 중, 우리는 불행히도 다음과 같은 질문을 다시 마주해야 했다. "동성애에 대한 의견은 어떻습니까? 저는 반대합니다." 이 책의 저자 홍승은은 또 어떤 이로부터 "자신은 폴리아모리를 안 좋게 생각하고, 그건 존중이 아니라 옳고 그름의 문제"라는 얘기를 들었다고 한다. 그러나 이런 말들이 난센스인 건 기본적으로 '옳음(the right)'의 문제를 '좋음(the good)'의 문제와 뒤섞어 버리기 때문이다. 옳음은 사회정의와 관련되기에 보편성의 추구를 특징으로 하지만, 좋음은 자아실현과 관련되기에 다양성의 추구를 특징으로 한다. 사랑은 당연히 좋음과 다양성의 영역에 속하는 문제다. 따라서 누군가에게 더 좋은 사랑은 있을 수 있지만, 그 누군가가 자신에게 좋은 사랑을 타인에게 강요하거나 타인에게 좋은 사랑을 반대할 권한은 없다. 우리는 흔히 맑은 날 날씨가 '좋다'고 말하며, 누군가는 실제로 맑은 날을 좋아할 수 있다. 그러나 내가 흐린 날을 좋아하고 비 오는 날을 사랑한들 누가 뭐랄 것인가?

한때 '사랑을 책으로 배웠다'는 말이 일종의 조롱처럼 회자되던 적이 있었다. 이런 조롱 속에는 사랑이란 굳이 배우지 않아도 본능에 따라 자연스럽게 이루어지는 것이라는 전제가 깔려 있다. 사랑을 '굳이' 배우지 않아도 된다는 게 사실일지는 모르지만 '배우지' 않고도 사랑을 하는 사람은 없다. 굳이 배우지 않을 때, 우리는 사회화의 과정을 통해 기존의 관습적 사랑과 행태 — 대부분 독점적 소유욕에 기반해 있으며 때로는 폭력적인 — 를 자연스러운 것으로 배우게 되기 때문이다. 따라서 사랑은 책으로만 배울 수 있는 게 아니겠지만 책으로도 배워야 한다. 그것은 감정일 뿐만 아니라 또한 관계이므로. 이 책은 무엇보다 '비판적 성찰과 노력'이 수반된 아모르(사랑)에 관한 이야기이다. 읽고 나면, 우리는 이전보다 좀 더 나은 사랑의 관계를 맺을 수 있는 힘을 얻게 될 것이다.

## 책에 도움을 준 생각들

나의 이야기에 명료한 언어를 입혀 책으로 빚는 데 도움과 영향을 준 글과 책들이다. 이 주제에 대해 더 알고 싶은 독자들에게 권하고 싶은 책들도 함께 소개한다.

### 로맨스와 섹슈얼리티에 관하여

김소연, 『사랑에는 사랑이 없다』, 문학과지성사, 2019.
멀리사 브로더, 『오늘 너무 슬픔』, 김지현 옮김, 플레이타임, 2018.
미깡, 『하면 좋습니까』, 위즈덤하우스, 2019.
배수아, 『부주의한 사랑』, 문학동네, 1996.
벨 훅스, 『사랑은 사치일까』, 양지하 옮김, 현실문화, 2020.
심기용 · 정윤아, 『우리는 폴리아모리 한다』, 알렙, 2017.
에바 일루즈, 『사랑은 왜 불안한가』, 김희상 옮김, 돌베개, 2014.
에바 일루즈, 『사랑은 왜 아픈가』, 김희상 옮김, 돌베개, 2013.
재닛 하디 · 도씨 이스턴, 『윤리적 잡년』, 금경숙 · 곽규환 옮김, 해피북미디어, 2020.

이진송(발행 · 편집), 《계간홀로》, 도서출판 진포.
천자오루, 『사랑을 말할 때 우리가 꺼내지 않았던 이야기들』, 강영희 옮김, 사계절, 2020.
클라리스 쏜, 『S&M 페미니스트』, 송경아 옮김, 여성문화이론연구소, 2020.
한소은, 「영화 속 폴리아모리(Polyamory)의 양상 연구」, 성균관대학교, 2015.
후카미 기쿠에, 『폴리아모리: 새로운 사랑의 가능성』, 곽규환 · 진효아 옮김, 해피북미디어, 2018.
Franklin Veaux · Eve Rickert, 『More Than Two』, Thorntree Press, 2016.
Klesse C. 「Polyamory and its 'Others': Contesting the Terms of Non-Monogamy」, sexualities, 9(5), 565-583, 2006.
Zhu J, 「We're Not Cheaters: Polyamory, Mixed-Orientation Marriage and the Construction of Radical Honesty」, Graduate Journal of Social Science, 14(1), 57-78, 2018.

**함께 살기, 가족구성권에 관하여**

가족구성권연구소, 「가족을 구성할 권리, 가족을 넘어선 가족: 가족구성권연구소 창립 기념 발간자료집」, 가족구성권연구소, 2019.
김하나 · 황선우, 『여자 둘이 살고 있습니다』, 위즈덤하우스, 2019.
김희경, 『이상한 정상가족』, 동아시아, 2017.
정희진, 『아주 친밀한 폭력』, 교양인, 2016.
한국성소수자연구회, 『무지개는 더 많은 빛깔을 원한다』, 창비, 2019.
황두영, 『외롭지 않을 권리』, 시사IN북, 2020.

**경계와 환대에 관하여**

김영옥 · 메이 · 이지은 · 전희경, 『새벽 세 시의 몸들에게』, 생애문화연구소 옥희살롱 기획, 봄날의책, 2020.
김현경, 『사람, 장소, 환대』, 문학과지성사, 2015.
김현진, 『동물애정생활』, 루아크, 2017.
나영, 「정체성과 차이의 정치를 넘어, 퀴어 운동의 다자연애를 꿈꾸며」. 퀴어인문잡지 삐라, 1권. 184-198, 2012.
루인, 「규범이라는 젠더, 젠더라는 불안」, 여/성이론, (23), 48-75, 2010.
루인, 「젠더로 경합/불화하는 정치학」, 여/성이론, (38), 101-131, 2018.
루인, 「퀴어와 공간의 관계 재구성」, 공간과사회, (63), 194-226, 2018.
백영경 외, 『배틀그라운드』, 성과재생산포럼 기획, 후마니타스, 2018.
백영경, 「아픈 몸에 대한 사회적 낙인은 어디에서 오는가: 여성 건강에 사회적 인식이 미치는 영향에 대한 연구」, Culture and Convergence, 2017.
은유, 『싸울 때마다 투명해진다』, 서해문집, 2016.
장애여성공감, 『어쩌면 이상한 몸』, 오월의봄, 2018.
해릴린 루소, 『나를 대단하다고 하지 마라』, 허형은 옮김, 책세상, 2015.